LA PRINCESSE PERDUE DE LÉONARD DE VINCI

PETER SILVERMAN
avec Catherine Whitney

LA PRINCESSE PERDUE DE LÉONARD DE VINCI

Traduit de l'anglais (États-Unis)
par Florence Moreau

Éditions SW Télémaque
Arte Éditions

L'éditeur tient à remercier le docteur Henri Korngold
qui lui a permis de rencontrer Peter Silverman
et de découvrir *La Bella Principessa.*
Merci également à Pascal Cotte et Jean Penicaut
de Lumiere Technology pour la qualité unique de leurs images.

Titre original : *Leonardo's Lost Princess – One Man's Quest to Authenticate an Unknown Portrait by Leonardo da Vinci*
Publié aux États-Unis par John Wiley & Sons, Inc. Hoboken, New Jersey

Pour la traduction française :

Éditions Télémaque 7, rue Pérignon, 75015 Paris
www.editionstelemaque.com
ISBN : 978-2-7533-0149-8

À toutes les personnes formidables qui se sont si généreusement mobilisées pour défendre l'honneur et la réputation de La Bella Principessa, *prenant souvent un grand risque personnel. Sans vous, cette saga stupéfiante n'aurait jamais progressé aussi vite. Je vous en suis humblement reconnaissant.*

À ma femme, Kathleen, compréhensive et perspicace, pour ton aide et ta patience, qualités inestimables qui ont été les tiennes durant ces trois dernières années.

Ce livre est également dédié à ceux qui ont été déterminants dans ma vie et m'ont aidé à devenir celui que je suis : le Dr Irene Duerking et mes maîtres, Swami Rudrananda (Rudi) et le professeur Namkai Norbu Rimpoche.

SOMMAIRE

1

TROUVÉ !

> « Ouvrez les yeux, Ô misérables mortels ! »
> Léonard de Vinci

Par une journée d'hiver, ma femme Kathy et moi marchions bras dessus bras dessous sur les trottoirs glissants de la 5e Avenue, passant devant des immeubles élégants dont les gardiens tremblants de froid sifflaient pour héler des taxis. Il n'y avait rien de bien attrayant en janvier, à New York : ses trottoirs étaient recouverts de glace et ses tours maculées de neige. Mais c'était en janvier que Christie's et Sotheby's y organisaient les plus importantes ventes aux enchères d'œuvres d'art, aussi était-ce l'endroit où nous devions être, quelles que soient les rigueurs du climat. Nous ne manquions jamais la saison des ventes. Nous nous empressions de quitter notre foyer parisien, pour nous plonger dans la chasse au prochain grand trésor.

Kathy et moi sommes partenaires dans la vie et en art, et au fil des ans, nous avons constitué une importante collection, la plus grande partie consistant en œuvres sur papier, qui vont du XVe au XXe siècle. Au tournant du XXIe, nous étions déjà connus pour avoir fait quelques découvertes remarquables, parmi lesquelles trois peintures mal cataloguées de Van Dyck ainsi qu'un Raphaël qui avait été vendu comme l'œuvre d'un artiste anonyme du XVIe siècle.

Notre trouvaille la plus marquante fut un crucifix en bois profondément émouvant que nous avions acheté au début des années 1990 et qui a été récemment attribué à Michel-Ange, dans la dernière monographie consacrée à l'artiste. Lors de notre acquisition par l'intermédiaire d'un agent, le crucifix nous avait été présenté comme l'œuvre d'un artiste inconnu allemand du XVIIe ou XVIIIe siècle, information qui me paraissait douteuse. En 2005, grâce à mes relations en Italie, j'entendis parler d'un crucifix en bois récemment découvert et attribué à Michel-Ange ; il était exposé au Horne Museum, à Florence. Je vis immédiatement une ressemblance avec le nôtre. Aussi envoyai-je sans tarder des photos à un spécialiste, à Florence, qui me confirma qu'il semblait avoir été exécuté par la même main. Par la suite, un certain nombre d'experts ayant examiné l'œuvre ont confirmé que non seulement il était probable que ce soit un Michel-Ange, mais qu'elle était encore plus sublime que le crucifix exposé au Horne Museum. En 2009, une société de ventes aux enchères a estimé sa valeur à 25 millions de livres sterling (soit plus de 39 millions de dollars).

Kathy et moi nous réjouissions de ces aventures. Avec le temps, nous avions appris à transformer nos différences en atouts. Et différents, nous l'étions ! J'étais tout à fait conscient et reconnaissant de l'équilibre que m'apportait Kathy. Comme c'est souvent le cas dans les couples, nous avions endossé aisément des rôles distincts et complémentaires. Kathy a l'esprit pratique et l'œil critique, elle a davantage les pieds sur terre et est plus analytique. Moi, je suis le rêveur et le chasseur, avec une passion pour la beauté. Kathy m'a dit un jour qu'elle pensait que j'avais la curiosité d'un homme de la Renaissance, mais que je me dispersais trop. Je dirais que j'ai toujours été persuadé qu'il n'existait qu'une école, celle de la qualité.

En ce mois de janvier 2007, nous nous dirigions vers une adresse située sur la 73e Rue, entre la 5e Avenue et Madison Avenue : la galerie de Kate Ganz, marchande de dessins de maîtres anciens. Les importantes galeries d'art regroupées pour l'essentiel dans l'Upper East Side de Manhattan ont pour habitude d'accueillir des expositions dans leurs locaux pendant la semaine des ventes aux enchères, et nous visitions en général celles qui proposaient des dessins et des travaux sur papier de maîtres anciens. Le temps était si glacial que nous avions sérieusement envisagé de ne pas nous rendre à l'exposition Ganz. Toutefois, comme je représentais, lors de ce voyage, un couple de collectionneurs européens fortunés, je me sentais obligé de voir le plus de choses possible.

Quand nous sommes entrés dans la chaleur enveloppante de la galerie, mon regard a été instantanément attiré par une œuvre exposée à droite de la porte. Je m'en suis rapproché. Sur un petit chevalet au centre d'une table était posé le portrait d'une femme qui me hantait depuis déjà neuf ans. Ce portrait, je l'avais manqué lors d'une vente chez Christie's, et je l'avais toujours regretté. Je me figeai, les yeux fixés sur lui. Derrière moi, Kathy poussa une petite exclamation. C'était bien la dernière chose que nous nous attendions à voir, cet après-midi-là.

C'est en 1998 que j'ai vu pour la première fois une reproduction de cette œuvre, dans un catalogue[1] de Christie's consacré aux maîtres anciens. Je me rappelle très nettement avoir feuilleté ce catalogue dans notre appartement parisien avant la vente à New York et m'être arrêté à la page où était imprimé le portrait en entier. Je me souviens encore combien cette reproduction m'a frappé, et du sentiment d'excitation et de révélation qui m'envahit alors, sans que je comprenne pourquoi. La qualité du travail sautait aux yeux. Comme j'avais passé de nombreuses années à étudier l'art, mes yeux reconnaissaient instinctivement la qualité avant même que mon esprit ne se mette en marche.

Le portrait était un dessin sur vélin réalisé à la craie, au crayon et à l'encre, d'une dimension de 23 × 33 cm ; il était monté dans un cadre en chêne. Il représentait une jeune femme de profil, au port altier, aux traits délicats et ravissants. Son regard profond suggérait l'expectative, ses lèvres s'entrouvraient imperceptiblement. Un très léger soupçon d'incarnat animait ses joues de porcelaine. Ses cheveux châtain clair, remarquablement tressés avec des rubans étroitement serrés, dans un style cérémoniel, retombaient en une torsade épaisse dans son dos. Elle portait un costume riche de détails : une robe verte sur un corsage rouge, ornée d'un motif magnifiquement brodé au niveau de l'épaule. La pose de la jeune femme et le formalisme du dessin pouvaient laisser penser qu'il s'agissait d'un portrait de fiançailles.

Le portrait était catalogué comme « allemand, début du XIXe siècle », ce que j'ai tout de suite mis en doute. Je n'étais pas un historien de l'art, mais un collectionneur doté d'une longue expérience et d'un œil entraîné aux détails propres aux différentes périodes artistiques. Ce tableau ne pouvait pas être du XIXe siècle ! Je regardais longuement le portrait, convaincu que j'avais sous les yeux soit un original de la Renaissance, soit un faux, mais certainement pas une œuvre allemande du XIXe siècle. La notice était tout bonnement erronée.

Quelle pouvait bien être la raison d'une erreur d'attribution aussi grossière ? Il me semblait toutefois en percevoir la logique, aussi imparfaite fût-elle. Au début du XIXe siècle, émergea un mouvement néo-Renaissance au sein d'un petit groupe de peintres allemands, connus sous le nom de Nazaréens. Ils avaient pour ambition de ressaisir la noblesse, la beauté et la spiritualité de la Renaissance, déplorant qu'elles aient disparu avec le néo-classicisme moderne[2]. Prenant pour exemple les romantiques mystiques, ils menaient une vie pseudo-monastique, vêtus de costumes de moines, et se désignaient comme la confrérie de Saint-Luc, d'après une corporation de peintres médiévaux.

En 1810, quatre membres du groupe se rendirent à Rome, et s'établirent dans un monastère abandonné. Quand leur nombre augmenta, leur influence s'en trouva aussi accrue. Des artistes comme Johann Friedrich Overbeck, Franz Pforr, Ludwig Vogel et Peter von Cornelius créèrent des œuvres élaborées, souvent des copies de travaux de grands maîtres comme Raphaël et Rubens. Ainsi, Franz Pforr peignit une variation sur *Saint-Georges terrassant le dragon* de Raphaël, tandis que d'autres représentèrent *Les Noces de Cana* et *La Vierge à l'enfant* dans le style des maîtres anciens.

Le groupe finit par se disperser. La plupart des artistes retournèrent en Allemagne, mais ils laissèrent une empreinte dans le monde de l'art qui marqua plusieurs décennies. Aujourd'hui, les Nazaréens sont quasiment inconnus de la plupart des gens, et les documents les concernant sont fort succincts, du moins en anglais. Il en existe toutefois en allemand. À moins de se rendre en Allemagne, il est impossible de voir des tableaux de Nazaréens. Beaucoup de critiques rejettent un art uniquement fondé sur l'esthétique et reprochent par ailleurs aux Nazaréens de s'être servis de l'art dans un dessein religieux, et partant d'en avoir réduit l'importance et la pureté. À certains égards, leurs objectifs étaient semblables à ceux qui œuvrent aujourd'hui pour le renouveau d'un fondamentalisme chrétien, et dont les disciples voient des implications bibliques dans toute intention, peu soucieux que la démarche puisse sembler tirée par les cheveux.

D'un point de vue stylistique, la plupart des experts n'ont pas grande difficulté à distinguer des œuvres de la Renaissance de ces dérivés du XIXe siècle.

Pour avoir vécu à Munich pendant plusieurs années, et visité des musées abritant de nombreuses œuvres de l'école nazaréenne, j'étais suffisamment familiarisé avec ce mouvement pour savoir que ce portrait n'en était pas issu. Il ne reflétait tout simplement pas l'esprit des Nazaréens. Il n'y avait notamment aucun symbolisme religieux ni signification pieuse dans le dessin. Pour moi, rien en lui n'évoquait les peintres allemands du XIXe siècle. Cette analyse avait été établie par un seul homme, François Borne, l'expert attitré de Christie's en dessins de maîtres anciens, et à ce jour, ni Borne ni Christie's n'ont fourni d'explication sur la façon dont ils sont arrivés à cette conclusion. Mon souhait le plus cher serait de m'asseoir à une table en face de Borne et d'écouter ses arguments, mais je doute sérieusement que cette rencontre ait lieu un jour.

Si la dame de profil n'était pas l'œuvre d'un peintre allemand du XIXe siècle, alors qui l'avait réalisée ? Cela, c'était moins clair. Même si je reconnus quelques traits caractéristiques de Léonard de Vinci, son nom ne me vint alors pas même à l'esprit. Pour commencer, ç'aurait été curieux. Le portrait n'avait-il pas été catalogué par Christie's, l'une des plus importantes sociétés au monde de ventes aux enchères ? Il était logique de penser que la maison avait fait preuve de la diligence requise pour l'attribution. Je n'avais pas eu connaissance de la provenance (l'historique de l'œuvre) ni de l'examen technique qui avait sans aucun doute été réalisé, mais je pensais pouvoir faire confiance aux experts de Christie's.

En arrivant à New York pour la vente aux enchères consacrée aux maîtres anciens, en janvier 1998, j'avais regardé à de nombreuses reprises la reproduction du catalogue. Et la première chose que je voulais faire, c'était voir le portrait en vrai, de mes propres yeux. À cet effet, je me rendis chez Christie's. Dans la salle d'exposition, je l'examinais avec la plus grande attention, et je dois avouer, à ma propre surprise d'ailleurs, qu'il était exactement comme je l'avais espéré. Sans hésiter, je décidais de faire une enchère correspondant au double de l'estimation minimale.

Je n'avais pas l'intention d'assister à la vente. J'ai pour principe de ne pas me montrer en train de renchérir dans une salle des ventes. On ne sait jamais qui pourrait avoir envie d'enchérir contre vous, juste par dépit ou parce que l'autre pense que vous détenez quelque secret qui lui échappe. L'anonymat m'est plus confortable.

Les ventes chez Christie's sont exclusivement réservées aux initiés, mais il arrive aussi que la société fasse des annonces dans des journaux à grand tirage, quand une pièce exceptionnelle est mise aux enchères. Certaines acquisitions font frissonner le public de plaisir. Et puis, chacun peut visiter les lieux et admirer de remarquables œuvres d'art, bijoux, vêtements, instruments de musique et nombreux autres objets de valeur. La vente aux enchères peut déclencher un intérêt médiatique extraordinaire, surtout quand il s'agit d'une œuvre d'exception. En 1994, Bill Gates a acheté le *Codex Leicester* de Léonard de Vinci – un recueil de notes scientifiques et de dessins – pour plus de 30 millions de dollars, et jusqu'à aujourd'hui, quand il ne le prête pas pour des expositions, il le garde dans sa bibliothèque personnelle, dans sa propriété près de Seattle. Cet achat a déclenché une vive émotion.

Une autre vente aux enchères chez Christie's, en 1998, a fait grand bruit : un autoportrait de Vincent Van Gogh adjugé à 71,5 millions de dollars. Mais mon esprit était focalisé sur le portrait de la jeune femme qui était, selon moi, mal attribué. Ce n'aurait pas été une première. En art, l'authentification ne relève pas de la science exacte, mais repose sur la faculté d'assembler beaucoup d'éléments concordants. J'ai souvent constaté que lorsque mes collègues et moi-même nous trompions, c'était en général parce que nous avions écouté de façon bien peu critique l'opinion des autres : les notices dans les catalogues de ventes aux enchères, les comptes rendus d'experts ou tout simplement ce qui se dit dans les salles des ventes. Aussi essayais-je de m'en tenir au sage conseil qu'un de mes collègues m'a un jour donné : « Fie-toi à tes yeux, pas à tes oreilles. »

J'aurais aimé tenir compte de ce conseil en 1998. Au cours de la vente, je perdis mon sang-froid, ou plutôt j'abandonnai ma résolution. Je ne trouvai pas l'élan nécessaire en moi pour « parier » – comme on dit dans le métier – au-delà de 17 000 dollars. L'enchérisseur qui l'emporta, et dont l'identité m'était inconnue, paya le prix « marteau » de 19 000 dollars. Avec la commission de Christie's, le montant total s'élevait à 22 850 dollars. J'avais été le perdant de l'affaire. Durant les années qui suivirent, je ne pouvais m'empêcher de repenser au portrait. Referait-il un jour surface ? J'avais le sentiment profond et désagréable d'un gâchis de première catégorie. Ma belle dame était partie pour toujours. Ou du moins le pensais-je.

Kathy a souvent souligné mon obsession pour ce portrait qui m'avait échappé, me pressant de lui exposer ce qu'il avait de si particulier pour me captiver à ce point. Je ne pouvais pas complètement expliquer en quoi il me fascinait, ou ce qui le rendait inoubliable, je pouvais juste dire qu'il était incroyablement beau, et qu'il m'était tout de suite apparu comme un mystère : quand avait-il été vraiment dessiné, et par qui ? Je n'avais jamais abandonné ma première impression, à savoir qu'il s'agissait peut-être d'une œuvre de la Renaissance.

J'avais souvent imaginé la pièce exquise exilée pour toujours sur le mur d'un salon ordinaire, quelque part en Amérique du Nord, en Europe ou en Asie, perdue à jamais pour le reste du monde. Et voilà qu'elle se trouvait là, sous mes yeux, à portée de mains. Elle était à vendre, et ce qui était le plus surprenant, après toutes ces années, c'était que le cartel qui l'accompagnait ne différait guère de l'attribution originale de Christie's :

> « Étude au rendu soigné, ce portrait s'inspire de nombreuses peintures de Léonard de Vinci et a pu être réalisé par un artiste allemand étudiant en Italie. »

Je fis nerveusement le tour de la table, marmonnant avec agitation. « Mon Dieu, je ne le crois pas. Tu es là, ma dame perdue », murmurai-je. « Où étais-tu pendant tout ce temps ? Est-ce que Kate t'avait gardée dans un tiroir ? » Je sentais mon cœur tambouriner dans ma poitrine. J'étais en plein mélodrame, mais j'essayais de maîtriser ma respiration et d'avoir l'air calme et dégagé.

En tout état de cause, le portrait m'attirait encore plus violemment que la première fois. Impossible qu'un plagiaire du

XIXe siècle ait été capable de réaliser une œuvre aussi sensible et aboutie, me répétai-je. La jeune femme semblait vivante, comme si elle respirait, chaque trait était parfait. Sa bouche sereine, ses lèvres doucement entrouvertes traduisaient une expression des plus subtiles ; quant à son œil, il rayonnait d'émotion. Le formalisme du portrait ne pouvait masquer sa jeunesse rougissante. Elle était exquise. J'aurais pu la contempler pendant des heures, mais il fallait agir au plus vite.

Me penchant vers Kathy pour ne pas être entendu, je lui dis discrètement : « Je l'ai manqué une première fois, mais ça ne se reproduira pas. »

Je jetai alors un coup d'œil à Kate Ganz qui discutait avec un client. Je ne devais surtout pas avoir l'air trop excité, ou elle devinerait que j'étais sur une piste. Finalement, je murmurai à Kathy : « C'est parti », et je me dirigeai vers la marchande d'art.

Âgée d'une soixantaine d'années, Kate Ganz est une femme séduisante et dynamique. Son côté tranchant peut parfois la faire paraître insensible et caustique. Elle fait partie de la demi-douzaine de vendeurs d'œuvres sur papier éminemment respectés. Elle descend aussi d'une lignée impressionnante dans la profession, puisque ses parents, Victor et Sally Ganz, étaient des collectionneurs reconnus de l'art du XXe siècle et que son père était vice-président et administrateur du Whitney Museum.

Elle avait sûrement montré le dessin à certaines de ses relations, y compris à des conservateurs de haut niveau et d'autres personnalités dans le monde des musées, pensai-je. C'est ce que moi j'aurais fait. C'est ce que tout collectionneur ou marchand d'art aurait fait. Apparemment, personne ne s'était attardé dessus. Mais en y réfléchissant bien, ce n'était pas très surprenant. J'ai souvent eu l'occasion d'observer une dynamique similaire dans l'évaluation de l'art. L'œil de celui qui détient l'œuvre peut être obscurci par les idées conventionnelles relatives au *modus operandi* d'un artiste, les normes d'une époque et les opinions collectives des experts. En l'occurrence, leurs yeux les avaient sans doute trahis.

Kate s'avança vers nous. « Peter, Kathy », nous salua-t-elle sans chaleur, en nous faisant la bise. Nous discutâmes poliment pendant quelques minutes de ce que nous devenions – Kate s'était récemment remariée et passait désormais le plus clair de son temps à Los Angeles – puis je finis par lui demander : « Kate, combien pour ce portrait ? »

Elle consulta la liste des prix et m'indiqua un chiffre presque identique à celui qu'elle avait payé chez Christie's, en 1998.

De façon délibérée, je fronçai les sourcils tout en continuant à contempler l'œuvre. Je me balançais d'avant en arrière, feignant l'indécision. « Je ne sais pas », dis-je prudemment, en proie à une certaine appréhension : si j'acceptais le prix de Kate sans chercher à marchander, cela n'allait-il pas éveiller ses soupçons ? « Tu peux me faire une réduction ? » demandai-je alors, tout en craignant d'avoir déjà montré trop d'intérêt. Kate pouvait fort bien deviner mes intentions. Après tout, nous nous connaissons depuis presque trente ans. Mais elle voulait vendre le portrait, et après une brève discussion, elle finit par me concéder une ristourne de 10 % sur le prix catalogue, et me le céder à 19 000 dollars.

La coutume veut qu'on laisse partir les collectionneurs à la réputation établie avec leurs achats *avant* le règlement, et je m'attendais à ce que Kate me dise : « Emporte-le maintenant, et envoie-moi l'argent après. »

Mais ce ne fut pas le cas. À ma grande surprise, elle déclara sur un ton soudain strictement professionnel : « Tu sais, je ne peux pas te le laisser tant que tu ne l'as pas réglé. » Peut-être était-ce sa façon d'être, à moins qu'elle n'essayât déjà de se dérober, plaçant délibérément des obstacles sur mon chemin car son instinct lui dictait de ne pas vendre.

Une légère panique m'envahit. Le moment était décisif, et tant de choses pouvaient aller de travers ! « Entendu, lui dis-je.

J'effectue cet achat pour le compte d'un riche collectionneur, et je suis certain que les arrangements peuvent être menés sans difficulté. » Kate s'éloigna et j'attirai Kathy à part. « Il faut que l'on fasse virer l'argent immédiatement », déclarai-je, décidé. « Si je ne conclus pas l'affaire aujourd'hui, tout peut arriver. Imagine qu'un autre collectionneur s'intéresse à ce dessin ! Cela risquerait d'éveiller les soupçons de Kate et elle peut tout à fait annuler la vente. Je ne sortirai pas d'ici sans le portrait. »

Nous convînmes que Kathy irait s'occuper des dispositions concernant le règlement tandis que je resterais à la galerie, à grignoter quelques morceaux de fromage et siroter du vin, tout en m'efforçant de ne pas dévoiler mon jeu. Je passais une heure affreuse à attendre, sans jamais m'éloigner de la table sur laquelle se trouvait mon trésor. Chaque fois qu'un visiteur s'arrêtait devant, mon estomac se contractait. Kathy finit par revenir, ayant réussi la transaction.

Quand nous sommes sortis de la galerie, avec le portrait emballé, nous étions grisés par l'aventure. « Ce dessin t'était destiné, Peter ! » s'exclama Kathy. Nous avons éclaté de rire, excités, sentant à peine le froid.

Tenant le tableau serré contre moi, j'accélérai le pas, en quête d'un taxi. Nous logions chez une amie, un ancien top-modèle que j'avais connue dans ma jeunesse à l'hôtel Stella, à Paris. Elle n'habitait pas loin de la galerie, mais je ne voulais pas perdre une seule minute dans la rue. Je me sentais très nerveux mais aussi très vulnérable, comme si je transportais un trésor.

Le lendemain soir, lors de notre vol retour pour l'Europe, je réfléchissais à mes futures démarches. J'étais un peu fébrile, même si je me répétais qu'il s'agissait d'une œuvre d'art, pas des bijoux de la couronne. J'anticipais surtout les révélations qu'on allait me faire à son sujet, de quelque ordre fussent-elles. J'adorais ce genre d'aventure, car il y avait toujours une chance sur un million que l'on ait débusqué une merveille.

*

Il y a bien plus qu'un grain de folie dans l'âme d'un collectionneur. Collectionner fait appel à la fois à la passion, à l'argent, à l'ego et à l'esprit de compétition. Cette activité ne s'exerce pas seulement dans les couloirs feutrés des galeries et des hôtels de ventes, mais aussi, au sens littéral du terme, dans la rue, ce qui implique de flâner dans les contre-allées – sur les marchés, chez les marchands privés, dans les petites galeries –, c'est comme aller en première ligne ; il ne faut pas simplement voir avec les yeux, mais aussi avec le cœur et l'esprit. J'ai toujours essayé de comprendre une œuvre d'art de l'intérieur, sans laisser la cupidité ébranler mon jugement. Mon instinct s'est développé au fil des longues années passées dans ce domaine.

Selon moi, un collectionneur sérieux ne devrait pas craindre de s'écarter des voix consensuelles et d'être indépendant, original et avide de trouvailles. Les miracles arrivent ! Il suffit de suivre ses propres instincts. Pour moi, l'important, c'était la chasse, et j'aimais m'y livrer hors des sentiers battus. Je me levais souvent avant l'aube, le vendredi, pour assister à la « journée des marchands », à la Porte de Clignancourt, le plus grand et le plus célèbre marché aux puces de Paris. Il existe depuis deux siècles, à l'époque où des hommes et des femmes dans le dénuement fouillaient, la nuit, les poubelles de Paris pour revendre leurs trouvailles sur le marché, le lendemain.

Aujourd'hui, la Porte de Clignancourt est devenue le lieu de rendez-vous pour les ventes d'œuvres d'art. Le vendredi, des centaines de marchands qui ont ratissé les ventes aux enchères en province, les dépôts-ventes parisiens et les collections privées, apportent leurs découvertes. Pour les petits marchands, il s'agit d'un jeu de rotation : à la Porte de Clignancourt, ils espèrent acheter et vendre rapidement, puis racheter, tout en faisant si possible un profit substantiel entre deux transactions. Il y a bien sûr des embûches : les faux, les objets volés, et les œuvres qui semblent *a priori* intéressantes, mais qui sont en réalité des imitations de troisième catégorie.

Le marché aux puces ouvre à six heures du matin et il faisait souvent noir quand j'y arrivais. Muni d'une lampe électrique, j'essayais de me concentrer en dépit de mes yeux embués de sommeil. Pas plus l'heure matinale que le froid qui me rongeait les pieds ne parvenaient à me décourager. J'étais immergé dans la chasse, enivré par cette simple idée. Le collectionneur caresse toujours, au tréfonds de son être, l'espoir de tomber sur une découverte majeure. Les histoires murmurées dans l'air du petit matin sont montées en épingle par les acheteurs avides de trésors enfouis.

On racontait l'histoire d'un tableau crasseux, trouvé dans des gravats, recouvert de suie et de la saleté des ans, acheté sur un coup de tête 10 000 dollars et qui, une fois nettoyé, s'était révélé un Bruegel valant 1 million. Ou bien celle d'une statue équestre en bronze, achetée 5 000 dollars et que l'on pensait du XIXe siècle, en fait réalisée par l'Antico, l'un des maîtres de la Renaissance ; elle avait été revendue ultérieurement à un musée américain pour plus de 5 millions de dollars. Il y avait aussi ce petit recueil d'esquisses comportant une centaine de dessins, qui s'était retrouvé entre les mains d'un marchand qui en ignorait l'auteur. Il l'avait acheté quelques milliers de dollars, puis revendu trois fois ce prix, pensant avoir réalisé une belle affaire. Le nouvel acquéreur, lui, reconnut dans ces esquisses la signature du grand peintre vénitien du XVe siècle, Vittore Carpaccio, et les esquisses furent finalement évaluées à quelque 10 millions de dollars. Conclusion : il ne faut jamais sous-estimer ses chances, ne jurer de rien, et être toujours vigilant. L'espoir me faisait vivre et respirer.

Après avoir passé quatre heures sur le marché aux puces, je me rendais généralement dans les salles des ventes parisiennes pour prendre connaissance des ventes à venir. Presque chaque jour, douze salles au moins présentaient des œuvres nouvelles, provenant souvent de maisons privées, dont les propriétaires étaient décédés, avaient déménagé ou avaient un besoin urgent d'espèces. La chasse aux trésors, dans ces lieux secondaires, était une entreprise au long cours.

Il faut savoir que les ventes aux enchères traditionnelles ne rapportaient en général pas grand-chose, la plupart des catalogues ayant été étudiés et épluchés par d'innombrables experts. Toutefois, même si leurs erreurs étaient rares, il y avait toujours une chance sur un million pour qu'ils aient raté quelque chose, comme ce portrait de Frans Hals, initialement estimé à 30 000 dollars, acheté plus de 500 000 par un ingénieux marchand français et revendu moins de deux ans plus tard, lors d'une importante vente aux enchères à Londres, pour près de 10 millions de livres sterling. Ou encore cette immense peinture représentant une scène de bataille biblique, attribuée à tort à un peintre romain relativement mineur par une société londonienne, et qui s'avéra plus tard une œuvre de jeunesse du grand maître français du XVIIe siècle, Nicolas Poussin. Elle fut par la suite vendue au Jerusalem Museum pour plus de 7 millions de livres. Bref, il y avait toujours l'éventualité d'une belle opportunité comme celles-ci.

2

QUI EST-ELLE ?

« Le plaisir le plus noble est la joie
de la compréhension. »
Léonard de Vinci

Peu après que Kathy et moi fûmes rentrés à Paris avec notre trésor, nous eûmes le plaisir de recevoir une invitée qui put nous éclairer un peu sur le portrait. À l'âge de quatre-vingt-deux ans, Mina Gregori était considérée comme la doyenne de l'histoire de l'art, l'experte sans égale du Caravage et des Florentins. Elle a enseigné l'histoire de l'art médiéval et moderne à l'université de Florence pendant plus de cinquante ans, a écrit de nombreux livres, et eu pour étudiants une bonne partie des historiens de l'art qui comptent aujourd'hui dans ce domaine.

Au fil des années, nous étions devenus proches et elle séjournait régulièrement chez nous quand elle venait à Paris. Mina était une boule d'énergie à l'esprit vif et à l'œil perçant. Nous avons souvent ri de sa façon de tournoyer autour de nous dans les expositions et les salons, sans jamais sembler fatiguée.

Début mars, se trouvant à Paris, Mina nous rendit visite en compagnie de Catherine Goguel, une amie commune et spécialiste des dessins au Louvre. Elle était venue à l'occasion d'une fête organisée en son honneur, pour son anniversaire. Avec impatience, je leur montrais le portrait et les regardais attentivement pendant qu'elles l'étudiaient, tout en discutant à voix basse. Elles paraissaient fort intéressées, mais leurs visages ne trahissaient aucune émotion.

« C'est d'une qualité remarquable », dit finalement Mina, et Catherine, hochant la tête en signe d'approbation, ajouta : « Je pense que c'est du XVe siècle. »

« Tu peux t'en assurer en le faisant dater au carbone 14 et examiner par un bon restaurateur, proposa Mina. Mais j'avoue qu'il y a des indices permettant d'établir sa paternité.

– Je t'écoute, dis-je avec empressement.

– Il semble que ce soit un artiste gaucher », confia Catherine d'un ton lourd de sens.

Mina désigna alors un détail que seule une personne possédant son œil parfait et son expertise pouvait remarquer. « Ce dessin montre une double influence : il est florentin par sa beauté délicate, et lombard par le costume et la natte, la *coazzone*, une coiffure typique d'une dame de cour à la fin du XVe siècle, dit-elle. Bien sûr, le nom qui me vient tout de suite à l'esprit, c'est Léonard de Vinci, l'un des premiers artistes à être passé de l'école florentine à l'école milanaise. Si j'étais toi, je commencerais par son cercle. »

Porté par l'enthousiasme de Mina, je me lançais dans une très longue investigation. Je gardais toujours à l'esprit le mince espoir d'avoir réalisé le rêve de tout collectionneur : faire connaître au monde l'œuvre non encore découverte d'un maître. Je fis aussi examiner le portrait par Caroline Corrigan, restauratrice éminemment respectée par les musées et les marchands d'art. Après une étude de l'œuvre au microscope, elle conclut qu'elle était du XVe siècle, et qu'elle avait été très bien restaurée, y compris récemment.

« À votre place, je ne la toucherais plus [1] », me conseilla-t-elle.

Pendant un an, je menais soigneusement mes recherches, prenant peu de décisions définitives. Le portrait trônait dans notre salon et nous donnait, à Kathy et à moi, beaucoup de plaisir, ce qui est normalement le rôle de toute œuvre d'art, n'est-ce pas ?

Je montrai des diapositives à un certain nombre de personnes pour qui j'avais du respect, spéculant sur le fait que le portrait datait du XVe siècle, et non du XIXe. L'influence de Léonard de Vinci était indubitable, et je commençais à penser que ce pouvait être le travail d'un élève. J'entrepris de sérieuses recherches sur des artistes, y compris les disciples de Léonard de Vinci, qui exerçaient à Florence et à Milan à la fin du XVe siècle. Je me disais aussi que ce pouvait être l'œuvre d'un Florentin, peut-être de Domenico Ghirlandaio, qui avait travaillé dans le même atelier que Léonard.

Les grands artistes de la Renaissance étaient connus pour leurs ateliers remplis d'apprentis talentueux. L'histoire de l'art abonde d'hypothèses sur le rôle des élèves dans des œuvres signées par les maîtres. Léonard de Vinci lui-même a commencé à travailler à l'âge de quatorze ans comme apprenti de Verrocchio.

Maître ou élève ? C'est souvent la question que l'on se pose lorsque l'on étudie des œuvres de la Renaissance. Ainsi, pendant des siècles, une collection de dessins provenant d'un atelier de Rembrandt suscita une vive controverse parmi les érudits, la question étant de savoir si c'était Rembrandt lui-même qui les avait réalisés ou bien ses élèves. À ce jour, aucune réponse définitive n'a pu être apportée, même si une impressionnante exposition au J. Paul Getty Museum, en février 2010, intitulée : « Drawings by Rembrandt and his pupils : telling the difference » (Dessins de Rembrandt et de ses élèves : différences révélatrices), tirait des conclusions convaincantes sur la petite collection, en énumérant les éléments caractéristiques qui pouvaient être attribués ou non à Rembrandt lui-même.

Parallèlement, des polémiques persistent sur certaines œuvres attribuées à Léonard de Vinci : ses étudiants milanais y ont-ils contribué ou en sont-ils les auteurs ? Quoi qu'il en soit, dans la plupart des cas, il n'y a aucune ambiguïté : le maître a une touche et il est très rare qu'un étudiant puisse l'égaler.

Kathy et moi en discutions sans cesse. Les mois passaient, j'étais totalement plongé dans mes recherches. Je n'étais pas pressé. C'était déjà une récompense en soi d'étudier et d'émettre des hypothèses.

En janvier 2008, alors que nous étions à New York pour les ventes aux enchères, nous croisâmes Kate Ganz à un vernissage. « As-tu fini par trouver de qui est le dessin ? me demanda-t-elle.

– De toute évidence, c'est un Léonard de Vinci », répondis-je dans un grand sourire.

Et nous avons tous les deux éclaté de rire devant l'absurdité de mes propos.

« Continue à rêver », a dit Kate en me faisant un petit signe dédaigneux de la main. Comme elle s'éloignait, je serrais le bras de Kathy. « Continue à rêver…, répétais-je. C'est ce que nous faisons. » Mais soudain, une pensée dégrisante me traversa l'esprit : à l'avenir, je devrais être plus prudent et ne plus lancer des noms illustres à la cantonade, car une grande découverte peut si facilement se révéler un faux.

Par un froid après-midi de février, peu de temps après mon retour de New York, je me trouvais dans la galerie de peintures italiennes du Louvre, où j'étudiais un portrait de Boltraffio. Celui-ci était considéré comme l'un des disciples les plus doués de Léonard de Vinci. Je me demandais si cet artiste, ou tout autre artiste dans le cercle du maître, avait pu réaliser la mystérieuse dame sur vélin. Ce fut alors qu'une voix derrière moi m'interpella.

« Peter ? »

Me retournant, je vis Nicholas Turner qui s'avançait d'un pas lent. Corpulent, distingué et sérieux, Turner était l'ancien conservateur des Dessins et Estampes du British Museum, ainsi qu'un expert de renommée mondiale en dessins de maîtres anciens italiens. Sa connaissance encyclopédique et son œil de spécialiste lui avaient acquis un large respect dans l'univers des dessins de maîtres anciens, où tout le monde se connaît.

Après nous être salués et avoir discuté un peu, nous sommes restés tous deux devant le tableau. Le talent de Boltraffio était indéniable. Finalement, avec une légère hésitation dans la voix, je lui dis : « Je crois que je possède quelque chose de plus important que Boltraffio. »

Turner me lança un regard curieux.

« Ah bon ? »

Je sortis alors mon appareil photo numérique, et affichai une photo du portrait. Je le tendis à Turner. À ma grande surprise, il déclara : « J'ai vu une reproduction de ce portrait, il n'y a pas longtemps, mais je n'avais pas compris que c'était toi qui détenais maintenant cette œuvre remarquable. » Il m'expliqua qu'il avait manqué la vente de 1998, à New York, mais qu'il avait été contacté à l'automne 2007 par un marchand londonien. « Il m'a demandé mon avis sur le portrait. Il travaillait pour le compte d'un collègue qui avait un acheteur intéressé.

– J'étais en train d'évaluer si c'est le travail d'un des disciples de Léonard, dis-je en désignant le portrait de Boltraffio.

– Non, ce n'est pas le travail d'un étudiant, dit Turner avec conviction.

– Oh ! fis-je, découragé. Mais comment le sais-tu ?

– Eh bien, commença-t-il prudemment, à part la très grande qualité du travail, ce qui m'a immédiatement frappé – même si je n'en ai vu qu'une diapositive – ce sont les nombreuses hachures parallèles tracées de la main gauche. Tu vois, ici ? » Et il pointa le doigt. Je me penchais sur le petit écran pour voir ce qu'il voulait dire. « C'est plus visible à l'arrière-plan, derrière le profil de la fille. » Levant les yeux de la photo, il me sourit. « Comme tu le sais, dit-il, le gaucher le plus célèbre de la Renaissance, c'était Léonard de Vinci. Et aucun de ses élèves n'était gaucher. »

Je me rappelais alors les remarques de Mina et de Catherine, qui ne m'avaient pas particulièrement frappé sur le moment. Mais il se confirmait que les hachures réalisées de la main gauche étaient un point crucial. Les experts s'accordent à reconnaître que s'il est possible de copier certains aspects stylistiques d'un maître, il est impossible d'imiter un gaucher. Même si les trois plus grands artistes de la Renaissance italienne – Léonard de Vinci, Michel-Ange et Raphaël – étaient gauchers (étonnante coïncidence), des recherches approfondies n'ont pas permis d'identifier un seul disciple de Léonard de Vinci qui aurait été gaucher.

« Mais qu'est-ce que tu dis ? fis-je abasourdi.

– Je ne suis pas un spécialiste de Léonard de Vinci, reprit Turner, mais je n'exclus pas la possibilité qu'il en soit l'auteur. »

Il eut un sourire ironique et ajouta : « C'est ce que j'ai dit à mon collègue londonien la première fois que j'ai vu le portrait, mais il ne m'a pas cru, et il n'a jamais fait de recherches à ce sujet. Ce que je trouve encore plus regrettable. » Il me suggéra de le montrer à autant de spécialistes de Léonard de Vinci que possible, et d'entreprendre aussi une étude technique approfondie.

Ce soir-là, quand je rentrai dans notre appartement qui offre une vue sur la tour Eiffel, je servis deux verres de vin et j'en tendis un à ma femme. Je lui dis alors : « J'ai croisé Nicholas Turner aujourd'hui, au Louvre. Il se trouve que quelqu'un lui a envoyé une diapositive du portrait sans nous en avertir.

– Et qu'en a-t-il pensé ? » me demanda Kathy.

Je ne répondis pas immédiatement, savourant l'instant. Puis je pris le verre des mains de Kathy de peur qu'elle ne le laisse échapper et lui annonçai alors : « Il pense qu'il peut être de Léonard de Vinci lui-même. »

Quelques mois après notre rencontre au Louvre, j'invitais Turner à examiner le portrait. Il fut enchanté. « Il est tout à fait à la hauteur de mes attentes », dit-il avec enthousiasme, ajoutant qu'il avait été frappé par sa grande beauté et sa délicatesse. Il me promit de me remettre bientôt un rapport officiel.

À cette même date, Mina était en visite à Paris. Je lui demandai de regarder une nouvelle fois le portrait en lui précisant : « Mina, certaines personnes affirment que ce pourrait être un Vinci. Assieds-toi, s'il te plaît, étudie-le avec attention, puis dis-moi sincèrement ce que tu en penses. »

Elle s'assit à la table et prit le portrait dans ses mains. Son examen était conforme à l'approche classique d'un connaisseur. Elle estimait que le meilleur moyen d'envisager une nouvelle étude, c'était de mettre de côté la technologie et de se fier à son regard exercé. La technologie interviendrait plus tard. C'était sa partie préférée du processus : faire le vide dans son esprit et s'immerger complètement dans l'œuvre susceptible d'avoir été exécutée par un artiste majeur.

Mina devait par la suite décrire sa méthode dans une publication[2] : « Mon étude fut exclusivement visuelle, et tint en un examen minutieux de la surface de l'œuvre, suivi de l'approche classique du connaisseur, approche aujourd'hui un peu trop facilement négligée, surtout dans les universités, ou du moins pas appréciée à sa juste valeur par celles-ci. Des siècles durant, les connaisseurs ont permis aux experts de formuler des avis, parfois très rapidement. Ces avis, qui résultent d'associations visuelles et mentales, sont parfois confondus [avec] l'intuition, ce qu'ils ne sont pas, dans la mesure où ils se fondent uniquement sur une expérience précédente [...]. Il convient de rappeler ce point important. »

Lors de l'étude du portrait, la première question qui lui vint à l'esprit fut la date de son exécution et l'âge du vélin. « Le léger assombrissement du support et le naturel que le portrait a conservé au fil du temps me conduisent à penser que l'œuvre a bien été réalisée à la fin du XVe siècle », expliqua-t-elle dans son article. « Je peux par conséquent faire un pas de plus, tout en sachant que la seule authenticité du support vélin ne garantit pas que le portrait dessiné dessus soit authentique, dans la mesure où nous savons tous que le plus rusé des faussaires peut utiliser avec succès de vieux supports, ou bien des supports qui ont été vieillis par des méthodes artificielles. »

Devant le visage de la jeune fille, Mina avait eu la forte impression d'être en présence d'une personne vivante. Elle nota de nombreux exemples attestant d'une grande maîtrise dans l'exécution. C'étaient des détails convaincants, mais ce fut surtout le haut degré de talent artistique qui se dégageait de l'œuvre qui la convainquit vraiment :

> Comme c'est toujours le cas, j'ai d'abord consacré mon attention au visage : à partir de là, j'ai eu peu à peu la sensation de me trouver en face d'un être vivant dont la beauté rappelait un portrait antique. Ce type de portrait ancien et classique a été la source d'inspiration pour la tête, cette influence ayant été relancée avec succès par les peintres et les sculpteurs du Quattrocento florentin.
>
> Une datation du portrait le situant dans la dernière décennie du XVe siècle est confirmée par le costume très orné de la jeune femme et par sa coiffure : ses cheveux sont en effet rassemblés derrière sa tête en une épaisse natte, appelée *coazzone*. Il s'agit d'une mode inhabituelle, liée à un emplacement géographique précis : le portrait a donc été dessiné en Lombardie, au temps où Léonard de Vinci était au service de Ludovic le More. Eu égard à la date et au contexte culturel, il diffère considérablement des portraits réalisés par les disciples lombards de Léonard de Vinci. En fait, la luminosité et la transparence des yeux de la jeune fille se retrouvent de façon similaire dans d'autres dessins de Léonard de Vinci.
>
> Après avoir focalisé mon attention sur le développement linéaire du portrait, je me suis intéressée à la façon dont la

> chevelure fine, en haut du crâne de la jeune fille, avait été dessinée. C'est la zone la mieux préservée de ses tresses élaborées. La subtile couleur des parties non retouchées de sa joue présente le même degré de maîtrise : les gradations de tons sont presque imperceptibles. Cette délicatesse inimitable me fait penser à la même particularité célèbre que l'on trouve dans le visage de *La Joconde*.

Mina resta penchée sur le portrait pendant un très long moment. Finalement, elle m'appela pour que je vienne à ses côtés. « Oui, dit-elle, c'est Léonard de Vinci. Permets-moi d'être la première à l'annoncer. » Je lui tendis une photo en noir et blanc, et elle écrivit l'attribution au dos. Je l'ai encore.

Elle conclut son article en écrivant que « ce qui frappe avant tout dans ce portrait, c'est la simplicité de sa structure, et en même temps, l'air impérial de la jeune femme. Mais l'ensemble du travail est aussi enrichi par l'intention inébranlable de l'artiste de laisser les seules apparences naturelles le déterminer, motivation ambitieuse qui peut uniquement relever d'un grand maître. Et ce maître, c'est Léonard de Vinci. »

3

LE MONDE DE LÉONARD DE VINCI

> « Nous, par notre art, pouvons être appelés les petits-fils de Dieu. »
> Léonard de Vinci

Cinq cents ans après sa mort, Léonard de Vinci continue à nous intriguer. C'est l'artiste le plus célèbre et le plus révéré de tous les temps. C'était aussi un artiste prolifique, et pourtant il a laissé moins de vingt tableaux, les plus illustres étant *La Cène* et *La Joconde*. C'était le dernier homme de la Renaissance : un artiste, un scientifique, un créateur et un inventeur dont l'imagination et les prouesses scientifiques étaient des siècles en avance sur son temps. Les artistes et les ingénieurs d'aujourd'hui étudient encore les dessins méticuleux des carnets de Léonard de Vinci pour leur technique innovatrice et leur précision anatomique.

Alors que je tenais peut-être entre les mains le fruit du travail de Léonard de Vinci, mes pensées étaient envahies par les images de son remarquable parcours d'artiste. Grâce au biographe de la Renaissance Giorgio Vasari, nous avons des renseignements sur la vie de Léonard, qui s'est distingué dès son plus jeune âge.

Physiquement, c'était un bel enfant, grand et robuste, avec des cheveux bouclés qui lui prêtaient un air angélique. Il était né hors mariage, de la liaison de son père Ser Piero avec sa maîtresse Caterina, laquelle sortit très vite du paysage. Toutefois, le fait de ne pas avoir de mère ne sembla pas être un frein pour Léonard, et cela notamment en raison du grand amour et de l'admiration que lui vouait Ser Piero, mais aussi de son génie surnaturel. Il était si doué que son père en éprouvait à la fois fierté et inquiétude, se demandant ce qu'il deviendrait dans la vie.

Ce brillant garçon solaire et rêveur ne parvenait pas à se concentrer sur un seul objectif. Il s'intéressait à quelque chose – les mathématiques, la flûte, le modelage de l'argile – puis il y renonçait au profit d'un autre sujet. Les restes de ses projets inachevés étaient éparpillés dans la propriété. Derrière la fantaisie des divers exploits de Léonard, Ser Piero avait conscience de l'exceptionnel talent de son fils pour le dessin et le modelage, surtout pour un enfant de quatorze ans. Mais il sentait que celui-ci avait besoin d'une main pour le guider, et bien que lui-même fût notaire et pût lui procurer un foyer stable, il ne pouvait pas l'aider dans cette voie.

Un jour, tandis qu'il regardait une série de dessins réalisés par son fils et admirait son indiscutable talent, Ser Piero décida de demander l'avis de son ami Andrea del Verrocchio, artiste et sculpteur qui supervisait le meilleur atelier de Florence. Y être admis était le rêve de beaucoup. Tendant des dessins de son fils à Andrea, Ser Piero lui demanda : « Penses-tu que, s'il se consacre entièrement au dessin, il réussira ? »

Andrea étudia les dessins avec une stupéfaction croissante. Cet enfant de quatorze ans avait maîtrisé les formes et les visages avec une maturité et un talent qu'il n'avait encore jamais vus ! Qui était ce garçon ? Sur son avenir, Andrea n'avait aucun doute. Il accepta de lui faire une place dans son atelier.

Ser Piero était à la fois enthousiaste et soulagé, certain que le talent de son fils se déploierait en toute sécurité sous la tutelle d'Andrea. L'intéressé était lui aussi impatient de commencer, heureux de se plonger dans l'art et la création à tous les niveaux.

Léonard s'épanouit dans l'atelier du maître et il passa finalement dix ans dans ce cercle confortable et créatif. Il n'avait aucune hâte de s'installer à son compte et son père ne le pressait pas. En dépit du génie incontestable de son fils, Ser Piero pensait que sa distraction et son instabilité en faisaient un bien pauvre candidat à un travail indépendant.

Par ailleurs, l'atelier offrait de nombreuses opportunités. La première significative fut une peinture du baptême du Christ par saint Jean. Andrea confia à Léonard la tâche de peindre l'un des deux anges qui tenaient la robe du Christ. En dépit de son jeune âge, il s'en acquitta si bien que son ange était plus réussi que celui d'Andrea. Quand celui-ci vit le travail de Léonard, il ne put contenir sa colère. Comment ce simple apprenti pouvait-il lui faire de l'ombre ? On rapporta alors qu'il fit le vœu de ne plus jamais toucher un pinceau après avoir été éclipsé par son propre élève. (*Le Baptême du Christ* se trouve actuellement à la Galerie des Offices, à Florence. L'ange de Léonard de Vinci est celui qui se trouve sur la gauche.) Léonard était plutôt un solitaire parmi ses pairs. Il écrira plus tard :

> Pour que la santé du corps ne fasse pas tort à celle de l'esprit, le peintre ou dessinateur doit rester solitaire, surtout quand il est porté à des spéculations et considérations qui, surgissant continuellement devant lui, en fournissent d'amples réserves à la mémoire. Seul, tu t'appartiendras tout entier ; avec un compagnon tu ne t'appartiendras qu'à demi, et d'autant moins que son commerce est moins discret ; avec plusieurs, ces inconvénients seront multipliés.
> « Mais, objectes-tu, je me conduirai à ma guise, je m'isolerai pour mieux étudier les formes de la nature » ; je dis que tu y arriveras mal, car tu ne pourras pas t'empêcher de prêter souvent l'oreille au bavardage des compagnons. Et comme on ne peut pas servir deux maîtres, tu ne réussiras pas à être un bon compagnon et encore moins à bien conduire tes réflexions sur l'art. Si tu dis : « Je me retirerai si loin d'eux que leurs paroles ne viendront pas

> me déranger », je réponds à cela que tu seras tenu pour fou. Et pense qu'avec cette conduite tu seras seul de toute façon. Si tu tiens cependant à tout prix à avoir un compagnon, choisis-le en vue de tes études ; cela pourrait t'être utile pour ces confrontations auxquelles on peut être conduit par les spéculations. Toute autre compagnie pourrait t'être très dangereuse[1].

Selon Vasari, alors qu'un beau jour Léonard était au travail, son père lui apporta un rondin de bois. Un ami paysan l'avait prié de faire exécuter une peinture dessus, peut-être pour l'utiliser ensuite comme bouclier. Ser Piero avait pensé que son fils pourrait se charger de la tâche. Ce dernier, trouvant le morceau de bois gauchi et rugueux, le chauffa au feu pour le redresser et en polit la surface. L'ayant ainsi préparé, il songea à ce qu'il pourrait peindre dessus.

Il voulait réaliser une image à la fois spectaculaire et effrayante, et imagina l'effet que produirait une tête de Méduse. Comme modèles, il apporta dans sa chambre des lézards, des sauterelles, des serpents, des papillons, des grillons et des chauves-souris, ainsi que d'autres animaux étranges. À partir de tout ceci, il créa un animal si affreux et si terrifiant qu'il semblait empoisonner l'air avec son souffle féroce. Il le peignit surgissant d'un rocher sombre et brisé : du venin jaillissait de sa gueule ouverte, du feu de ses yeux et de la fumée de ses naseaux – c'était réellement une chose monstrueuse. Il était tellement absorbé par son travail qu'il ne remarquait même pas l'odeur atroce qui se dégageait des carcasses pourries des animaux qui lui avaient servi de modèle.

Quand il eut enfin terminé, il envoya un message à son père pour qu'il vienne chercher le travail. Ser Piero arriva de bonne heure, un matin, devant la porte de Léonard. Quand il frappa, son fils le pria d'attendre un instant, pour effectuer une petite mise en scène : il plaça l'œuvre dans la lumière, voilant la fenêtre afin de créer un effet sinistre. Ser Piero entra dans la chambre, vit l'image et partit immédiatement en courant, sans se rendre compte que la terrible créature était peinte et non réelle. Léonard appela alors son père et le ramena en disant : « Mon père, cet ouvrage produit l'effet que j'en attendais[2]. » Il était très satisfait d'avoir réalisé une peinture suffisamment réaliste pour effrayer son père.

L'objet parut merveilleux à Ser Piero qui loua l'idée originale de son fils. Toutefois, il ne voulut pas le remettre à son ami, alors secrètement, il acheta un autre rondeau, sur lequel était déjà peint un cœur transpercé d'une flèche et le donna à son ami paysan qui lui en fut reconnaissant jusqu'à la fin de ses jours. Ser Piero vendit l'œuvre de Léonard à des marchands, à Florence, pour une centaine de ducats ; celle-ci se retrouva bientôt entre les mains du duc de Milan, qui l'avait achetée aux marchands pour trois cents ducats – ces sommes étaient considérables pour l'époque.

Le génie de Léonard fut reconnu alors qu'il était encore un jeune homme, et le fait qu'il soit aussi agréable et séduisant n'était pas pour lui nuire. Beaucoup tombaient sous son charme, pour se rendre compte ensuite que sa conscience professionnelle était aussi légère que le vent. On le disait procrastinateur, mais il est probablement plus exact qu'il fut un artiste perfectionniste et éclectique, facilement distrait par ses nombreux centres d'intérêt. Pour le jeune Léonard, passer ses journées à rêver n'était pas une perte de temps, c'était un exercice qui faisait travailler l'imagination et lui permettait d'accumuler des réserves intérieures de matériau. L'un de ses clients déplora un jour qu'il passait plus de temps à penser qu'à agir, et quand il se mit enfin au travail, le chemin vers la finalisation fut semé d'obstacles imaginaires.

Léonard de Vinci acquit rapidement la réputation d'un artiste n'achevant pas ses travaux. Comme Vasari le regrettait dans une rare critique, « il se serait avancé très loin dans l'érudition et les principes des lettres, s'il n'avait été si variable et si changeant.

Car il se mit à apprendre beaucoup de choses, et, à peine commencées, il les abandonnait[3] ». Un moindre talent aurait été ruiné par une telle légèreté, mais à ce jour, les œuvres non achevées de Léonard de Vinci comptent parmi ses plus grandes.

Il en va ainsi de *L'Adoration des mages*, à l'origine une commande passée en 1481 par les moines augustiniens de San Donato a Scopeto, à Florence, et qui lui fut confiée grâce aux relations de son père[4]. Le travail consistait à créer un grand retable de 3 × 2,60 mètres et représentant l'adoration de l'enfant Jésus par les mages. Léonard de Vinci disposait de trente mois pour mener à bien cette tâche complexe, et il passa presque toute la première année à en dessiner les plans. Même dans ses esquisses, il était évident que sa vision était fort différente de ceux qui avaient déjà peint la scène. Il s'en dégageait un souffle plus humain, une plus vive émotion et un plus grand sens de l'égalité ; de nombreux personnages aux expressions vivantes et extraordinaires y figuraient. Au lieu de concentrer son intérêt sur les mages ou la Sainte Famille, il explorait tout ce qui se passait autour.

Alors que Léonard de Vinci travaillait sur *L'Adoration des mages*, il fut distrait de son projet par une requête de Laurent de Médicis, le maître de Florence, le priant de venir en mission diplomatique à la cour du duc de Milan, Ludovic Sforza dit le More. Léonard avait apparemment appris à jouer de la lyre, quand il était enfant, et tout jeune homme, il avait créé une merveilleuse lyre en argent, en forme de tête de cheval, qui résonnait admirablement bien. Quand Laurent de Médicis vit la lyre, sans doute par l'intermédiaire du père de Léonard, il se dit que cela ferait un cadeau parfait pour le duc, surtout si l'artiste pouvait en jouer devant lui.

Léonard de Vinci partit alors pour Milan, et sa performance fut tellement supérieure à celle des musiciens de la cour milanaise que le duc fut à la fois charmé et intrigué. Il fixait avec un immense intérêt le fascinant jeune homme doté de tant de talents. Manifestement, Léonard ressentit la même perplexité, et peu de temps après l'événement, il envoya la lettre suivante à Ludovic Sforza, sans doute la plus fameuse lettre de candidature de l'histoire :

> Illustre Seigneur, ayant vu et constaté que les essais de tous ceux qui se disent maîtres en l'art d'inventer des instruments de guerre n'offrent ni plus d'utilité ni plus de nouveauté que ce dont on se sert communément, [...] je veux m'efforcer de dévoiler à Votre Seigneurie mes secrets [...]. Je sais construire des ponts très légers qu'il est facile de transporter d'un lieu à l'autre et à l'aide desquels on peut poursuivre l'ennemi et le mettre en fuite [...]. Je sais encore fabriquer des espèces de canons très faciles et commodes à transporter, qui lancent comme une tempête de grêle [...]. Je connais la manière de creuser, sans bruit, des voies souterraines, étroites et tortueuses, pour parvenir à un lieu que l'on ne pourrait pas atteindre autrement [en passant] sous des remparts ou sous une rivière. [...] Je sais faire des chariots solides, couverts, offensifs et défensifs, qui, munis d'artillerie, pénètrent au milieu des ennemis : il n'y a pas de rangs si épais qu'ils ne puissent rompre. [...] En temps de paix, je crois pouvoir vous satisfaire aussi bien que quiconque en architecture, en construisant des édifices publics et privés, et en conduisant l'eau d'un lieu à l'autre. Je m'occupe aussi de sculptures en marbre, en bronze et en terre ; de même en peinture, je peux faire tout ce que font les autres et tout ce que l'on veut. [...] Si quelques-unes des choses dont je viens de parler semblaient à quelqu'un impossibles et irréalisables, je m'offre à en faire l'essai dans votre parc ou dans quelque lieu qui plaise à Votre Excellence, à laquelle je me recommande très humblement[5].

Qu'est-ce qui poussait Léonard de Vinci à présenter ses services à la cour ? Un homme de son extrême talent aurait pu avoir autant de commandes qu'il le voulait. Peut-être était-il conscient de ses propres failles, de sa tendance à perdre courage au beau milieu d'un travail, de son besoin de structure et de discipline. Il est aussi possible qu'il ait estimé que le soutien et le support réguliers de ses supérieurs lui étaient nécessaires, dans la mesure où il n'avait pas forcément une bonne opinion de lui-même et remettait souvent en question ses propres capacités. Sur le plan pratique, il s'inquiétait constamment pour l'argent, et la cour de Milan lui semblait sans doute garantir la sécurité de l'emploi.

Sa lettre fut de toute évidence convaincante, puisque le duc prit Léonard à sa cour, où il devait rester dix-sept ans. Il était âgé de trente ans quand il accepta la position de peintre et d'ingénieur du duc.

Milan connaissait alors une période merveilleuse, l'âge d'or des arts et des sciences. Le duc, un dictateur bienveillant qui vouait un véritable amour aux arts et une fascination pour la modernisation urbaine, était ravi d'attirer les plus grands peintres, poètes et ingénieurs dans sa ville.

La cour de Sforza, avec l'imposant « Castello Sforzesco », était renommée pour ses fêtes et ses spectacles fastueux lors des mariages et des naissances. Les poètes de la cour présentaient des poèmes fleuris, et Léonard de Vinci se vit confier la réalisation de décors pour les représentations théâtrales qui y étaient données. Le luxe et l'éclat y régnaient, comme en témoignaient les remarquables broderies au fil d'or qui ornaient les robes des plus grandes dames. On ne soulignera jamais assez la beauté et la magnificence de la cour durant le règne de Ludovic. La société qui se rassemblait au château de Milan évoquait, selon les chroniques de Baldassare Castiglione, « la fleur de la race humaine[6] ».

L'immense prospérité se reflétait dans le style de vie des Milanais, qui vivaient surtout du commerce et des manufactures, et qui bénéficiaient aussi d'un sol fertile. Deux principales industries étaient à la base de ce succès, faisant de Milan un centre manufacturier : les armures milanaises et l'industrie de la laine (qui incluait le tissage de la soie, la broderie et les vêtements en or et en argent). La classe des marchands prospéra, multipliant les échanges. Ce commerce généra une grande richesse dans les couches supérieures de la société, qui vivaient dans de nobles demeures, et si elles ne faisaient pas tout à fait partie de la royauté, elles en étaient extrêmement proches. L'aristocratie de Milan se fondait sur la fortune, pas sur la naissance.

Le contexte culturel était lui aussi fort riche pour Léonard de Vinci. La cour de Milan devint une sorte d'académie, qui rassemblait des écrivains, des poètes, des mathématiciens, des scientifiques et des philosophes. D'illustres érudits affluaient de toute l'Italie.

Les visiteurs étaient impressionnés par la splendeur des robes des dames, souvent entièrement faites de tissu en fil d'or, ornées de riches broderies et décorées de bijoux. Théoriquement, il existait des lois qui, en fonction du rang qu'elle occupait dans la société, déterminaient le type de robe qu'une femme pouvait porter, mais elles n'étaient que rarement respectées, car leur application aurait nui à une grande partie du commerce milanais. La magnificence était encouragée dans l'intérêt d'une communauté dotée d'un impressionnant sens des affaires.

En dehors de la cour, les habitants de Milan menaient bien sûr une existence frugale, mais la classe privilégiée rivalisa de luxe pendant la période Sforza. Rappelons, par exemple, le faste qui a marqué la naissance du premier enfant de la duchesse Beatrice d'Este, en 1493 : un berceau doré à l'or, une riche courtepointe de brocart et une pluie de cadeaux.

La société se façonnait sur la cour, parce que les deux étaient étroitement liées. Contrairement à la ville de Florence, qui connaissait à cette époque un nouvel élan religieux, Milan avait tendance à favoriser le côté matériel de la vie et le commerce. La piété se traduisait moins par une ferveur dévote que dans des ouvrages pratiques, comme la construction d'hôpitaux ou la fondation d'écoles. Et puis il y avait toujours les splendides spectacles qui attiraient les visiteurs de tout le pays.

Ce fut dans cet univers que Léonard de Vinci pénétra quand il arriva à Milan pour offrir au duc ses talents de peintre, inventeur, ingénieur et sculpteur. Il s'adapta aisément à la cour milanaise. Il fut capable de laisser son imagination et ses talents s'y déployer pleinement. Ce fut là également qu'il développa son sens de la critique artistique – fondée sur l'observation des objets – et sa vision de l'artiste comme le plus grand des communicateurs. « Si vous, historiographes, poètes, observateurs, vous n'aviez pas vu avec l'œil, vous ne pourriez rien rapporter dans vos écritures qui sont nées de la peinture », écrivait-il avec raison, tout en continuant :

> Si toi, poète, tu figures une histoire avec la peinture de la plume, le peintre, lui, fera mieux avec le pinceau. Si tu appelles la peinture une poésie muette, le peintre dira de ton écriture que c'est une aveugle peinture.
> Quel est le pire : aveugle ou muet ?
> Si le poète est libre, comme le peintre, dans ses inventions, il ne peut donner autant de satisfaction, parce que, si la poésie figure les paroles, le peintre donne les propres ressemblances des formes[7].

La contribution de Léonard de Vinci à la cour fut éclectique et passionnante. Ses esquisses pour le génie civil étaient très en avance sur son époque, ainsi que ses plans pour les machines de guerre. Il conçut les décors et costumes de nombreux tournois et fêtes. Parmi ses projets les plus ambitieux figure la création d'un immense monument équestre en l'honneur de Francesco Sforza, père fondateur de la dynastie Sforza[8]. Il lui fallut dix ans pour construire le modèle en argile, mais malheureusement, avant que le bronze ne soit coulé, les Français envahirent Milan et le détruisirent.

De temps à autre, à la demande de son bienfaiteur, Léonard abandonnait ses dessins et ses constructions pour passer ses après-midi en compagnie d'une courtisane ayant les faveurs du duc, prêtant la vie à ses traits grâce à ses crayons, ses peintures et ses craies. Bien que d'autres artistes auraient pu s'acquitter de la tâche de manière satisfaisante, Sforza avait avoué que c'était seulement à Léonard de Vinci qu'il faisait confiance pour capturer les expressions du visage de sa bien-aimée. Parfois, Sforza se tenait sur le seuil de la porte, un sourire encourageant aux lèvres à l'adresse de la jeune femme, pour qui la pose requérait un grand sang-froid. De fait, dans les travaux achevés, les modèles semblent tourner le regard vers une autre personne, et il en résulte une douceur des traits qui tranche avec les portraits formels et rigides courants à cette époque. C'était cela, la signature de Léonard de Vinci : une capacité à animer les visages, qui les distinguerait des siècles plus tard.

4

AUTHENTIQUE OU FAUX ?

« La vérité des choses est la nourriture
principale des esprits supérieurs. »
Léonard de Vinci

Avant ma rencontre décisive avec Nicholas Turner, au Louvre, j'hésitais à persévérer dans l'idée que je détenais l'œuvre d'un maître – *du* maître. Les langues allaient se délier… Il est tellement courant d'entendre quelqu'un affirmer qu'il détient un Léonard de Vinci, ou bien un Michel-Ange ou encore un Pollock perdu, même si ces affirmations sont systématiquement réfutées. On n'a quasiment jamais vu une nouvelle œuvre surgir de nulle part, surtout celle d'un des maîtres de la Renaissance. Le mythe largement répandu qui veut que ces trésors soient abondants, enfouis dans des greniers et en attente d'être découverts, relève plus d'un concept romantique que d'une réalité.

Dans son livre paru en 1996, *False Impressions : The Hunt for Big-Time Art Fakes* (Fausses impressions : la chasse aux faux en œuvres d'art de premier plan), Thomas Hoving, ancien directeur du Metropolitan Museum of Art (et récemment décédé à l'âge de soixante-dix-huit ans) soutenait qu'il y a tant de faux à notre époque qu'ils sont presque aussi nombreux que les vrais. Quant à moi, je n'irai pas si loin. Il soulignait par ailleurs que « la contrefaçon en art est aussi vieille que l'humanité[1] », et que le faussaire, par nature, doit être passionné d'art et souvent aussi doué que l'artiste authentique.

Selon Hoving, tout historien de l'art s'en réfère à quelques principes élémentaires pour déterminer si une œuvre est une contrefaçon :

- le faussaire se trahira toujours par quelque maniérisme de style ;
- il manquera toujours à un faux une liberté d'exécution et l'originalité ;
- le factice est forcément d'une qualité inférieure à l'original ;
- si l'instinct et l'examen attentif à l'œil nu ne parviennent pas à repérer un faux, la « science » – l'ordinateur ou le laser – démasquera la contrefaçon ;
- les faux finissent toujours par trahir le goût de l'époque à laquelle ils ont été réalisés et ne survivent pas, en règle générale, plus d'une génération avant d'être démasqués[2].

Cette liste, assez réduite, semble optimiste quant à la capacité de l'historien à repérer l'infériorité d'un faux. L'histoire nous prouve que les faux ne se dévoilent pas toujours aussi facilement. Toutefois, les principes énumérés par Hoving sont intéressants si on les met en regard de ses affirmations, retranscrites plus loin, au sujet de notre portrait qui, d'après lui, n'est pas authentique.

Hans van Meegeren est le faussaire le plus notoire du siècle dernier et son cas s'avère édifiant pour tous ceux qui font confiance aux arbitres de la grandeur artistique. Les faux géniaux de van Meegeren firent, dans les années 1940, l'objet d'un scandale célèbre, qui ébranla l'establishment du monde de l'art. Van Meegeren était un artiste et un restaurateur de tableaux qui se considérait comme un génie non reconnu. Il tira avantage du fait que Jan Vermeer, vrai génie des intérieurs intimes du XVIIe siècle hollandais, émergeait de l'ombre, trois siècles après sa mort, pour être salué comme l'un des plus grands maîtres de l'âge d'or de la peinture hollandaise.

Le style de Vermeer prête aujourd'hui encore matière à conjectures : certaines attributions demeurent incertaines, dans la mesure où la plupart de ses tableaux ne sont pas signés. Van Meegeren réalisa quelques tableaux dans ce qu'il considérait être le style et la technique de Vermeer, mélangeant les couleurs et utilisant des pigments qui existaient au XVIIe siècle. L'un de ses faux, *Les Pèlerins d'Emmaüs*, fut acheté en 1937 par la Dutch Rembrandt Society pour environ 4,7 millions de dollars d'aujourd'hui et donné au Museum Boijmans Van Beuningen de Rotterdam. Le tableau fut bruyamment acclamé par les grands érudits de l'époque comme un Vermeer perdu depuis très longtemps, la production connue de l'artiste n'excédant pas les trente-cinq œuvres. L'agitation suscitée dans le milieu de l'art par cette « nouvelle découverte » fut d'une telle ampleur que le directeur du musée national lui-même contribua personnellement à son achat pour son institution.

L'affaire prit ensuite un tournant fâcheux. Après la Seconde Guerre mondiale, on apprit que le tableau de Rotterdam n'avait pas été peint par Vermeer, mais par le faussaire van Meegeren. Par un coup de théâtre spectaculaire, le faussaire lui-même dut avouer son méfait pour éviter d'être accusé, par le gouvernement hollandais, de collaboration avec les nazis durant la guerre. On l'accusait en effet d'avoir vendu le patrimoine hollandais – *Les Pèlerins d'Emmaüs*, le prétendu Vermeer – à un amateur d'art nazi notoire, Hermann Goering. Il ne lui restait qu'une seule solution pour s'en sortir : dire la vérité ! Aussi, devant le tribunal, les érudits incrédules et la presse internationale, van Meegeren montra-t-il comment il avait peint ses « Vermeer », y compris *Les Pèlerins d'Emmaüs*. Il fut condamné à un an de prison et mourut six semaines après le verdict. On le cite toujours pour rappeler que les connaisseurs d'art peuvent parfois commettre des erreurs colossales.

Comment van Meegeren s'y prit-il pour abuser tant d'érudits compétents ? Le tableau avait tout de même été analysé par le restaurateur du musée en personne ! De fait, il avait mis au point une technique ingénieuse pour vieillir la toile, y compris pour en endommager certaines parties, puis les restaurer afin de donner au tableau une apparence vieillie. Il était même devenu expert dans la création de réseaux de fines craquelures à la surface du tableau, de sorte qu'à l'œil nu celui-ci semblait correspondre à l'un des critères que l'on recherche dans une œuvre du XVIIe siècle. Le spectateur se voyait trompé par l'effet d'ensemble créé par l'artiste qui avait choisi d'utiliser son troublant talent pour duper les autorités.

Toutefois, pour avoir observé ce tableau à l'aune du vaste savoir dont nous disposons de nos jours sur le style de Vermeer et revu presque toutes les peintures qu'il a réalisées, la création de van Meegeren n'était pas, selon moi, très convaincante sur le plan esthétique. Les visages et l'effet de lumière ne correspondent pas à ce que nous connaissons à présent sur Vermeer. Aujourd'hui, un connaisseur l'aurait tout de suite démasqué, et un examen scientifique aurait confirmé qu'il s'agissait d'un faux. Notre connaissance actuelle sur les artistes et leurs techniques s'est en effet fortement enrichie, une grande partie de ces informations étant le fruit d'une technologie scientifique qui a littéralement explosé au cours des deux dernières décennies.

Une autre histoire passionnante sur le pouvoir potentiel d'une contrefaçon n'implique rien moins que *La Joconde*[3]. Le 21 août 1911, le célèbre tableau fut dérobé au Louvre au petit matin. Fait plutôt étrange, quand les gardiens s'aperçurent de son absence, ils pensèrent qu'il avait été retiré pour être photographié. Un jour entier s'écoula avant que le vol ne soit découvert. *La Joconde* disparut pendant plus de deux ans. Dans le cadre d'une enquête internationale, des centaines de personnes furent interrogées, y compris Pablo Picasso car il avait précédemment acheté deux sculptures en pierre qui avaient été, en réalité, volées au Louvre, ce qu'il ignorait au moment de l'acquisition. Il les avait bien sûr restituées.

Pendant vingt-sept mois, les enquêteurs fouillèrent le monde à la recherche du trésor perdu, pour finalement apprendre que *La Joconde* avait séjourné pendant tout ce temps à Paris, puis à Florence. Le coupable était Vincenzo Peruggia, un charpentier italien qui avait travaillé au Louvre et avait participé à l'installation de la vitrine en verre destinée à protéger le tableau. Il fut démasqué alors qu'il tentait de le vendre à la Galerie des Offices de Florence, pour 500 000 lires (soit environ 100 000 dollars). Le musée avertit immédiatement la police et il fut pris en flagrant délit.

Même s'il cherchait à récupérer une belle somme d'argent, Peruggia déclara que sa motivation était d'ordre purement patriotique. « Je suis un patriote italien [qui] a été saisi par le désir de redonner à mon Italie l'un des trésors qui lui avait été volé par Napoléon[4] », affirma-t-il. La peinture retrouvée fut exposée pendant un mois en Italie avant de réintégrer le Louvre, en janvier 1914. Peruggia fut initialement condamné à un peu plus d'un an de prison, mais la sentence fut ultérieurement ramenée à sept mois et neuf jours. Une fois libéré, il mena une existence tranquille et ne fit plus parler de lui. Cependant, l'affaire de *La Joconde* ne s'arrête pas là.

En 1931, le journaliste Karl Decker révéla des informations pour le moins surprenantes. Il affirma qu'à l'époque où *La Joconde* avait été retrouvée et remise au Louvre, il avait interviewé un certain Eduardo de Valfierno, qui lui avait raconté une tout autre histoire au sujet du vol. Ayant juré de garder le secret jusqu'à la mort de Valfierno, Decker n'avait pas pu parler avant. Valfierno revendait en fait de fausses peintures de maîtres espagnols avec la complicité de son partenaire, Yves Chaudron, restaurateur et talentueux faussaire.

En 1910, le duo s'installa à Paris et, selon les dires de Valfierno, ourdit un plan pour produire des faux de *La Joconde*. Le trafiquant convainquit Peruggia de voler le tableau pour que tout le monde se demande où il pouvait bien être. Chaudron en réaliserait alors plusieurs copies, qu'il revendrait comme originales à des collectionneurs privés étrangers, chacun d'eux étant persuadé que son acquisition était le tableau volé. Et si *La Joconde* était un jour retrouvée, il dirait simplement aux investisseurs que celle du Louvre était la fausse, et que c'étaient eux qui étaient en possession de l'authentique.

Quand le prétendu complot fut révélé, les gens s'interrogèrent immédiatement sur l'authenticité de la dame du Louvre. Cependant, aucun des supposés faux n'a jamais fait surface, et le Louvre a fait authentifier son trésor, à la satisfaction de la communauté artistique. Pourtant, de temps à autre, il se murmure : est-ce la vraie ?

Nicholas Turner avait quelque chose d'un détective privé quand il était conservateur au J. Paul Getty Museum, à Los Angeles, dans les années 1990. Il se retrouva au centre d'une des plus grandes controverses de l'histoire du musée. Peu de temps après avoir pris ses fonctions, en 1994, Turner fit une déclaration stupéfiante : selon lui, six dessins majeurs attribués à des maîtres de la Renaissance étaient des faux. Parmi eux, il y avait le dessin d'une femme réalisé au crayon et à l'encre, et attribué à Raphaël, le portrait d'une infante attribué à Fra Bartolomeo, et plusieurs autres pièces. Turner fut atterré par les maladresses qu'il repéra dans ces travaux et qui, pour son œil exercé, étaient synonymes de contrefaçon, comme ce Desiderio da Settignano que le musée venait d'acquérir pour la somme de 349 000 dollars. Un personnage représenté en haut du tableau était identique à un autre, situé sur le rebord gauche, mais en inversé. Mélanger et faire correspondre des éléments de différentes compositions du même artiste est un stratagème typique du faussaire.

De fait, un dessin supposé de Fra Bartolomeo, l'étude à la craie noire d'une tête d'enfant, avait attiré l'attention de Turner comme étant la quasi-réplique en inversé d'une étude se trouvant dans un musée allemand : c'était le même enfant, le même artiste. Dans l'original, le bébé tournait la tête à droite. Là, il la tournait à gauche.

Après que Turner eut tiré la sonnette d'alarme, Ari Wallert, associé scientifique du Getty Conservation Institute, soumit un supposé Raphaël à une spectrométrie à fluorescence X et découvrit qu'il contenait de l'oxyde de titane, substance qui n'existait pas à l'époque. C'était, affirma le conservateur, la preuve qu'il s'agissait d'un faux. Mais alors qu'il s'apprêtait à continuer son enquête, le Getty l'en empêcha. Il s'ensuivit un fâcheux imbroglio qui culmina avec le licenciement de Turner. Ce dernier reçut alors des indemnités substantielles destinées à le dissuader de poursuivre sa bataille contre le musée, et de proclamer que son prédécesseur avait acheté un faux. Fort mécontent d'avoir été renvoyé, il intenta malgré tout une action en justice. Autoriser des faux reconnus à rester dans un musée était une insulte à sa conscience de conservateur.

Dans un long article consacré à ce sujet et paru dans le *New York Times Magazine*, en 2001, Peter Landesman enfonçait le clou en écrivant :

> Nous voulons être certains, quand nous entrons dans un musée, que ce que nous allons y voir est authentique. « Les musées sont les garants de l'authenticité de ce qui est accroché, mais les sources d'authenticité sont en déclin », dit [Mark] Jones [commissaire principal de l'exposition « Faux ? » du Bristish Museum]. « Les gens sont aujourd'hui géographiquement plus mobiles que leurs parents ne l'étaient. Le passé est devenu une sorte de fiction. La perte de certitude au sujet de ce qui est vrai et ne l'est pas, la tendance croissante à romancer le

> passé conduisent les musées à jouer le rôle d'ancres psychiques. » [...] Mais le fait d'être conscients que nous ne savons pas toujours ce qui est réel – même dans un musée – nous emplit de doutes qui corrompent notre relation à ce qui est sacré culturellement. Les experts sont faillibles. Nous devons prendre nos responsabilités face à ce que nous regardons. « Si un musée contient des pièces qui ne sont pas authentiques, dit Jones, alors ce qui est dit devient mensonge[5]. »

Dans les années qui suivirent, Turner ne renonça pas à sa quête. Son suspect numéro 1 était un certain Eric Hebborn, brillant faussaire des maîtres anciens, qui avait révélé ses activités dans les années 1980. Hebborn n'admit jamais être l'auteur des faux du Getty, mais il reconnut effrontément qu'il avait été faussaire dans *The Art Forger's Handbook* (Le Manuel du faussaire d'art) où il expose d'un ton fanfaron ses méthodes et sa philosophie. Il y justifie avec insolence ses activités :

> Il n'y a rien de répréhensible dans le fait de réaliser un dessin dans le style de son choix, pas plus qu'il n'est condamnable de demander à un expert ce qu'il en pense. « Mais qu'en est-il de l'avantage pécuniaire que l'on gagne et qui est fondé sur le mensonge ? » m'objecterez-vous. Ma réponse à cette question est que je ne vois aucune raison qui m'obligerait à renoncer à mon travail. Par ailleurs, je tiens à déclarer en toute sincérité que je n'ai jamais demandé ou reçu des sommes d'argent excessives pour mes maîtres anciens, par rapport à ce qu'un artiste de ma réputation peut exiger pour son travail.
> Les avantages financiers revenaient avant tout aux revendeurs et pour cette raison, je refuse d'être considéré comme un délinquant. Puisque certaines personnes avouent un penchant honteux pour les voyous – et je ne fais pas partie

> de cette confrérie – qu'elles se le gardent pour les revendeurs ! En outre, si Christie's, Colnaghi's, Sotheby's et d'autres marchands importants qui ont eu affaire à mon travail pensent que je suis un escroc, pourquoi ne me poursuivent-ils pas en justice ?
> La première réponse qui me vient à l'esprit, c'est qu'ils ne veulent tout bonnement pas faire chavirer le navire. En effet, le marchand d'art londonien et spécialiste de la peinture du XIXe siècle, David Gould, a déclaré à propos de l'affaire Keating : « Il y en a encore bien plus qui ne sont pas connus et ne le seront jamais. Il ne faut pas faire sombrer le marché. La foi dans le marché est une chose très délicate[6]. »

L'expérience décevante de Turner, qui avait essayé de porter l'existence de faux à la connaissance de directeurs de musée, va dans le même sens que les affirmations de Hebborn selon lequel il n'est pas toujours dans l'intérêt du marché de connaître la vérité. D'après mon expérience, toutefois, une attribution ne dépend pas uniquement d'un excès de prudence. Je n'ai jamais rencontré un connaisseur qui aurait toléré une erreur pour le bien du marché. Quand je me suis dit que je détenais peut-être un Léonard de Vinci, je savais que seul l'examen le plus rigoureux serait de mise. Il aurait fallu être fou pour ne pas rester sur ses gardes. La controverse était assurée. La dernière fois qu'une telle revendication avait été formulée, il avait fallu presque un siècle pour tirer l'affaire au clair.

Au début du XXe siècle, la ville de Kansas City, dans le Missouri, était bien le dernier endroit où l'on pouvait s'attendre à trouver une peinture de Léonard de Vinci, d'autant qu'il n'y avait pas une seule œuvre du maître sur tout le territoire des États-Unis. Et pourtant, quelqu'un revendiqua une telle possession.

En 1920, Harry Hahn, un vendeur de voitures, épousa une Française, Andrée Lardoux, dont la marraine donna au couple un cadeau de mariage très particulier : c'était une peinture qui avait été authentifiée comme un Léonard de Vinci par Georges Sortais, expert français spécialisé dans la Renaissance italienne. Le tableau était presque identique à *La Belle Ferronnière* de Léonard de Vinci qui se trouve au Louvre. On pensait que c'était le portrait de Lucrezia Crivelli, une maîtresse de Ludovic le More, dans les années 1490. (Le terme « ferronnière » fait référence à la fine chaîne en or ornée d'une gemme, sur le front du sujet.)

Le jeune couple avait peu d'intérêt pour l'art, mais il apprécia l'avantage économique de posséder un Léonard de Vinci. Les Hahn prirent contact avec J. Conrad Hug, un revendeur d'art local, qui arrangea la vente de la peinture au Kansas City Art Institute, pour un montant de 250 000 dollars, coquette somme pour l'époque, d'autant que le nouveau musée était doté d'un budget annuel de 60 000 à 80 000 dollars. On imagine aisément ce que pouvait représenter l'acquisition d'un Léonard de Vinci pour l'institution.

Sir Joseph Duveen, que tout le monde tenait pour le plus grand marchand d'art du monde, n'avait jamais vu la peinture des Hahn, pas même en photo, mais quand il apprit la vente, il déclara aussitôt qu'il s'agissait d'une copie. « La peinture de Kansas City est une misérable copie dont il existe des centaines, à l'instar d'autres sujets peints par Léonard de Vinci et que l'on présente au monde comme authentiques, déclara-t-il. Léonard de Vinci n'a jamais fait de réplique de ses travaux, et l'original de *La Belle Ferronnière* est au Louvre[7]. »

Se laissant convaincre par l'assurance dont faisait preuve Duveen, le musée annula l'achat et les Hahn se retrouvèrent détenteurs d'un tableau dont la valeur était subitement remise en cause. Ils étaient catastrophés que leurs rêves aient été détruits avec tant de désinvolture par un homme qu'ils n'avaient jamais rencontré, et qui n'avait jamais « rencontré » leur Léonard de Vinci. Andrée Hahn poursuivit Duveen en justice, lui réclamant 500 000 dollars de dommages et intérêts.

Pour sa défense, Duveen établit une liste de onze experts européens et américains triés sur le volet qui partageaient son avis, et il continua à pourfendre le portrait des Hahn en écrivant : « Le visage ne traduit pas le talent consommé de Léonard de Vinci à représenter la structure humaine, un savoir-faire fondamental et présent dans toutes ses œuvres. La tête est attachée aux épaules d'une façon bien plate, la masse de chair sous le menton n'est pas naturelle ; le cou lui-même est un cylindre factice de chair, et le profil gauche du cou n'a pas de tenue : le façonnement des épaules et du cou est primaire[8]. »

Un procès avec jurés fut tenu à la cour suprême de New York devant le juge William Harman Black. Il commença le 5 février 1929, et dura 28 jours. Ce fut un tour de force populaire, avec à l'appui des témoignages spectaculaires et controversés de Duveen et de ses experts. Parmi eux, se trouvait un certain Bernard Berenson, autorité de renommée mondiale sur la Renaissance et grand connaisseur des maîtres anciens. Hahn le décrivit comme « le majordome des divinateurs du tableau[9] ». Curieusement, Berenson avait auparavant déclaré, dans un rapport, qu'il doutait que la version du Louvre soit authentique. À présent, il se montrait prêt à témoigner d'une autre façon. De manière cynique, Harry Hahn estima que le revirement de Berenson tenait à la somme généreuse que Duveen lui avait donnée en contrepartie.

Concernant ses qualifications en tant qu'expert, Berenson déclara avec morgue : « Vous avez un sens pour ce genre de choses, si vous avez une expérience suffisante – ce n'est pas l'affaire des débutants. Il faut beaucoup de temps pour développer cette sorte de sixième sens qui vient des expériences engrangées. Lorsque vous l'avez, vous comprenez ce que le maître est susceptible ou capable de faire, et ce qu'il n'est ni susceptible ni capable de faire[10]. »

Absurde, rétorqua Harry Hahn. Double langage. Il écrira plus tard qu'il n'était pas le seul à défier cette mentalité vaniteuse des connaisseurs en art, dont les prétentions reposaient sur des qualités aussi douteuses que le sixième sens. « Certains groupes dans le milieu de l'art ont enfin commencé à réagir. Ils exigent quelque chose de plus substantiel qu'une attribution habilement formulée par M. Berenson et ses semblables comme garantie de l'authenticité. Ils ont vu des maîtres anciens hautement discutables qui encombrent nos musées publics[11]. » C'était sans doute un vœu pieux de la part de Hahn, car aucune révolte en ce sens ne se produisit jamais.

Quand Duveen vint témoigner à la barre, il insista sur le fait que la peinture des Hahn était un faux, même s'il parut contredire ses propres méthodes lors de cet échange avec l'avocat des Hahn, S. Lawrence Miller :

> Miller : Quelle est votre méthode pour expertiser les peintures ?
> Duveen : D'abord, je regarde si c'est un original ou une copie.
> Miller : Donc, il faut que vous la voyiez pour vous prononcer ?
> Duveen : J'ai acheté des peintures en regardant une photographie.
> Miller : Il est toutefois nécessaire de voir soit la peinture elle-même, soit une photographie ?
> Duveen : Oui.
> Miller : Dans le cas qui nous intéresse, néanmoins, vous n'aviez vu ni l'une ni l'autre quand vous avez émis un jugement sur le tableau ?
> Duveen : Dans ce cas, je n'avais vu ni l'une ni l'autre[12].

Le magazine *Time* publia un article haut en couleur sur le procès, décrivant Duveen comme suit à la barre :

Pendant quatre jours, Sir Joseph fut un témoin soucieux. Il avait éreinté le tableau des Hahn, estimant avec irritation que l'œil gauche du modèle était « mort », « très mort » et « semblable à une bulle ». Le cinquième jour, il recouvrit la demoiselle d'une couche de mépris supplémentaire. « C'est une grosse femme, qui ressemble à une paysanne », railla-t-il. Puis il désigna d'un ton enjoué une reproduction de *La Belle Ferronnière* du Louvre. « Voici une grande dame de l'époque. » Revenant au tableau des Hahn, il qualifia ses épaules de flasques, ses bras de bouffis ; ses seins manquaient de maintien et la broderie ne correspondait pas à l'époque de Léonard de Vinci. « Les cheveux ! s'exclama-t-il. Ce ne sont pas des cheveux, c'est de la boue ! Si un artiste peint du bois, ce doit être du bois, pas de l'acier. S'il peint des cheveux, ce doit être des cheveux, pas de la boue[13]. »

Les Hahn avaient leurs supporteurs, y compris Georges Sortais, qui avait fait l'attribution initiale, et J. Conrad Hug, vieux marchand d'art qui avait présenté l'œuvre au musée pour la vente. Il avait aussi été démontré qu'un certain nombre d'experts estimaient que le tableau du Louvre était de l'atelier de Léonard de Vinci, mais pas du maître lui-même.

In fine, on laissa aux jurés le soin de mettre bon ordre dans les opinions des experts. Dans ses instructions, le juge Black les mit en garde d'une façon qui pouvait s'entendre comme une pique peu subtile à l'endroit de Duveen. « Vous devez être prudents concernant la conclusion des experts, dit-il. Ce n'est pas parce qu'un homme décrète qu'il est un expert que c'en est un. Un expert n'est rien de plus que sa connaissance, et c'est à vous de déterminer dans quelle mesure un expert est un témoin[14]. » Les jurés délibérèrent pendant quinze heures avant d'annoncer à

Black qu'ils ne pouvaient émettre un verdict. Il les renvoya, et tout fut annulé. Les Hahn tenaient à ce qu'il y ait un deuxième procès, et celui-ci fut programmé pour le 15 avril 1930. Entre-temps, Duveen tomba malade. Craignant de ne pouvoir supporter un autre procès, il proposa un arrangement hors tribunal de 60 000 dollars à Andrée Hahn, et la question de l'authenticité du portrait tomba dans l'oubli.

Duveen a toujours prétendu que la peinture des Hahn était une copie de celle du Louvre, exécutée au XVIIIe siècle. En 1933, après avoir passé plusieurs années à étudier la chimie de la peinture, Harry Hahn revint à la charge avec une nouvelle preuve sur le pigment, qui selon lui prouvait justement le contraire : la peinture du Louvre était la copie.

Il réalisa notamment deux comparaisons chimiques : la couleur de l'ombre et celle des lèvres. Dans le tableau des Hahn, les ombres de la dame sont peintes au lapis-lazuli, un minéral coûteux utilisé à la Renaissance, y compris par Léonard de Vinci, mais qui n'était plus disponible au XVIIIe siècle. Dans la version du Louvre, les ombres furent créées à l'aide de noir de carbone, qui s'obtenait à partir de la suie des lampes à huile, et qui était utilisé au XVIIIe siècle.

La couleur des lèvres dans le tableau des Hahn est le résultat d'un colorant rouge provenant des baies de kermès. En réalité, ce ne sont pas des baies, mais un insecte rouge qui est séché et broyé pour servir de piment. Les lèvres de la version du Louvre furent, elles, colorées avec une cochenille importée des Amériques en Europe par Cortès, en 1523, c'est-à-dire quelques années après la mort de Léonard de Vinci.

Hahn démontra aussi que son portrait avait été réalisé avec un mélange de tempera à base d'eau et d'huile, technique courante au temps de Léonard de Vinci, tandis que la peinture du Louvre était entièrement à l'huile. « La peinture à l'huile n'est définitivement pas la technique de Léonard de Vinci ni celle de ses élèves. Elle ne fut pas utilisée avant la période du Titien et du Caravage[15] », observa l'expert débutant Hahn.

Pourtant, personne ne l'écouta. Les Hahn gardèrent leur tableau, pensant qu'un jour ou l'autre leur demande serait entendue. Durant la Seconde Guerre mondiale, ils le conservèrent dans un coffre, à la banque.

Au fil des ans, l'amertume de Harry Hahn face à ce qu'il appelait l'escroquerie des maîtres anciens s'amplifia. Pour lui, les conservateurs des musées, et tout spécialement ceux du Louvre, étaient des chefs bien lâches qui ne supportaient pas l'idée de détenir une copie, alors que le tableau réel était entre les mains d'un humble Américain. Après la guerre, il écrivit en collaboration avec le peintre Thomas Hart Benton un livre intitulé *The Rape of La Belle*.

Dès l'introduction, Benton s'exprime en termes cinglants sur le milieu de l'art. « Je me suis toujours profondément méfié de l'obsession de l'Amérique envers les maîtres anciens. Je me suis toujours méfié des institutions qui l'encouragent, et des personnages mystérieux et souvent obtus qui y règnent et font de l'art et de l'histoire de l'art un cadavre parfumé… Le critique professionnel est un frustré qui louche[16]. »

Dans le texte, Hahn se libère de ses frustrations en écrivant à son tour : « Quiconque sait ce qui s'est passé dans le milieu de l'art depuis le tournant du siècle reconnaît que l'expertise y relève largement de la fraude. Les œuvres d'art douteuses et contrefaites accrochées dans des niches d'honneur, dans certains de nos meilleurs musées publics et collections privées, sont largement supérieures en nombre aux authentiques. C'est un fait parfaitement établi. Tout comme il est clair que des experts vénaux en art sont responsables de la situation[17]. »

Hahn se plaint aussi de la naïveté et de la cupidité des riches collectionneurs d'art qui ont envie de posséder des peintures rares. « Toute personne non atteinte de gâtisme, et pas totalement folle, qui se départit volontairement de plusieurs centaines de milliers de dollars contre un mètre carré de toile peinte, sur les on-dit prononcés d'un ton brillant par un gentleman poli, possédant les manières du Vieux Monde, portant un pantalon à rayures et des mi-guêtres grises, est un cas pour la psychiatrie, si tant est que celle-ci existe[18]. »

La controverse se poursuivit pendant des décennies et les Hahn n'obtinrent jamais gain de cause. Ce n'est que récemment que la peinture intitulée *Portrait de femme, dit La Belle Ferronnière*, fut soumise à une analyse scientifique. On estima alors qu'il s'agissait d'une copie – une copie dans le style de Léonard, mais pas de sa main, sans doute peinte au XVIIIe siècle. Les Hahn auraient certainement eu des choses à dire, concernant ces découvertes. Par exemple, l'une des preuves alléguées consiste en l'entoilage, attesté du XVIIIe siècle. Or, au dos du tableau de Hahn, figure l'inscription suivante : « Fut retiré du bois et entoilé par Hacquin à Paris en 1777 », ce qui expliquerait la date de la toile.

En 2010, Sotheby's mit le portrait des Hahn aux enchères et publia ce texte dans la presse : « En 1993, *La Belle Ferronnière* fut examinée par l'un des meilleurs experts de Léonard de Vinci, qui conclut que, si la peinture n'était pas du maître, elle remontait sans doute à la première moitié du XVIIe siècle. Une récente analyse scientifique des pigments utilisés confirme cette hypothèse et suggère que le travail a été réalisé par un artiste français, ou quelqu'un recourant à des matériaux français, avant 1750. » Ironie du sort : même si on estimait que c'était une copie, la controverse entourant le portrait des Hahn en avait accru la valeur. Il se vendit à 1,5 million de dollars chez Sotheby's, en 2010[19].

Pour beaucoup, le cas n'est pas encore clos. Le consensus obstiné du milieu de l'art, qui repose sur bien peu d'éléments, me rappelle le mur de déni que j'ai moi-même affronté. John Brewer, qui a écrit un livre sur le tableau de Hahn en 2009, *The American Leonardo*, trouve l'expérience édifiante. « En travaillant sur ce livre, je fus souvent stupéfait devant les jugements cavaliers (et autant que je puisse en juger largement infondés) émis par les membres du monde de l'art, des commentaires plus soucieux de correspondre au consensus général ou aux on-dit qu'à des délibérations soigneuses ou à la prise en compte des preuves[20] », affirma-t-il.

Je m'empresse d'ajouter que pour moi le cas était clos dès que j'ai vu le tableau. C'était une très belle copie, mais je n'aurais sans doute pas fait le moindre signe de tête s'il avait été mis aux enchères. Je ne pense pas qu'il vaille le dixième du prix auquel il a été adjugé. La leçon à tirer est que l'espoir d'un miracle Léonard de Vinci a créé de la valeur là où il n'y en avait pas.

L'histoire est remplie de controverses sur la provenance et l'authenticité, et l'œil du connaisseur reste le seul garant. Mais que faire quand l'opinion des connaisseurs diverge ? Nous souhaitons des assurances, mais souvent nous devons nous contenter d'accorder notre confiance. Aujourd'hui, nous entrons dans une nouvelle ère, où la science peut rendre un verdict en s'appuyant sur un niveau de preuves inconnu jusqu'alors. Une collaboration entre les connaisseurs et la science semble possible. Le connaisseur peut brouiller les cartes, mais nous devons nous en remettre à la science pour jouer franc jeu.

C'est ce que les vicissitudes liées à *La Bella Principessa* allaient m'apprendre.

5

LA BOÎTE MAGIQUE

« La nature n'enfreint jamais ses propres lois. »
Léonard de Vinci

Après que Nicholas Turner et Mina Gregori eurent décrété que mon portrait pouvait être un Léonard de Vinci, j'eus du mal à contenir mon excitation. Était-ce possible ? D'un côté, j'étais abasourdi par cette éventualité, et d'un autre, j'étais capable de conserver l'œil critique du collectionneur : en était-ce un ou pas ?

Y avait-il une autre façon de trouver la vérité ? Je pris contact avec mon vieil ami Giammarco Cappuzzo, consultant indépendant en art à Paris. Je le connais depuis plus de vingt-cinq ans et il a toujours *la* bonne relation. « Par où commencer le processus d'authentification ? » lui demandai-je.

Sa réponse fut immédiate : « Va montrer ton dessin à Pascal Cotte, chez Lumiere Technology. Lui et son associé, Jean Penicaut, sont très efficaces.

– Je n'ai jamais entendu parler de lui, répondis-je. Tu es certain qu'il pourra m'aider ?

– Si certain que je te parie un dîner à La Tour d'Argent, répondit Giammarco.

– C'est un peu chérot. Que dirais-tu plutôt d'un déjeuner ? » proposai-je.

Il accepta. Je n'avais pas envie de perdre mon pari coûteux, mais en même temps j'espérais que Pascal Cotte m'apporterait des réponses.

Ayant grandi à Paris, Pascal Cotte était obsédé par *La Joconde*. Sa mère lui avait dit que c'était la plus belle peinture au monde, et, à l'âge de onze ans, il prit le métro pour aller l'admirer au Louvre. Il se tenait devant le tableau et l'étudiait depuis déjà deux heures quand un gardien, intrigué, s'approcha de lui. « Tu veux une chaise, jeune homme ? » lui demanda-t-il dans un sourire. Cotte hocha la tête en signe d'approbation, et il fut bientôt assis confortablement. Les touristes qui passaient dans le hall, pensant que ce jeune homme précoce était là à titre officiel, lui posèrent des questions. Il leur répondit avec enthousiasme, soulignant ce qu'il voyait dans la peinture et au-delà.

Il trouva l'expérience grisante. Il avait trouvé sa voie.

Cotte revint de nombreuses fois dans sa jeunesse contempler *La Joconde*, passant des heures devant son visage, curieux des secrets que contenait le plus célèbre portrait de Léonard de Vinci. Mona Lisa décline le mot *mystère* sur tous les tons. Comme Oscar Wilde l'affirmait, « ce tableau est devenu plus merveilleux à nos yeux qu'elle [Mona Lisa] ne l'est réellement, et nous révèle un secret dont, en fait, il ne sait rien [1] ». Plus récemment, l'écrivain Umberto Eco est intervenu lui aussi à ce sujet :

> Je ne crois pas qu'en réalisant *La Joconde*, Léonard de Vinci se voyait juste en train de peindre le portrait d'une femme. Je pense qu'il savait très bien qu'il était en train de créer quelque chose qui allait piquer la curiosité des gens pendant des siècles. Il devait savoir que des générations entières s'efforceraient de découvrir son grand mystère – qui existe ou n'existe pas. Léonard de Vinci était un grand pitre, et il savait mieux que quiconque comment jouer avec l'imagination des gens afin de créer une impression de mystère [2].

On pourrait remplir des bibliothèques avec les écrits spéculant sur la charmante dame et son mystérieux sourire. Le jeune Pascal Cotte rejoignait en réalité un grand fan-club.

Plus tard, ses ambitions professionnelles le conduisirent à s'intéresser à l'ingénierie et aux inventions plutôt qu'à la critique d'art. Il voulait voir au-delà, c'est-à-dire s'emparer de l'art pour regarder à l'intérieur. Son visage rond et joyeux, ses vêtements coquets et son air de professeur distrait masquent le sérieux absolu du scientifique qu'il est, sa capacité à se promener dans des arènes hautement techniques. Brillant ingénieur et scientifique, il est depuis longtemps fasciné par la possibilité d'appliquer de nouvelles technologies photographiques à l'étude des œuvres d'art.

Lui et son associé, Jean Penicaut, ont fondé Lumiere Technology, en 1989, avec pour objectif de dévoiler les secrets jusque-là cachés des œuvres d'art[3]. La pièce majeure de la société est une caméra très particulière qui permet de réaliser un processus appelé la numérisation multispectrale : elle révèle de façon électronique chaque couche d'une peinture, de sorte que chacun peut voir, pour citer Pascal Cotte, « comme Superman[4] ».

Cet appareil révolutionnaire peut numériser une œuvre à une résolution de 1 570 pixels par millimètre[5]. À titre de comparaison, une caméra professionnelle conventionnelle atteint une résolution de 100 pixels par millimètre. C'est comme si l'on pouvait voir dans l'âme de la peinture, en étudier chaque trait et ombre et, grâce à la numérisation, sans le moindre danger pour l'original.

La technique est aussi révolutionnaire parce qu'elle résout un problème qui a tracassé la discipline pendant plus d'un siècle, celui de la véritable couleur. Cette technologie permet en effet de donner à chaque pixel une mesure scientifique exacte. Dans la photographie professionnelle, les données de couleurs sont restreintes à deux facteurs : premièrement, le système conventionnel de couleurs primaires RVB (rouge-vert-bleu) et, deuxièmement, la source de lumière utilisée. Un photographe à New York n'ayant pas la même lumière qu'un confrère à Paris ou à Madrid, leurs photographies n'étaient jusque-là pas comparables d'un point de vue scientifique.

En avril 2000, le projet européen CRISATEL avalisa la caméra multispectrale de Lumiere Technology et son système d'éclairage pour archiver et numériser les œuvres des musées. En 2004, fort de cet appui, Pascal Cotte se rendit au Louvre pour faire une requête qui ne manquait pas d'audace : il expliqua que son appareil lui permettait de numériser n'importe quelle peinture et qu'il souhaitait obtenir la permission d'appliquer son processus à *La Joconde*. Le musée accepta !

C'était une aventure particulièrement excitante pour les historiens de l'art qui s'arrachaient depuis toujours les cheveux sur la façon de distinguer correctement la couleur originelle du vernis protecteur appliqué lors des restaurations ultérieures. Grâce à Pascal Cotte, il existait enfin une méthode pour accomplir de façon numérique ce qui était périlleux par une approche manuelle.

La séance devait avoir lieu après la fermeture du musée. Un groupe nerveux de conservateurs et de personnel de sécurité se rassembla pour superviser la délicate opération consistant à retirer le tableau de sa vitrine pare-balles. Entourée d'un essaim de gardes, *La Joconde* fut transportée dans le laboratoire photo qui se trouve au sous-sol du musée, tandis que des techniciens vérifiaient constamment la température qui devait être à 20 degrés pour un taux d'humidité de 50 %.

Cotte sentit son cœur battre plus fort quand on retira le cadre et le verre. « Je ne suis pas un artiste ni un conservateur », dira-t-il plus tard, d'un ton respectueux. « Mais quand on voit *La Joconde* comme ça, à nu, on comprend pourquoi tout le monde s'extasie en la voyant[6]. » Il avait devant les yeux l'amour de sa vie. C'était la preuve, pensait-il, que tout rêve peut devenir réalité.

Une fois que *La Joconde* fut prête, Cotte installa son grand appareil plutôt disgracieux à la technologie entièrement nouvelle.

Voici comme il fonctionne : l'appareil projette un rayon de lumière blanche sur la surface de la peinture. Ce rayon passe treize fois sur la surface avant de pouvoir recréer une version numérisée de l'image qui est, selon Cotte, aussi proche de l'originale que l'on peut l'imaginer. Les treize photos qui résultent du passage du scanner fractionnent avec précision le spectre de la lumière, séparant les rayons ultraviolets des infrarouges à la limite des lois optiques, à une résolution de 240 millions de pixels (elle est de 20 millions de pixels pour la caméra la plus performante du commerce), et générant 22 gigaoctets de données. Le résultat permet de parcourir le spectre des objets visibles à l'être humain jusqu'à ceux qui ne le sont pas.

Cotte commença par une photo numérisée de *La Joconde*. En retirant « numériquement » les couches de vernis, il fut en mesure d'établir une image virtuelle du tableau, révélant les couleurs qui étaient les siennes avant que le temps et les restaurateurs ne les transforment. La lumière entrait véritablement dans le tableau, d'une façon presque magique, superposant treize photos pour former un tout précis.

Dix-huit heures après son entrée au Louvre, Cotte en ressortit exultant. « J'ai passé la nuit avec *La Joconde*[7] », fanfaronna-t-il plus tard. Et il avait des raisons de jubiler.

Pour la première fois depuis des siècles, les vraies couleurs du tableau étaient apparues. La plupart des reproductions de *La Joconde* sont très sombres, mais les couleurs originelles, selon Cotte, sont fort vives. Ainsi, le ciel se révéla d'un bleu brillant, peint au lapis-lazuli, un pigment très coûteux. Il repéra même un manteau doublé de fourrure posé sur le genou de Mona Lisa et invisible à l'œil nu, qui expliquerait la position curieuse de sa main.

Cotte observa très attentivement le visage lumineux de *La Joconde* en agrandissant des parties, à l'aide de sa merveilleuse caméra, à une résolution de plus de 4 000 pixels par millimètre carré. Ce processus lui permit de résoudre le mystère des sourcils et des cils manquants. C'était quelque chose qui l'avait toujours perturbé. Il ne pouvait pas imaginer qu'un artiste comme Léonard de Vinci, qui faisait preuve d'une précision remarquable en anatomie, ait oublié de doter son sujet de sourcils ou de cils.

Il n'était pas le seul à se questionner. Des historiens de l'art se demandaient depuis longtemps quel sens il fallait voir dans cette arcade sourcilière nue. C'était d'autant plus curieux qu'on avait la preuve que les sourcils et les cils avaient bel et bien existé un jour. Giorgio Vasari, qui a écrit *Vies des artistes* en 1550 (considéré comme le premier ouvrage sur l'histoire de l'art au sens moderne du terme), nous décrit *La Joconde* comme suit : « Les yeux ont ce brillant, cette humidité que l'on observe durant la vie ; ils sont cernés de teintes rougeâtres et plombées, qu'on ne peut rendre qu'avec la plus grande finesse ; les cils qui les bordent sont exécutés avec une extrême délicatesse. Les sourcils, leur insertion dans la chair, leur épaisseur plus ou moins prononcée, leurs courbures suivant les pores de la peau ne sauraient être rendus d'une manière plus naturelle[8]. »

Même s'il n'est pas vraiment établi que Vasari ait vu le portrait, il connaissait la famille Giocondi et il est fort possible qu'il l'ait admiré chez elle. C'était aussi un grand admirateur de Léonard de Vinci, à tel point qu'il écrivit : « On voit l'influence céleste faire pleuvoir les dons les plus précieux sur certains hommes, souvent avec régularité et quelquefois d'une manière surnaturelle, on la voit réunir sans mesure en un même être la beauté, la grâce, le talent et porter chacune de ces qualités à une telle perfection que, de quelque côté que se tourne ce privilégié, chacune de ses actions est tellement divine que, distançant tous les autres hommes, ses qualités apparaissent ce qu'elles sont en réalité, comme accordées par Dieu et non acquises par l'industrie humaine[9]. »

Evelyn Welsh, professeur des recherches sur la Renaissance

au Queen's College de Londres, a beaucoup écrit sur le style des femmes et la mode de cette période. « Je parierais ma vie que Mona Lisa avait des sourcils. Elle avait aussi des cils[10] », a-t-elle déclaré.

Avait-elle raison ? À l'aide de cette technologie magique, Cotte a pu découvrir un seul large coup de pinceau dans la zone des sourcils. Le Maître ne les avait pas oubliés ! Ils avaient été perdus au fil du temps et des restaurations. (Il est néanmoins improbable que les sourcils originaux soient un jour restaurés, sauf sous forme numérique. Retoucher le visage serait une tâche risquée. Personne ne voudrait l'assumer, maintenant que la peinture a atteint un statut d'icône.)

Porté par son succès, Cotte nourrissait une nouvelle ambition : numériser toutes les peintures de Léonard de Vinci pour créer une base de données. Il se rendit alors au musée Czartoryski à Cracovie, en Pologne, où se trouve l'une de ses autres œuvres les plus célèbres : *La Dame à l'hermine*. Il s'agit d'un portrait de Cecilia Gallerani, maîtresse du duc Ludovic Sforza, à la cour de Milan, à l'époque où Léonard de Vinci y travaillait, dans les années 1490.

Invité par le prince Czartoryski et sa fondation à numériser le portrait, Cotte se mit au travail. Tout en étudiant les impressions numérisées de *La Dame à l'hermine*, il trouva que l'éclat du maître était, dans une certaine mesure, masqué par des restaurations bien trop rigoureuses et de trop nombreuses couches de peinture.

« Bien que l'état général du tableau soit excellent, il est recouvert d'innombrables petites retouches, rapporta-t-il. Leur suppression par ordinateur rafraîchit les tons du visage charmant de *La Dame*, de son décolleté, de l'ourlet brodé qui le borde, de son collier de perles, de sa main droite, du noir de ses manches, de son manteau bleu et du velours rouge de sa robe, etc. L'hermine a elle aussi été retouchée par le passé. Grâce aux restaurateurs électroniques, on peut voir de nouveau sa blanche fourrure méticuleusement décrite par Léonard de Vinci[11]. »

Il découvrit aussi, avec consternation, que les sourcils et les cils de Cecilia lui avaient été partiellement retirés lors des travaux de restauration, et il se demanda si *La Joconde* n'avait pas connu le même sort.

L'appareil d'imagerie multispectrale de Cotte ouvrit une nouvelle ère dans l'exploration et l'authentification des œuvres d'art. La fameuse méthode d'imprécision propre à Léonard de Vinci, le *sfumato*, était retranscrite dans toute sa délicatesse. Avant l'utilisation du processus numérique, il n'était pas possible d'effacer les touches restaurées ou le vernis sans détruire l'intégrité de l'œuvre. De fait, un expert de la technique de Léonard de Vinci avait déploré que retoucher le visage de Mona Lisa reviendrait potentiellement à effacer son fameux sourire. Mais maintenant, Cotte avait trouvé un moyen d'accomplir le travail sans mettre la peinture en péril.

Avec le temps, Lumiere Technology commença à s'affirmer comme un acteur essentiel dans l'expertise et les recherches en histoire de l'art grâce à une approche qui modifiait les méthodes traditionnelles d'investigation utilisées par les experts et les laboratoires des musées et permettait d'obtenir une numérisation haute définition en une simple opération. Cotte et Penicaut s'empressèrent d'affirmer qu'ils ne voulaient pas se substituer aux experts classiques. Expliquant et défendant leur méthode, ils écrivirent :

> Nous n'en tirons aucune autre fierté que de rester nous-mêmes, innovants, à l'écoute des historiens de l'art, des experts, des collectionneurs et des acteurs de la vie muséale dont nous ne cherchons qu'à enrichir la connaissance en leur apportant des éléments nouveaux, scientifiquement prouvés pour plus d'exigence et de certification. Nous ne sommes pas historiens de l'art. Nous sommes seulement

> experts en imagerie scientifique pour l'étude des tableaux et dessins. Qu'on le veuille ou non, ces mesures scientifiques multispectrales des œuvres picturales ouvrent un domaine nouveau d'investigation, de même que l'imagerie médicale a permis aux praticiens de mieux travailler. Ces images doivent être commentées, analysées, comparées et partagées. Dénier à Lumiere Technology, inventeur de ce procédé, le droit même d'exister et d'aider à commenter ces images sous prétexte que nous ne serions pas historiens de l'art est un non-sens. À l'instar des radiologues, nous apportons un check-up, une première observation, à charge pour les historiens de l'art de les commenter, de les interpréter, et de les affiner. [...] La seule obligation pour l'expertise et l'étude est l'utilisation des moyens les plus performants pour la recherche de la vérité. L'analyse multispectrale, en tant que mesure scientifique de la substance de l'œuvre, semble être l'un des moyens les plus sophistiqués, sinon le plus abouti à ce jour, pour y parvenir. Il n'est jamais trop tard pour reconnaître une avancée et l'adopter[12].

En 2008, par une belle journée de printemps, j'arrivais chez Lumiere Technology à l'arrière de la Vespa de Cappuzzo, tenant le portrait dans mes bras (Kathy faillit s'évanouir quand elle apprit mes manières cavalières de transporter notre dame sans prix. Je ne sais pas à quoi je pensais – peut-être était-ce une envie téméraire de cracher au visage de la notion de propriété. Par chance, le portrait et moi sommes arrivés sains et saufs !). Je descendis prudemment du scooter, et transportai mon précieux paquet dans l'immeuble, où je fus accueilli par un Pascal Cotte rayonnant. Il me plut tout de suite. Il vibrait de chaleur et d'enthousiasme. Je me penchai sur mon trésor, lui disant simplement que le portrait avait été attribué à un artiste inconnu du XIXe siècle.

Il me pria de m'asseoir tandis qu'il jetait un coup d'œil préliminaire à l'œuvre, puis il disparut avec. Il revint une demi-heure plus tard, le visage rougi et les yeux brillants. Agité, il sautillait d'un pied sur l'autre. « Savez-vous ce que vous détenez ? » me demanda-t-il.

Je feignis l'ignorance, préférant qu'il se forme une opinion totalement indépendante.

« Sur une impulsion, j'ai scanné votre dessin dans ma base de données : il présente beaucoup de similitudes qui m'intriguent, me dit Cotte. Il est possible que ce soit Léonard de Vinci qui l'ait réalisé. »

Je lui souris et lui avouai alors mes propres soupçons. « Je ne voulais pas vous influencer », expliquai-je.

Cotte s'efforçait de contenir son enthousiasme et d'aborder le sujet de façon objective. C'était un autre défi que celui d'enquêter sur un tableau comme *La Joconde*, dont l'auteur est incontesté. Pouvait-il aussi se servir de sa technologie pour trouver l'auteur du portrait ?

Grâce à Cappuzzo qui se chargea de nous arranger l'affaire, nous envoyâmes un infime éclat prélevé sur le vélin pour qu'il puisse être daté au carbone 14 par le Swiss Federal Institute of Technology de Zurich. C'était une démarche déterminante pour l'authentification. S'il était établi que le vélin datait d'une période ultérieure, tous les paris étaient perdus. Et c'est ainsi que le processus s'enclencha.

La datation au carbone 14 est un examen chimique fondé sur le vieillissement naturel des éléments. On peut l'utiliser pour tester un matériau ou une substance d'origine biologique, comme le vélin, le tissu ou le bois. Le carbone est respiré par les animaux et les plantes, en raison du gaz carbonique présent dans l'atmosphère. Le carbone 14, l'un des trois isotopes du carbone, est radioactif et ne se désintègre qu'au bout d'une très longue période. Sa demi-vie est estimée à 5 730 années, ce qui signifie que pendant cette période, la moitié des isotopes de carbone 14 se désintégrera. En mesurant le pourcentage de carbone 14 qui reste sur un échantillon test, il est possible de déterminer son âge dans une fourchette de 200 ans.

Le cas le plus célèbre et le plus controversé de datation au carbone 14 concerne le suaire de Turin, qui aurait été le linceul du Christ. En 1988, la datation au carbone 14 révéla que le tissu datait du Moyen Âge, ce qui signifie que ce ne pouvait être le suaire du Christ. Ces résultats auraient dû clore l'affaire une bonne fois pour toutes, mais tant d'intérêts étaient en jeu et les fervents croyants résolus à tout pour prouver son authenticité que l'on émit diverses hypothèses pour expliquer ces « faux résultats ».

En 2005, Raymond N. Rogers, chimiste éminemment respecté et membre du Los Alamos National Laboratory, révéla dans un journal scientifique que le suaire complet était bien plus vieux que l'échantillon, au moins deux fois plus vieux, et qu'il était même possible qu'il ait deux mille ans. D'après lui, le coin soumis à la datation au carbone 14 avait été reprisé et contenait par conséquent des matériaux plus récents. La découverte de Rogers ne mit pas pour autant fin à la controverse et l'on continue toujours à mener des recherches sur le suaire de Turin[13].

La datation au carbone 14 ne pouvait établir de manière définitive que notre portrait avait été réalisé au XVe siècle, encore moins durant la vie de Léonard de Vinci. Elle pouvait toutefois contredire l'attribution de Christie's à un artiste du XIXe siècle, et c'était notre objectif. La datation du vélin indiqua qu'il était hautement probable que le dessin ait été exécuté entre 1440 et 1650, ce qui le situait dans le périmètre du XVe siècle. C'était une preuve importante, même si elle demeurait insuffisante pour l'authentification. Il est connu que les faussaires utilisent des matériaux correspondant à la période souhaitée. Ainsi, Hans van Meegeren utilisait des toiles du XVIIe siècle pour ses faux Vermeer. Il n'en reste pas moins que la datation au carbone 14 était le premier résultat positif d'une longue liste d'éléments à vérifier.

Cotte et ses techniciens commencèrent alors sérieusement leurs recherches.

La méthode scientifique de Cotte ne reniait pas les processus mis en œuvre dans l'anthropologie de l'art. Elle permettait juste de faire apparaître plus aisément les preuves. Une grande partie de ses recherches comprenait des éléments relatifs au style, à la mode et à l'époque, ainsi qu'une analyse comparée avec d'autres œuvres portant la signature de Léonard de Vinci. La science ne remplace pas le sens esthétique, ni les recherches historiques, pas plus que les méthodes spécifiques liées à l'authentification des œuvres d'art. Elle apporte juste de nouvelles preuves.

Cotte numérisa d'abord le portrait à une résolution de 1 570 pixels par millimètre. À ce degré extraordinaire de définition, les plus légères nuances et les infimes détails – les craquelures, la texture granuleuse en surface de la craie ou du graphite et même les empreintes – sont parfaitement visibles.

En une unique séance de scannage, qui dura juste une heure, l'œuvre fut numérisée et séparée en 13 images multispectrales. L'appareil enregistra et généra environ 24 gigaoctets de données numériques. L'objectif était de produire une image contenant des informations nouvelles : ce qui se trouvait sous les différentes couches de peinture, dans la mesure où les pigments, qui sont opaques à la lumière visible ordinaire, deviennent transparents quand ils sont examinés aux rayons infrarouges. Voici les explications de Cotte :

> L'étude ou l'analyse d'images d'une résolution et d'une définition aussi poussées fournit au chercheur un outil considérable – un atout, si vous préférez. Quelques heures passées devant un grand écran d'ordinateur permettent de produire, grâce à un appareil multispectral, des images d'une valeur inestimable, qui peuvent compléter les preuves obtenues dans un atelier classique de conservation et restauration. Le haut degré de technicité et l'extrême

précision d'images multispectrales autorisent une étude en profondeur des caractéristiques physiques de l'objet, et réduisent grandement le besoin d'un nouveau contact direct avec l'œuvre, dans la mesure où le travail est réalisé en une seule fois, lors de la séance initiale de scannage[14].

Les résultats sont les suivants :

- des images parfaitement claires et d'une résolution inouïe ;
- des couleurs d'origine (standardisées) avec un degré unique de précision ;
- un large spectre, avec des images infrarouges obtenues par lumière rasante ou non, atteignant jusqu'à 1 050 nanomètres (au lieu des 850 nanomètres possibles sur pellicule) ;
- des informations plus pertinentes et éclairées.

Avec cette nouvelle méthode d'investigation, l'impression colorimétrique était née. On peut désormais comparer des œuvres d'art sur une base scientifique précise. Par la reconstruction numérique, l'assemblage de données multiples peut être exploré de différents points de vue et dans différents desseins.

Se rappelant les premières impressions qu'il avait ressenties en découvrant notre portrait, Cotte écrivit :

> Quand le portrait nous a été présenté pour la première fois, il nous a été décrit comme un lavis, un dessin en couleurs, ou encore réalisé au crayon de cire, à la craie et aux pastels. Personne n'était certain de la technique employée. Le fait qu'elle n'ait pas pu être établie avec exactitude est très probablement dû aux restaurations tardives qui masquent le matériau du dessin original… Le portrait a été dessiné sur le côté lisse du vélin plutôt que sur le côté rugueux. Cela nous livre un indice important, dans la mesure où certaines

techniques ne peuvent être appliquées que sur le côté chair du vélin, ce qui donne une apparence entièrement différente.

Ces images spectrales nous permettent d'identifier avec précision le procédé utilisé pour le portrait. Ce dernier a été réalisé selon la technique généralement appelée *à trois crayons*, c'est-à-dire avec des pièces finement taillées de craies naturelles noires, rouges et blanches, combinées à des crayons et de l'encre, notamment dans les zones de hachures. Le crayon allié à l'encre était l'une des techniques préférées de Léonard de Vinci, tout comme la craie rouge (qu'il a peut-être été l'un des premiers à utiliser). Bien que généralement associée à des périodes ultérieures (surtout au XVIIIe siècle), la technique des trois crayons a été utilisée pour des dessins de portrait depuis la Renaissance. Pour être complètement efficace, elle requiert un support coloré qui fait ressortir les rehauts de blancs. Auparavant, les artistes utilisaient souvent la couleur chair naturelle du vélin ou du parchemin, mélangeant des craies rouges et blanches par-dessus pour reproduire le teint du modèle[15].

À l'aide de cette caméra éclairante, Cotte fut capable de présenter un avis lumineux sur le procédé utilisé pour le portrait. Il découvrit que les contours et les ombres de base avaient été réalisés au crayon et à l'encre marron foncé, encore une fois une technique typique de Léonard de Vinci. Un détail présent à la jonction du corsage et de l'encolure du sujet montre des traces de traits des trois craies sur le demi-ton couleur chair du vélin. La façon dont l'artiste exploite son support est aussi particulièrement manifeste dans un autre détail : l'œil, où le ton doré naturel du vélin confère la couleur de l'ambre à l'iris du sujet.

Cotte et ses détectives numériques ont étudié avec précision les procédés novateurs que présente le portrait, analysant les craies utilisées (noires, rouges et blanches) et leur mélange avec le crayon et l'encre. Ils ont examiné les parallèles stylistiques avec des œuvres connues de Léonard de Vinci et ont catalogué les éléments de style et de costumes liés à l'époque. Ils ont trouvé que les ornements entrelacés du vêtement correspondaient à des modèles que Léonard de Vinci a explorés dans d'autres travaux. Ils ont aisément établi qu'il existait des similitudes entre notre portrait et celui de *La Dame à l'hermine*. Cela incluait le modelage de tons couleur chair en utilisant la paume de la main, la complexité des motifs dans le travail des entrelacs et le traitement des contours.

Chaque nouvel élément de preuve permettait peu à peu de construire une argumentation. Mais l'autre test d'authenticité, quand on examine un Léonard de Vinci, réside dans la précision mathématique de l'anatomie. Les règles du maître dans ce domaine sont bien connues et décrites dans ses carnets et ses leçons. Le dessin le plus célèbre qui les illustre est *L'Homme de Vitruve*, qui représente une figure masculine dans des proportions idéales. L'appareil numérique de Cotte, avec son degré de haute résolution, rendait cet examen possible.

C'est Léonard de Vinci qui a le premier appelé l'œil la « fenêtre de l'âme ». Sa fascination pour l'anatomie de l'œil et sa fonction transcendante est manifeste dans tous ses travaux de portraits. Pour cette raison, Cotte accorda une attention particulière à l'œil de la femme de profil. « En un certain sens, cela peut paraître évident ou universel, explique-t-il. Mais la façon dont chaque artiste aborde les traits est plus personnelle que l'on ne peut l'imaginer, et leur combinaison est unique. Léonard de Vinci, par exemple, faisait invariablement coïncider le bas de l'iris de l'œil avec le rebord de la paupière inférieure, et il est surprenant de constater que seul un bien petit nombre d'artistes de portrait prenaient le temps de rendre les délicats cils inférieurs de leur modèle[16]. »

Une fois encore, Cotte s'appuya, pour sa comparaison, sur une numérisation antérieure de *La Dame à l'hermine*. Un examen minutieux des deux œuvres montre de manière saisissante un traitement identique de chaque détail, y compris le coin extérieur de la paupière, le pli de la paupière supérieure, le contour de l'iris, les cils du bas, les cils du haut et la juxtaposition du rebord de la paupière inférieure au rebord inférieur de l'iris.

Rappelez-vous que dans son évaluation du dessin (au chapitre 2), Mina Gregori s'était également attardée sur l'œil, notant : « Selon moi, la luminosité et la transparence des yeux de la jeune fille se retrouvent de façon similaire dans d'autres dessins de Léonard de Vinci. »

Les détails anatomiques confirment que Léonard de Vinci accordait une attention unique aux mesures dans la réalisation d'un sujet. Cotte établit que les proportions de la tête et du visage de notre portrait reflètent strictement les règles que Vinci a consignées dans ses carnets. Et pourtant, en dépit de ces mesures qui s'ajoutaient au corps des preuves, nous avions encore du pain sur la planche ! Cette magnifique approche allait rouvrir la discussion entre la vieille école et l'école moderne. La première s'en remet aux connaisseurs, la deuxième acceptant la technologie. Les méthodes de la nouvelle école ne font que confirmer ou infirmer. Elles ne modifient pas l'art, ni ne remplacent l'œil de l'expert. Celui-ci vient toujours en premier.

L'un des aspects les plus novateurs de la caméra de Cotte, c'est qu'elle permet de détecter les traces des restaurations, les distinguant d'une part de l'original et d'autre part les unes des autres. Au cours de son existence, le portrait a subi de nombreuses restaurations – ce qui n'est pas inhabituel pour des œuvres de cet âge. Selon Cotte, « parce que Léonard de Vinci était extrêmement novateur et audacieux dans l'exploration des nouvelles techniques, beaucoup de ses œuvres ont bien plus souffert que celles de ses contemporains. (On pense à la fresque de *La Cène* ou à celle de *La Bataille d'Anghiari*, aujourd'hui perdue.)

Même le portrait de Cecilia Gallerani présente des problèmes de conservation[17] ».

À l'aide des images multispectrales standardisées et de la comparaison croisée des ultraviolets fausses couleurs et des infrarouges, Cotte put établir une carte des restaurations, qui permit de distinguer clairement l'original des pigments ajoutés ultérieurement. Il découvrit que « dans le cas qui nous intéresse, les restaurations – les retouches et le renforcement des lignes originales ainsi que les hachures – sont, comparées à ce qui a été exécuté de la main de Léonard de Vinci, lourdes et trop catégoriques ; dans certaines parties, elles compromettent la lecture du travail[18] ».

Cotte se rendit compte, entre autres choses, qu'une fine couche de pigment rose avait été appliquée à la brosse sur la plus grande partie de la joue et du front, à l'aide d'un système de hachures. « De toute évidence, le restaurateur a voulu être cohérent avec la touche de Léonard de Vinci, mais hélas, aucun restaurateur n'est en mesure d'atteindre le même degré de subtilité[19]. »

Les renforcements au crayon et à l'encre réalisés au cours des restaurations étaient facilement reconnaissables, et Cotte a pu distinguer l'encre utilisée initialement de celle des restaurateurs. Dans le motif des entrelacs, sur l'épaule, les efforts des restaurateurs pour souligner les lignes de contour, les détails et les rayures étaient de la même façon aisément identifiables. Cotte a également constaté que, de temps à autre, la transparence de l'encre dans les zones redessinées laissait apparaître les traits de craies noires originales en dessous, ce qui témoigne là encore de la différence entre l'artiste et les restaurateurs.

« Les touches du restaurateur sont hésitantes, parfois tremblantes, et d'une épaisseur irrégulière, note-t-il. Elles ne sont pas toujours faciles à lire. Le contraste entre les hachures laborieuses, moins cohérentes et moins logiques des interventions ultérieures et celles vivantes, précises, épurées et harmonieuses de Léonard de Vinci, dans lesquelles chaque trait semble tenir un rôle précis et significatif, est manifeste dans les images multispectrales[20]. »

Cotte découvrit ensuite que les dernières restaurations étaient le travail d'un droitier. « On voit que le mouvement des traits, contrairement à ceux de Léonard de Vinci, commence par un positionnement timide, presque hésitant, de l'outil de travail (pinceau ou crayon), puis continue par une ligne plus épaisse, présentant d'autres tremblements nerveux, avant de se rétrécir de nouveau[21] », observe-t-il.

Lors de ses investigations, Cotte étudia aussi l'encre. Bien qu'il sache qu'elle ne peut pas être scientifiquement datée comme le vélin, par exemple, dans la mesure où les mêmes recettes ont été utilisées pendant des siècles, il put établir que l'encre était compatible avec une date la plaçant au XVe siècle.

Finalement, Cotte tenta d'opérer une distinction formelle entre l'original et la restauration, créant une reconstruction virtuelle de l'original, à partir d'un certain nombre d'hypothèses motivées :

- le vélin, naturellement endommagé par l'usure de cinq siècles, était à l'origine plus clair ;
- les couleurs étaient probablement plus nettes, moins grises ;
- le vert était obtenu à partir d'un morceau d'ampélite (matière noire qui ressemble au charbon), sur un fond jaune ;
- le rouge du corsage a été réalisé avec un pigment d'hématite sur fond jaune ;
- le rendu de l'ensemble du corsage provient du même rouge.

Cotte souligna également un indice très intrigant, relatif au traitement original du portrait : les traces de trois trous d'aiguille le long de la marge gauche du vélin montrant qu'il provenait d'un livre ou d'un manuscrit. Cette feuille de vélin fut manifestement découpée dans un codex, à l'aide d'un couteau. Des petites marques de coupure étaient visibles à quelques millimètres du bord inférieur gauche. Elles n'avaient pas pu être faites à l'aide d'une paire de ciseaux, et elles se trouvaient exactement à la pliure des pages du codex, au-dessous du trou d'aiguille le plus bas. Cela rajoutait une pièce au mystère que nous avions entrepris de résoudre : pourquoi ce portrait avait-il été réalisé, et où avait-il été initialement exposé ?

Avec tristesse, nous avons alors pris conscience que ce portrait ne pouvait plus rester accroché à nos murs pour notre satisfaction personnelle. « C'est effrayant, s'inquiéta Kathy. C'est une énorme responsabilité, et je ne veux pas l'assumer. Pourtant, n'est-ce pas le but d'un œuvre d'art d'être appréciée ? L'art est fait pour être exposé, pas pour être caché. Mais tout cela me rend terriblement nerveuse. »

Alors que nous réfléchissions à ce que nous allions faire, un ami me rapporta l'histoire de Bill Gates et de son *Codex* (un recueil d'écrits scientifiques de Léonard de Vinci qu'il acquit lors d'une vente aux enchères, en 1994). Il devait y avoir une exposition en France, et un responsable de cette exposition souligna que la sécurité serait très présente, précisant que le *Codex* était toujours accompagné d'une équipe de costauds, des anciens des Forces Spéciales. En outre, la maison de Bill Gates, à la périphérie de Seattle, dans l'État de Washington, était une véritable forteresse dotée de systèmes électroniques avancés de sécurité. Chaque invité pénétrant dans la propriété devait porter une micro-puce, qui permettait de le suivre à la trace lors de ses déplacements dans la maison.

Quand Kathy entendit parler de ces mesures de sécurité extrêmes, elle me lança un regard entendu et déclara : « Peter, le Codex est éminemment important, mais notre portrait aussi, à sa façon. »

Alors, pressé par Kathy et les autres, je finis par mettre le dessin dans un coffre à Zurich, où il était protégé par des gardes armés et des systèmes d'alarme. Jusqu'à ce que la paternité du portrait soit déterminée, il ne fallait prendre aucun risque.

De toute façon, Cotte n'avait plus besoin de l'original. Il possédait toutes les informations numérisées voulues. Les images multispectrales avaient virtuellement effacé les « interférences » liées aux siècles et aux restaurations. Beaucoup d'éléments déterminants concordaient pour indiquer qu'il y avait une forte probabilité que ce soit l'œuvre de Léonard de Vinci. Mais une forte probabilité, cela ne suffisait pas pour en établir l'authenticité.

Devant son ordinateur, regardant avec tendresse les photographies numérisées du portrait, Cotte sentit sa curiosité grandir. Il avait besoin de se pencher sur des questions de style et de périodes qui dépassaient les capacités de sa caméra. Il était capable d'en rendre les détails visibles, mais il ne pouvait pas en connaître toutes les significations. À cet effet, il avait besoin d'un autre œil. Il était temps de sortir la grande artillerie, c'est-à-dire un expert de Léonard de Vinci à l'autorité incontestable. Nous évoquâmes quelques noms, et inévitablement, nous nous accordâmes sur celui de Martin Kemp.

6

LE POINT DE VUE D'UN ÉRUDIT

> « Cela fait longtemps que je me suis rendu compte que les gens de talent ne restent pas assis dans l'ombre à attendre que les choses viennent à eux. Ils s'avancent vers elles et les font advenir. »
> Léonard de Vinci

Martin Kemp, professeur émérite d'histoire de l'art à l'université d'Oxford, est un important spécialiste de Léonard de Vinci. Cet homme élégant, à la voix douce, qui démarra dans les années soixante, vit dans une maison historique du XVIIIe siècle, près d'Oxford. C'est ici qu'il s'enferme pour se livrer au laborieux travail consistant à examiner les quantités d'œuvres et de photographies d'art qu'on lui envoie.

Auteur de nombreux livres traitant de la représentation dans l'art et dans la science à la Renaissance, Kemp est une star dans l'arène de l'histoire de l'art. En 2004, il a publié un ouvrage intitulé *Leonardo*, dans lequel il s'est penché sur la signification réelle qui se cachait derrière les plus grandes œuvres de Léonard de Vinci.

Kemp est passionné par la relation entre l'art et la science, et son parcours peut sembler plutôt inhabituel pour un historien de l'art. Il a étudié les sciences naturelles et l'histoire de l'art à l'université de Cambridge et au Courtauld Institute of Art, à l'université de Londres. Dans sa carrière, il a été le commissaire de nombreuses expositions, et un consultant recherché parmi ceux qui explorent les complexités du style Renaissance.

Les recherches de Kemp l'ont aussi conduit hors des sentiers battus. Captivé depuis toujours par les dessins scientifiques de Léonard de Vinci, il reçut, au début de l'année 2000, la visite du parachutiste casse-cou Adrian Nicholas, qui souhaitait discuter avec lui de la construction d'un parachute conforme aux spécifications figurant sur les dessins de Léonard de Vinci, avec des matériaux d'époque. En 1485, ce dernier avait griffonné l'esquisse d'une pyramide à quatre côtés recouverte d'une toile de lin. En marge, il avait écrit : « Si un homme est équipé d'un système de toile de lin enduite, d'une longueur de 12 mètres sur chaque côté par 12 mètres de haut, il peut sauter de n'importe quelle hauteur, et ceci sans se blesser[1]. » Nicholas voulait tester le concept, et selon lui, la meilleure personne pour l'aider ne pouvait être qu'un expert de Léonard de Vinci.

Kemp accepta de lui servir de consultant et, en juin 2000, l'engin était prêt. La destination choisie était l'Afrique du Sud, où Nicholas s'élança d'un ballon à air chaud, à une hauteur de 3 000 mètres. Il descendit en parachute pendant cinq minutes, comme l'enregistra la boîte noire qui mesurait la descente, puis il coupa les fils de la machine volante inspirée par Léonard de Vinci pour déployer un parachute plus moderne et plus léger en vue de l'atterrissage. Il fit une lente et belle descente sans incident.

Le parachute conçu à l'origine par Vinci avait parfaitement fonctionné[2]. Nicholas et Kemp exultaient. « Il a fallu l'un des plus grands esprits qui ait jamais vu le jour pour le concevoir, mais il a fallu 500 ans pour trouver un homme avec un cerveau assez petit pour vraiment se lancer et le faire voler », déclara Nicholas à la presse, en ajoutant : « Tous les experts estimaient que cela ne marcherait pas, qu'il basculerait, s'effondrerait ou s'enroulerait autour de moi, mais Léonard de Vinci avait raison sur toute la ligne. Simplement, personne n'avait pris la peine de le construire plus tôt[3]. »

Ce fut une aventure excitante pour Kemp, qui fut très attristé d'apprendre, cinq ans plus tard, la mort de Nicholas dans un accident de chute libre.

La fascination de Kemp pour l'association intuitive de l'art et de la science faisait de lui l'homme de la situation pour se pencher sur notre portrait. Mais il n'était pas facile de capter son intérêt.

« Depuis la publication de *Da Vinci Code*, j'ai reçu des e-mails de beaucoup de personnes affirmant qu'elles possédaient un Léonard de Vinci, me dit-il. Je les appelle les "cinglés de Léonard", des fous attirés par de Vinci plus que par d'autres personnages illustres, comme Shakespeare, Dante, Newton[4]. »

Kemp aimait raconter les anecdotes les plus extravagantes, y compris la théorie selon laquelle Léonard de Vinci avait falsifié le suaire de Turin et que le visage n'était pas celui du Christ, mais celui de l'artiste. L'immense succès du best-seller de Dan Brown, *Da Vinci Code*, l'avait rendu chèvre. Selon lui, tout particulièrement dans notre environnement moderne saturé de médias, s'il y avait une théorie de la conspiration ou une société secrète, Léonard de Vinci se devait de faire une apparition.

Par conséquent, Kemp se méfiait de toute personne claironnant qu'elle possédait un Léonard de Vinci. Quand il reçut mon premier e-mail lui évoquant la possible découverte d'une œuvre du maître, il s'était dit, me raconta-t-il plus tard : « Oh, mon Dieu ! Encore une correspondance pénible en vue. » Mais après avoir ouvert le fichier numérisé qui l'accompagnait, il comprit qu'il devait y regarder de plus près.

En premier lieu, il devait voir l'original que nous avions mis sous clé à Zurich. Mais nous devrions attendre plusieurs mois, à l'occasion d'un de ses déplacements dans cette ville pour une émission de télévision. Il n'y viendrait pas avant dans la mesure où il avait pour principe de ne pas accepter d'argent, pas même de défraiements pour un voyage, quand il s'agissait de confirmer une attribution. Il était résolument convaincu que dès qu'une personne acceptait de l'argent, sous quelque forme que ce soit, son opinion pouvait être achetée.

Fidèle à sa parole, quelques mois plus tard, Kemp se retrouva dans une immense salle de la banque où le portrait était conservé, attendant que deux agents de la sécurité (qu'il décrivit de façon humoristique comme dotés de larges épaules et dépourvus de cou) retirent le portrait de son coffre. Ils le posèrent ensuite devant lui, sur la table à laquelle il était assis, puis ils se tinrent à l'écart dans un angle de la pièce, où ils restèrent postés dans un silence respectueux.

Il existe une mythologie autour des experts d'art, selon laquelle ils possèdent un instinct infaillible : une vibration d'énergie leur dirait immédiatement s'ils sont en présence d'un maître. Cela allait-il se produire pour Kemp ? Il avait affirmé percevoir une telle sensation, en face d'une pièce authentique. « C'est ce qui est frappant – ce premier sursaut lié à la reconnaissance », disait-il avec déférence. « Si vous n'éprouvez pas ce sentiment qui vous saisit au plus profond de vous-même, peut-être que vous ne poursuivrez pas. Mais le processus fait aussi appel à quelque chose de plus fondamental, qui englobe d'autres critères, et notamment un contexte, qui poussent à se demander : est-ce que cela appartient à Léonard de Vinci, qu'est-ce que cela nous évoque de lui[5] ? »

Quand il regarda le portrait, il admit que son instinct lui dicta qu'il y avait quelque chose à explorer. « J'ai tout de suite vu qu'il n'était pas du même calibre que les autres, dit-il. Mais je suis resté très, très prudent. Je ne voulais pas établir de conclusions hâtives, parce que dès que l'on commence à croire, il faut rassembler toutes les preuves nécessaires[6]. »

La méthode de Kemp s'inspirait de l'école du « doute de saint Thomas ». On le sentait toujours en train de reculer et de se dire : « Voyons voir ce qui ne va pas, et ce qui me dit que ce n'est pas un Léonard de Vinci. » Comme Kemp avait reçu une formation scientifique, le chemin qui le menait à l'attribution était pavé d'un lourd scepticisme. Durant les deux heures qui suivirent, il s'abîma totalement dans l'observation du portrait, le scrutant sous toutes les coutures.

Il quitta la banque avec une impression très positive. Son intérêt initial pour le tableau avait été complètement conforté. L'étape suivante consistait en des analyses techniques et historiques supplémentaires pour voir si, dans l'ensemble, le portrait correspondait à un Léonard de Vinci, et pour éventuellement identifier le modèle. Sa façon de procéder était minutieuse, comme s'il recherchait chaque pièce d'un immense puzzle. Et comme dans un puzzle, s'il manquait une pièce, tout serait fichu.

Il comparait sa méthode d'étude à un meuble bien conçu, un meuble de rangement, par exemple, qui se construit peu à peu jusqu'à former un tout fonctionnel. À la fin, tout concorde. Les tiroirs ne restent pas coincés, les pieds ne tremblent pas. C'est solide.

Kemp s'empara du cas, et ce fut lui qui baptisa le portrait *La Bella Principessa* (La Belle Princesse), un titre qui lui resta. Ce nom, nous expliqua-t-il, se référait à une princesse non dans le sens royal du terme, mais au sens générique. « Elle porte un costume de cour, avec les couleurs de la cour, et sa longue natte est le signe distinctif des dames de la cour de l'époque. » Ce fut donc *La Bella Principessa* ! (Quand Kathy et moi avions initialement discuté du nom du portrait, nous avions envisagé le nom plus précis de *La Bella Milanese*, qui aurait indiqué que c'était le portrait d'une belle femme milanaise. Mais nous en fûmes dissuadés par le fait qu'en italien *milanese* qualifie aussi l'escalope de veau !)

Quand il se plongea dans ses recherches, Kemp nota une série de faits irréfutables. Ils étaient déterminants pour émettre un verdict ultime sur la période et l'auteur. C'étaient les suivants :

- le vélin et les pigments avaient subi le genre de dommages, d'abrasion et de restauration que l'on pouvait attendre d'une œuvre datant de la fin du XVe siècle ;

- les zones hachurées comportaient, à l'origine, de nombreuses hachures parallèles réalisées à la façon caractéristique de Léonard de Vinci, de la main gauche, c'est-à-dire incliné du côté supérieur gauche vers le côté inférieur droit, souvent à un angle de 45° ou presque ;
- les zones opaques de pigment sur le front, la joue et le cou résultaient d'une vieille série de restaurations pour recouvrir les zones endommagées et combler les manques de craie sur la surface originale ;
- les renforcements à l'encre noire ajoutés au pinceau, et visibles le plus manifestement sur la coiffe, les cheveux et le costume, étaient aussi dus à la restauration, entreprise pieusement pour « améliorer » le dessin d'une façon qui diffère des approches en vigueur de nos jours. Kemp a montré que les retouches ont été faites par un droitier ;
- une empreinte de doigt gauche était visible sur le côté gauche, au niveau de la naissance des cheveux de la femme ;
- on voyait clairement qu'une partie de la main de l'artiste, probablement sa paume droite, avait été pressée à plusieurs endroits contre la couche de pigment au niveau du cou du modèle ;
- les traits du profil, du cou et des épaules trahissaient quelque manœuvre pour obtenir le bon contour. Certains indices montraient aussi que le contour arrière de la natte du sujet se trouvait initialement plus à droite que son emplacement actuel. C'est ce qu'on appelle des *pentimenti*, des images qui recouvrent un brouillon ou une précédente version et qui laissent voir à travers. Ils étaient courants chez Léonard de Vinci ;
- les bords supérieurs, droits et inférieurs de la page présentaient un aspect cohérent et semblaient être originaux ;
- la répartition relativement régulière de minuscules follicules suggérait que le vélin provenait de la peau d'un veau.

Après quoi, Kemp s'intéressa aux éléments. La première question concernait le matériau lui-même, le vélin. Le vélin est un parchemin fait à partir d'une peau de veau ou de chevreau. Il n'y avait aucune preuve indiquant que Léonard de Vinci ait un jour utilisé du vélin. Certains en auraient alors déduit que ce n'était pas une œuvre du maître. Mais Kemp trouva justement le matériau intrigant, et estima qu'il desservait l'idée d'un faussaire. Pourquoi un faussaire aurait-il mis un obstacle si énorme sur son chemin ? Kemp chercha plus loin, et il découvrit un passage évocateur dans le *Ligny Memorandum*, où Léonard de Vinci exprime un intérêt pour l'utilisation de la craie sur vélin :

> Obtenu de Jean de Paris la méthode pour la couleur à sec et celle du sel blanc, et comment fabriquer des feuilles enduites ; des simples et beaucoup de doubles ; et sa boîte de couleurs ; appris le tempera des tons couleur chair, appris à dissoudre la gomme-laque[7].

Jean de Paris était en fait Jean Perréal, un Français peintre de portraits mais aussi enlumineur, créateur, intellectuel et poète. Il séjourna en Italie en 1494 avec Charles VIII, et de nouveau en 1499 avec Louis XII – il est également possible qu'il y soit venu à d'autres dates. Léonard de Vinci semble l'avoir consulté sur sa méthode unique d'utiliser de la couleur sèche sur vélin ; il tenait également à apprendre comment on obtenait des tons couleur chair et comment on se servait des pigments laque, ceux que l'on fabriquait en mélangeant un colorant avec certains liants insolubles, en l'occurrence la gomme arabique. Celle-ci est extraite de l'acacia et peut être utilisée comme liant pour les pigments et même comme fixateur pour une feuille entière.

Léonard de Vinci indique qu'il a l'intention de questionner le maître français sur la façon de préparer la surface à dessiner. Il voulait obtenir des feuilles simples et doubles, ce qui fait référence à la découpe de pages rectangulaires dans la peau tendue et irrégulière d'un chevreau ou d'un veau. L'examen technique de *La Bella Principessa* concordait avec l'utilisation d'un fixateur telle la gomme arabique sur le support original. En bref, Léonard de Vinci a consigné ses intentions de se renseigner précisément sur les techniques qui furent nécessaires à la création de *La Bella Principessa* ! Elles sont différentes des procédures standard bien connues à Milan et utilisées dans l'enluminure de manuscrits.

Un spécialiste qui étudia la question du vélin (et qui a souhaité rester anonyme) tomba plus tard par hasard sur un exemple illustrant cette technique : un grand et magnifique portrait enluminé sur vélin (37 × 27 centimètres) de Laurent de Médicis enfant, publié dans une édition de luxe des œuvres complètes d'Homère. Il fut imprimé sur vélin en 1479 et appartient maintenant à la Biblioteca Nazionale de Naples. Le beau *Portrait de Piero* a été réalisé par l'enlumineur et peintre Gherardo di Giovanni del Fora, qui avait un atelier à Florence entre 1445 et 1497. Il connaissait Léonard de Vinci, et il est possible qu'ils aient abordé le sujet des portraits sur vélin.

Kemp poursuivit ses recherches, assemblant lentement les pièces du puzzle compliqué. Son domaine d'étude suivant fut les proportions du visage, thème déterminant lorsqu'on examine une œuvre de Léonard de Vinci, le maître ayant consacré tant de pages dans ses carnets aux proportions harmonieuses qui, pensait-il, caractérisaient les relations internes du corps humain.

> La distance de la bouche à la base du menton représente le quart de la face, et elle est égale à la largeur de la bouche.
> La distance de la base du menton à la base du nez équivaut au tiers de la face, et elle sera égale à la distance de la base du nez à la base du front.
> L'intervalle entre le milieu du nez et le bas du menton représente la moitié de la face.

> L'espace entre la naissance du sommet du nez où commencent les sourcils, jusqu'au bas du menton, équivaut aux deux tiers du visage[8].

On retrouve ce système des proportions dans *La Dame à l'hermine*, *La Belle Ferronnière* et *La Joconde*. *La Bella Principessa* s'y coule parfaitement.

Kemp poursuivit son travail, mais à son sens de l'évaluation se mêla peu à peu un sentiment de respect teinté de crainte : était-il possible qu'il soit en présence d'un authentique Léonard de Vinci ?

7

LES PRINCIPES DE LÉONARD

> « Les hommes et les mots sont banals,
> et toi, ô peintre, si tu ne sais pas comment faire
> bouger tes personnes, tu es comme un orateur
> qui ne sait pas comment utiliser ses mots. »
> Léonard de Vinci

Tandis que Pascal et Martin – nous nous appelions à présent par nos prénoms – poursuivaient leurs analyses de *La Bella Principessa*, le projet commença à attirer l'attention des experts qui apportèrent leurs regards de connaisseur au tableau. Ils étaient particulièrement attentifs aux idéaux de Léonard de Vinci sur la beauté et le visage humain, qu'il décrivit avec force détails dans ses carnets. Il pressait les artistes à préférer la beauté au grotesque :

> Applique-toi à prendre les bonnes parties des beaux visages, dont la beauté est confirmée par l'opinion publique plutôt que ceux loués par ton jugement, car tu pourrais te tromper en préférant des visages ayant conformité avec le tien. Si tu es laid, tu ne choisiras pas de beaux visages : la peinture risque fort de ressembler à son auteur, prends donc des beautés comme j'ai dit et retiens-les par cœur[1].

Pour Léonard de Vinci, les règles anatomiques et l'idéal de beauté sont une même chose. Le principe conducteur de son œuvre, c'était de peindre le vivant, et par conséquent de savoir ce que le modèle faisait et pensait. Il écrivait :

> Un tableau ou toute représentation de figures humaines doit être exécuté de sorte que le spectateur puisse facilement reconnaître, grâce à l'attitude des modèles, l'objet de leurs pensées. Par conséquent, si vous devez représenter un homme de noble caractère en train de parler, faites en sorte que ses gestes soient aussi naturels que ceux qui accompagnent des bonnes paroles. De la même façon, si vous voulez décrire un homme aux manières brutales, donnez-lui des mouvements abrupts. Ses bras doivent être tendus vers son interlocuteur, sa tête et ses bras doivent être projetés vers l'avant par rapport à ses pieds, comme s'il suivait les mains de l'orateur. Il en va ainsi d'un sourd-muet : quand il voit deux hommes en train de discuter – bien qu'il soit dépourvu du sens auditif – il peut comprendre à travers leurs attitudes et leurs gestes, la nature de leur discussion. J'ai rencontré une fois à Florence un homme qui était devenu sourd et qui, quand vous lui parliez très fort, ne vous comprenait pas. En revanche, quand vous lui parliez doucement et sans faire de bruit, il comprenait simplement aux mouvements des lèvres[2].

Léonard de Vinci pensait que la seule façon de peindre une image avec authenticité, c'était de comprendre et de s'adapter à ce qui se passait en dessous. Par conséquent, il ne peignait pas simplement un homme avec une veste sur sa peau nue, il imaginait les sous-vêtements, même si on ne les voyait pas. Ses études sur les organes humains étaient très en avance sur son temps. Le Dr Sherwin Nuland, outre le fait d'être médecin et auteur de renom – on compte notamment parmi ses livres *Mourir : Réflexions sur le dernier chapitre de la vie* –, est aussi un expert reconnu des études anatomiques de Léonard de Vinci. Il déclarait :

> Il fut la première personne, par exemple, à s'apercevoir que les battements de cœur et le pouls étaient synchrones. On croit que cette notion est évidente, mais à l'époque, ce n'était pas le cas. Il en prit conscience en observant des paysans qui abattaient des porcs. Ils enfonçaient un large tube dans la cage thoracique de l'animal pour atteindre le cœur et faire sortir le sang. Et bien sûr, il y avait vingt, trente battements avant que tout le sang ne sorte. Il observa les battements de cœur et prit en même temps le pouls de l'animal. Il synchronisa les deux, ainsi que le bruit du cœur qui tapait contre la cage thoracique. Il fut ainsi capable d'établir que le cœur fonctionnait comme un muscle, qu'il faisait un bond en avant chaque fois qu'il battait, et que c'est ce qui entraînait la palpitation du pouls[3].

Il est clair que ces études étaient réalisées dans l'intérêt de peindre le portrait authentique d'une personne vivante.

Ce qui rend le travail de Vinci si fascinant, c'est le sentiment intense d'humanité qui se dégage de ses sujets. Dans leurs postures et expressions, ils semblent nous inciter à les connaître, à découvrir, comme le dit le peintre lui-même, *l'objet de leurs pensées*. Quand les experts commencèrent à se pencher sur *La Bella Principessa*, ils s'accordèrent à dire que le portrait correspondait non seulement aux règles anatomiques de Léonard de Vinci, mais aussi à ses critères de motivation artistique.

La première « étrangère » à étudier *La Bella Principessa* au laboratoire Lumiere Technology fut Cristina Geddo, experte connue des ateliers de Léonard de Vinci. La petite quarantaine dynamique, Cristina Geddo se passionnait pour la période lombarde du maître. À mon invitation, elle se rendit au laboratoire de Pascal, et souhaita examiner les rendus numérisés. Après avoir vu le travail et les images multispectrales de Lumiere Technology, elle écrivit un long article sur ses découvertes, qui fut publié dans *Artes*, journal spécialisé de l'université de Pavie.

> Le *Portrait de la jeune femme de profil gauche*, qui a récemment refait surface dans une collection privée, s'impose dès la première rencontre comme une œuvre hors du commun, pas simplement pour la remarquable et grande qualité de sa réalisation mais aussi par le caractère distinctif des moyens techniques utilisés. C'est avec un mélange de surprise, de prudence et d'embarras que le nom de Léonard de Vinci vient à l'esprit, et de fait y prend racine avec le temps, excluant toute autre possibilité, à commencer par les noms de ses élèves. Aucun d'entre eux n'était capable d'atteindre ce niveau de perfection, ni d'imiter aussi précisément et à un tel degré l'art du maître[4].

Cristina Geddo fonde son argumentation sur quatre éléments cruciaux : le caractère univoque du style et de la physionomie, la qualité inégalée de l'exécution, la preuve irréfutable des hachures récurrentes réalisées par un gaucher, et le savoir technique avec lequel le portrait a été dessiné. À cet égard, elle écrivit :

> Le portrait représente une jeune femme blonde qui a l'air d'un ange, la plus séduisante qui ne soit jamais sortie des mains de Léonard, mais qui possède en même temps une véritable intimité vibrante, réservée dans la façon dont elle s'offre à nous, et immobile dans l'assurance orgueilleuse de sa pose. Son œil cristallin, contrebalancé par l'axe du profil, est légèrement incliné et tourné vers nous, mais il ne croise cependant pas notre regard. À partir de cette infraction à peine perceptible à la règle – celle du profil absolu – surgit le « mouvement de l'esprit » de notre protagoniste, un

regard intériorisé, ineffable, qui captive l'attention de celui qui le regarde avec une force magnétique.

En lisant cette analyse, Kathy déclara : « J'ai presque l'impression de voir le modèle prendre vie sous ses yeux. » C'était aussi mon cas. Et nous étions fort impatients de découvrir l'identité de cette jeune femme, aussi belle que mystérieuse.

Pendant ce temps, Giammarco Cappuzzo, notre ami et consultant en art, me pressait d'accepter qu'Alessandro Vezzosi voie les images numérisées. Vezzosi, directeur du Museo Ideale Leonardo da Vinci dans la ville de naissance du maître, est sans doute l'un des plus grands admirateurs de Léonard de Vinci. Cet expert sérieux et charmant avait, pratiquement à lui tout seul, conçu le musée comme un stupéfiant hommage au maître. L'endroit est une merveille, avec ses modèles à grande échelle des inventions de Léonard de Vinci, comme les machines volantes, les machines de guerre et un hélicoptère construit selon les spécifications figurant dans ses écrits et ses dessins.

En 2005, Vezzosi fut le fer de lance d'un « procès » contre Dan Brown, l'auteur du best-seller *Da Vinci Code*, exhortant les experts et les historiens en art à rétablir la vérité sur ce qui était pour lui une scandaleuse dépréciation du grand maître, dans la prose bon marché de Brown. Il était outré que tant de lecteurs de ce roman de gare croient réellement en certaines affirmations qui y sont faites, en particulier l'allégation selon laquelle Léonard de Vinci aurait appartenu à une société secrète, le Prieuré de Sion, qui connaissait le secret du Saint Graal, et qu'il aurait enfoui le code quelque part dans ses œuvres. Le livre, vendu à 18 millions d'exemplaires de par le monde, allait aussi devenir un film. C'était une gigantesque machine à faire de l'argent pour de nombreuses sociétés : cela allait des visites guidées au régime diététique. Cette fièvre alluma entre autres la colère des érudits en art, des habitants de la petite ville de Vinci, du Vatican et des catholiques.

Bien que Brown et ses représentants n'y assistèrent pas, le procès fictif de Vezzosi attira des milliers d'habitants de Vinci, et d'autres groupes intéressés. Vezzosi joua le rôle du procureur, utilisant plus d'une centaine de diapositives pour la défense de Léonard de Vinci. Ainsi, l'assertion de Brown selon laquelle le maître était homosexuel était « pure invention », dit-il, tout comme celle voulant qu'il ait utilisé des instruments de torture conçus par ses soins. Léonard de Vinci avait effectivement inclus le dessin d'un chariot autopropulsé qui coupait les gens en morceaux dans l'un de ses travaux, mais il ne l'a pas *inventé*. Quoi qu'il en soit, l'intention de l'artiste était de mettre en garde contre la ruée du chariot de la mort, non pas de l'utiliser pour nuire aux autres.

Un grand moment de ce « procès » fut le témoignage de deux membres de l'Opus Dei, présents pour défendre l'organisation en raison de la façon dont Brown l'avait présentée. Le principal méchant du livre est un albinos maléfique, membre de l'Opus Dei, et répondant au nom de Silas. Sa mission est de détruire les quatre personnes au monde qui connaissent le secret du Saint Graal, car si la vérité était connue, cela engendrerait la destruction de l'Église catholique. Silas est d'autant plus intrigant, et sans doute grotesque, qu'il porte un instrument pointu d'autoflagellation, censé faire partie de l'attirail de l'Opus Dei.

« Je suis venu vous dire ce qu'est vraiment l'Opus Dei », annonça Massimo Marianeschi à un auditoire retenant son souffle. « Ce n'est pas une secte, elle ne nourrit pas des desseins sombres ou criminels, ni ne veut engendrer des catastrophes. Je ne m'autoflagelle pas, pas plus que je ne mortifie ma chair. Opus Dei est une organisation laïque, sans moine. Elle n'est pas machiavélique, nous n'assassinons personne, nous ne punissons pas les actes négatifs. » Même s'il fut applaudi par le public, un certain scepticisme parcourut la salle.

Martin Kemp vint également témoigner au « procès », suggérant que le choix de Léonard de Vinci par Brown était motivé par la publicité. « *Michel-Ange Code* n'aurait pas eu le même impact », déclara-t-il. Plus tard, dans une interview accordée au magazine *ArtNet*, Martin développa son argument. « Je me suis souvent demandé si le livre aurait eu un tel succès s'il avait eu pour titre *Michel-Ange Code* ou *Shakespeare Code*, énonça-t-il. Se serait-il aussi bien vendu ? Je ne pense pas. Il y a un élément de mystère et en même temps quelque chose de magique au sujet de Léonard de Vinci, tant en ce qui concerne son travail que sa personnalité. Il servait incroyablement bien les intérêts de Dan Brown. »

Quand l'intervieweur lui demanda si *Da Vinci Code* avait nui à Léonard en diminuant l'éclat de son œuvre et de sa personne, Martin éclata de rire. « Cela ne me tracasse pas vraiment. Le roman est irresponsable par endroits parce qu'il ne dit pas simplement "Je suis un roman", mais qu'il donne l'impression de s'appuyer sur une base factuelle établie, ce qui n'est pas honnête. Je suis, au contraire, ravi que des gens soient intéressés par son caractère historique, et j'aimerais que cet intérêt soit constructif. Léonard n'est pas atteint par ce livre. Si vous faites une mise en scène pitoyable de Shakespeare, cela ne nuit pas à sa réputation. Il demeure, tout comme Léonard de Vinci, en dépit des idées fausses que les gens ont pu se faire. Je préfère que les gens s'engagent pour quelque chose plutôt qu'ils restent indifférents[5]. »

Le « procès » fit parler de lui et, dans l'esprit de Vezzosi, Léonard de Vinci fut innocenté, même s'il fut impuissant à empêcher l'ascension constante de Dan Brown vers la gloire et la fortune. (Celui-ci est devenu entre-temps l'un des auteurs les plus riches de la planète.) Alors que Vezzosi s'apprêtait à terminer une importante monographie intitulée *Leonardo Infinito*, avec une introduction de Carlo Pedretti[6], le plus vieux spécialiste au monde du maître et le directeur de la Armand Hammer

Foundation, Cappuzzo déclara qu'il pourrait y inclure *La Bella Principessa*.

Vezzosi accepta de venir voir le tableau, mais il prévint que sa monographie était sur le point d'être imprimée. Je lui demandai s'il y avait tout de même un petit espoir. Minuscule, me répondit-il, parce qu'il ne voulait pas tout compromettre.

Nous lui fîmes voir les images numérisées et le travail de Lumiere Technology et il eut immédiatement la vive impression que le tableau était authentique. Au moment où j'appris que Vezzosi envisageait d'inclure *La Bella Principessa* dans sa monographie, Mina Gregori était à la maison, rédigeant son propre avis sur le sujet.

« Appelle-le, insistai-je, et fais-lui part de tes idées. La solidité de ta réputation et de ton opinion aura un grand impact. »

Mina posa alors son stylo et l'appela. Après quoi, Vezzosi arrêta la procédure d'impression de sa monographie et ajouta un article sur le portrait, certain de sa paternité. « Une nouveauté singulière vient d'être portée à notre connaissance : le splendide portrait d'une jeune femme de profil, réalisé au crayon, à l'encre et à la tempera sur un parchemin mesurant 33 × 23,9 cm. Il faut être prudent lorsqu'on a affaire à une œuvre privée aussi importante qu'inattendue. Cependant, l'intensité délicate et l'aura de mystère qui s'en dégagent l'élèvent à un tel degré de qualité et de pureté que l'attribution à Léonard de Vinci est la conclusion logique à laquelle mène une série d'investigations simples et claires[7]. »

Vezzosi souligna ensuite des points clés, confirmant les observations de Mina Gregori et de Nicholas Turner, ainsi que le travail de Pascal et de Martin. Il évoqua notamment les hachures exécutées de la main gauche qu'il définit comme « univoques et impressionnantes par leur fluidité, leur assurance et leur précision », tout comme l'interaction de la lumière et de l'ombre, que l'on peut, dit-il, retrouver dans le « *Codex de Madrid* et les esquisses anatomiques de Windsor, datant de la première période milanaise ».

Il précisa, comme Mina l'avait observé depuis le début, que « la technique est magistrale, toscane par le style, même s'il ne fait aucun doute que le travail a été terminé dans un contexte milanais ». Il confirma aussi les découvertes et les spéculations éclairées sur le sujet et le dessein du portrait. Il suggéra que ce n'était peut-être pas un portrait de mariage, mais qu'il avait été réalisé dans le cadre d'une proposition sérieuse de mariage. Comme les autres, il était attiré par les éléments exquis que représentent l'œil du sujet de profil et la perfection de son visage.

Le soutien des experts et spécialistes commençait à affluer. Même si les investigations techniques étaient loin d'être finies, je me sentais profondément ému par l'enthousiasme rapide exprimé par certains grands noms de l'art. À l'automne 2008, Turner avait préparé une déclaration officielle où il exposait les raisons qui le poussaient à soutenir l'attribution à Léonard de Vinci. Il relevait les facteurs suivants :

1. La très grande qualité du portrait réalisé avec différents procédés.
2. La datation au carbone 14, qui n'exclut pas le XVe siècle.
3. L'importance des hachures réalisées de la main gauche, notamment sur le visage, le cou et le fond ainsi que sur le profil du sujet, ce qui est la signature de Léonard de Vinci. « On trouve des hachures denses et similaires dans les dessins de l'artiste. De bons exemples au crayon figurent notamment dans les études anatomiques de Léonard de Vinci... Les hachures du nouveau portrait partent du bas à droite pour remonter vers le haut à gauche, tout comme les traits qui définissent l'arrière-plan gauche dans les études sur le crâne. »
4. Le portrait est conforme aux théories de l'enluminure de Léonard de Vinci. Dans ses carnets, le maître s'exprime longuement sur les façons d'enluminer un sujet en recourant aux ombres appropriées pour évo-

quer la nuit, le jour, la distance, la proximité, l'angle, etc. « Léonard de Vinci évoque plus spécifiquement la nécessité d'un fond pour faire ressortir le sujet ou pour lui permettre de se détacher suffisamment, de sorte que la lumière contraste avec l'ombre, et l'ombre avec la lumière. » La théorie est ingénieusement respectée dans *La Bella Principessa*.

5. La présence de *pentimenti*, signes que des éléments ont été effacés puis redessinés, révèle un procédé typique de Léonard de Vinci.
6. L'extrême attention accordée aux détails, « de la minutie des traits faciaux aux motifs de la robe, en passant par chaque nœud de la coiffe. Cette quête obsessionnelle pour saisir avec impartialité l'apparence de chaque chose présente dans le champ de vision de l'artiste, jusque dans la moindre parcelle, est caractéristique de la créativité de Léonard de Vinci ».
7. Les parallèles stylistiques avec les portraits de profil de Léonard de Vinci. « Un contour aussi délicat et si subtilement modelé se retrouve dans d'autres exemples d'études de tête de l'artiste… [qui] correspondent au précepte… : “il ne faut pas marquer les muscles d'une ligne trop dure, mais laisser une douce lumière glisser sur eux et se perdre imperceptiblement dans des ombres charmantes ; de là dépendent toute la grâce et la beauté d'un visage”. »
8. Le dessin des cheveux de la femme « est l'un des détails les plus beaux et les plus naturels du portrait, tout comme la complexité de leur couleur. Ici, Léonard de Vinci n'a pas hésité à mélanger les matériaux, les combinant de manière tout à fait inhabituelle pour lui : encre marron, lavis marron rouge sur de la craie noire, rouge et blanche. Ainsi grâce à la gamme des textures et des couleurs qu'autorisent les différents matériaux, il a pu

traduire l'éclat velouté des cheveux et établir une distinction subtile entre les parties relativement lâches et exposées à la lumière, au sommet de la tête, et celles qui sont dans l'ombre, à l'arrière, avec certaines mèches maintenues par les mailles de la coiffe, et d'autres étroitement tressées. »

9. La surface du vélin qui, pour Turner, était un exemple subtil de l'innovation technique dont faisait preuve Léonard de Vinci. « L'artiste a exploité avec succès la texture piquetée du matériau dans le rendu des chairs du visage et des vêtements. » Comme Martin et d'autres, Turner reconnaît que même si Léonard n'était pas connu pour utiliser du vélin, il était toujours prêt à essayer la dernière technique et à expérimenter des procédés.
10. Le style – cheveux, costume, composition – correspond aux portraits de cour milanais de la période, mais montre aussi les influences florentines liées à l'expérience de Léonard de Vinci. « En ce qui concerne le style, l'héritage de Florence apparaît clairement dans ce type de visage, qui rappelle ceux d'Andrea del Verrocchio, de Lorenzo di Credi (qui travailla avec Vinci dans l'atelier de Verrocchio), et d'autres encore. »

Turner conclut comme suit : « Non seulement ce remarquable dessin de Léonard de Vinci correspond stylistiquement à son œuvre en tant que peintre et dessinateur, mais il est aussi conforme à ses théories sur la représentation figurative, telle qu'il l'a exposée dans son *Traité*[8]. »

À l'automne, je pris contact avec Sir Timothy Clifford, l'ancien directeur général des National Galleries d'Écosse, pour le prier de se rendre au laboratoire Lumiere Technology afin de regarder les portraits numérisés. Clifford, que j'avais rencontré à différentes occasions, était fort connu et éminemment respecté. Quelques années plus tôt, il avait découvert un dessin de Michel-Ange au Cooper Hewitt Museum, à New York. Quand on lui avait demandé comment il avait tout de suite compris qu'il était en présence d'un Michel-Ange, il avait répondu : « Pensez-vous que je ne reconnaîtrais pas ma propre femme à la table du petit déjeuner[9] ? » Évidemment, il se livra ensuite à une étude assidue, mais il soutenait qu'en présence d'un maître, il y a presque toujours une réaction immédiate, comme une reconnaissance instantanée. J'étais impatient de voir si Clifford aurait cette réaction devant notre portrait.

Comme il prévoyait de se rendre à Paris en novembre, nous prîmes nos dispositions pour aller ensemble au laboratoire. Il écrira alors : « Pour moi, l'apparence magistrale du dessin montre non seulement que Léonard de Vinci travaillait sur des parchemins, mais c'est la pièce la plus subtile que l'on ait retrouvée depuis des années de la main de ce remarquable génie de la Renaissance. C'est une icône d'une beauté obsédante[10]. »

L'analyse scientifique et historique était très poussée et bien trop complexe pour moi. Mon monde n'est pas celui des pixels, mais des histoires, et je me demandais bien quelle histoire ce portrait entendait raconter au monde. Si l'on n'établissait pas l'identité de la dame, ou du moins une solide théorie sur la question, la preuve la plus explicite qui soit ne parviendrait pas à convaincre. Martin partageait cet avis : identifier la dame était un défi excitant. En tant qu'historien, il était particulièrement intéressé par la question de l'identité. Il n'était pas essentiel que la belle princesse soit identifiée au-delà de tout doute possible, mais il était déterminant pour l'intégrité de l'œuvre qu'elle soit replacée dans une période et un lieu plausibles, qu'elle occupe une fonction dans le monde de Léonard de Vinci. Alors la question qui avait déjà fasciné les foules au sujet de *La Joconde* fut de nouveau posée : qui est-elle ?

8

LA FILLE BIEN-AIMÉE

« La simplicité est la sophistication ultime. »
Léonard de Vinci

Nous pouvons imaginer Léonard de Vinci tenant à la main une planche en bois sur laquelle était fixé un parchemin, son crayon caressant les lignes du visage charmant de la jeune femme en train de prendre forme sous ses doigts[1]. Il était tout à fait probable qu'elle pose en face de lui, immobile, les lèvres légèrement entrouvertes. Elle ne souriait ni ne sourcillait. Elle ne montrait aucun signe d'ennui. Son front était lisse, elle se tenait droite, son regard était soutenu et son air calme. Elle devait savoir que ce portrait, commandé par son père, était synonyme de dévotion suprême, et elle voulait lui rendre justice. Léonard de Vinci était un homme occupé, qui avait à maintes reprises interrompu ses nombreuses obligations à la cour pour exécuter ce portrait.

En dépit de ces obligations qui devaient le tracasser, il se concentrait totalement, comme s'il cherchait à capter l'esprit du sujet. Il s'efforçait, comme à son habitude, de réaliser un portrait éternel, une ode à la jeune femme et à son père, le duc.

Qu'il puisse apporter une telle intensité à un simple portrait relevait du miracle, surtout si l'on considère qu'il n'avait pas encore terminé ses commandes majeures. L'une d'entre elles était une grande pièce destinée aux frères dominicains du couvent Santa Maria delle Grazie, à Milan. Il s'agissait d'un immense tableau qui deviendrait son interprétation de *La Cène*, et sur lequel il travaillait depuis un certain temps. Selon son biographe Giorgio Vasari, le travail requérait de longs moments de méditation dans la mesure où il avait non seulement l'intention de peindre le groupe d'hommes autour du Christ, mais aussi leurs émotions au moment où celui-ci annonçait : « L'un d'entre vous me trahira. » À quoi pensaient alors ces innocents – à l'amour, la peur, l'indignation, la tristesse ? Pouvait-on lire l'expression de culpabilité sur le visage de Judas ?

Comme ceux qui avaient déjà passé des commandes à Léonard de Vinci, le prieur du monastère était impatient de voir l'œuvre terminée, et il ne comprenait pas pourquoi cela prenait si longtemps. Vasari rapporte que le prieur observait Léonard plongé dans ses pensées, « perdant du temps » alors qu'il aurait pu travailler. Cela l'agaçait suprêmement. Il finit par se plaindre au duc, et Ludovic le More fit appeler Léonard. Ce à quoi celui-ci répondit que « parfois les esprits supérieurs, moins ils paraissent travailler et plus ils font de besogne, car ils cherchent dans leur tête les compositions et se forment ces idées parfaites que leur main vient ensuite exprimer et rendre d'après les conceptions de leur esprit[2] ».

Il ajouta qu'il ne lui restait plus que deux têtes à peindre : celle du Christ, dont son imagination n'était pas apte à rendre pleinement la beauté et la divinité, et celle de Judas. « Il ne pouvait se figurer un visage capable d'exprimer la bassesse de celui qui, après tant de bienfaits reçus, s'était résolu à trahir son maître et le créateur du monde. » Il ajouta qu'il recherchait un modèle ayant un tel visage et que « s'il ne trouvait pas mieux, il ne manquerait pas de prendre pour modèle le prieur lui-même ». La plaisanterie fit beaucoup rire le duc[3]. « Il donna mille raisons à l'artiste[4] », et lui promit que le prieur ne l'importunerait plus.

Le second projet majeur de Léonard de Vinci, commencé

depuis des années, était une statue équestre de Francesco Sforza. Elle était d'une grandeur exceptionnelle et suscitait beaucoup d'enthousiasme parmi ceux qui avaient vu de leurs propres yeux s'élaborer l'énorme cheval en argile. Les gens affirmaient qu'ils n'avaient jamais vu chose plus belle, mais qu'elle était loin d'être terminée.

Et pourtant, en dépit de ces grandes obligations, la concentration de Vinci sur la jeune fille et le portrait était absolue. À chaque trait, il cherchait à illuminer son œil.

La femme de *La Bella Principessa* est jeune, et le portrait en lui-même est assez formel. Il n'a pas l'aura intime, « aguichante » de *La Joconde*. Stylistiquement, le profil implique une distance. Mais qui est-elle, et quand fut-elle dessinée ?

Martin et Pascal, avec leur sensibilité historique imprégnée de poésie, l'imaginent comme suit :

> Une jeune femme ou une fille sur le point d'entrer dans la maturité est habillée pour un portrait formel. Ses atours à la mode correspondent à ceux d'une jeune dame de la cour milanaise des années 1490. Elle porte une robe verte avec en dessous un corsage rouge. L'épaule de la robe est « entaillée » pour dévoiler un triangle rouge. Le vert, le rouge et le blanc étaient les couleurs préférées de la famille Sforza, les gouvernants de Milan. Tout autour de l'ouverture court un motif continu d'entrelacs en relief dont l'ornement central est agrémenté de points brodés. Sa chevelure châtain clair, brillante et étroitement serrée, est savamment prise dans une coiffe de rubans noués, ourlée d'un petit motif de croisillons. Elle est maintenue par une fine bande qui passe précisément au sommet de son front. Sortant de la coiffe, sa natte – la fameuse *coazzone* milanaise – est enserrée dans un cylindre de fil étroitement et soigneusement enroulé. En dessous, un ruban plat, disposé

> en deux spirales, retient les longues tresses de sa chevelure, de façon un peu moins stricte.
> Les détails sont superbement observés. Son oreille joue subtilement à cache-cache sous les douces ondulations de sa chevelure. Le fin ruban confère au profil arrière de la coiffe une légère concavité. Celui de la natte qui tourne en spirale fait gonfler la chevelure avant de la resserrer à chaque boucle[5].

Pouvons-nous sentir la tension entre l'innocente fraîcheur de la jeune femme et les devoirs formels de la cour que son costume nous signale comme sa destinée – avant qu'elle ne devienne une femme mûre, prête pour les responsabilités qui l'attendent, le mariage aristocratique et les risques liés aux grossesses ? Elle est, nous pouvons raisonnablement en être certains, destinée à se marier, fiancée très tôt pour cimenter une alliance sociale. Il est aisé d'être romantique devant une image comme celle-ci. Elle est presque trop parfaite dans sa pose raffinée.

Difficile de résister à la tentation de se demander ce que Léonard de Vinci aurait dit sur le dessin et sa composition. Martin et d'autres étaient certains que les détails de la robe et le style reflétaient les années 1490, époque où Vinci séjournait à la cour de Milan.

Durant cette période, il exécuta de nombreux portraits pour Ludovic le More, y compris la fameuse *Dame à l'hermine*, qui fut, coïncidence, la deuxième œuvre de Léonard de Vinci numérisée par Pascal lors d'une visite à Cracovie. Ce magnifique et paisible portrait représente Cecilia Gallerani, la maîtresse du duc, tenant une hermine blanche (symbole de la pureté, mais aussi des Sforza) à la hauteur de sa poitrine. Elle n'avait alors pas plus de seize ou dix-sept ans et, chose inhabituelle pour une jeune femme de cette époque, elle était extrêmement bien éduquée, amatrice de poésie et de philosophie.

Cecilia n'était pas une concubine au sens conventionnel du

terme, mais une courtisane dont l'intelligence, le style et la sensualité la placèrent sur un piédestal à la cour, durant les dix années de sa relation avec le duc. Elle lui donna un enfant, puis se maria et eut quatre autres enfants. Le portrait lui-même reflétait un style nouveau. Ceux-ci étaient en général froids et dépourvus d'émotions, avec une légère allusion à la personnalité du sujet ou à ses pensées, surtout quand il s'agissait d'une femme. Vinci insuffla de la vie au portrait de Cecilia. Il laissa transparaître l'expression de son visage, son maintien, son intelligence et sa personnalité. Ainsi, l'observateur peut percevoir ce qu'est l'essence même d'une femme.

Bien des années plus tard, Léonard de Vinci explorera un peu plus encore cette approche humaine en peignant le portrait de la femme de Francesco del Giocondo : *La Joconde*. Ce sourire ! Cela n'avait encore jamais été fait. C'était manifestement une intention délibérée de Léonard qui s'est sans doute ingénié à divertir Mona Lisa tandis qu'elle posait, afin de saisir son amusement du bout de son pinceau.

Martin Kemp a souvent souligné « l'œil pour les femmes » si particulier à Léonard de Vinci. De fait, il n'existe qu'un portrait masculin connu de lui : *Le Musicien*, œuvre inachevée, qui se trouve à la pinacothèque ambroisienne. À ce sujet, il a déclaré :

> Léonard de Vinci a été employé par quelques hommes très puissants, y compris des membres de la famille Médicis, Ludovic Sforza, duc de Milan et deux rois français, Louis XII et François Ier. C'était un portraitiste innovateur et talentueux. Il est toutefois incroyable que nous n'ayons aucune preuve indiquant qu'il ait entrepris un jour le portrait de l'un de ses principaux protecteurs. À la place, nous détenons un premier portrait représentant une femme dans le cercle des Médicis, deux portraits des maîtresses du duc, un splendide dessin à la craie d'Isabelle d'Este, la redoutable marquise de Mantoue, et

> le fameux portrait de Mona Lisa, la femme de Francesco del Giocondo, un marchand florentin de soie, qui connaissait le père de Léonard de Vinci... Aujourd'hui, nous pouvons ajouter à la liste des « dames de Léonard », le portrait remarquable de la jeune femme de profil que j'ai baptisée *La Bella Principessa*[6].

Selon Martin, Léonard de Vinci a peut-être été considéré par ses contemporains comme un spécialiste de portraits féminins. Ainsi qu'Isabelle d'Este, la marquise de Mantoue, l'a un jour écrit, il affichait cet « air de douceur et de suavité » par lequel son art s'est particulièrement distingué. Qui pourrait nier que les portraits sensibles et même sensuels des femmes peintes par Léonard de Vinci – de *Mona Lisa* à la nouvelle *Bella Principessa* – recèlent une qualité enthousiasmante qui semble atteindre l'âme des femmes ?

Vasari partagerait sans doute cet avis, eu égard à la description qu'il fait de *La Joconde* :

> La bouche, sa fente, ses extrémités, qui se lient par le vermillon des lèvres à l'incarnat du visage, ce n'est plus de la couleur, c'est vraiment de la chair. Au creux de la gorge, un observateur attentif surprendrait le battement de l'artère ; enfin, il faut avouer que cette figure est d'une exécution à faire trembler et reculer tout artiste le plus habile du monde qui voudrait l'imiter. Il employa encore le moyen suivant. Comme Madonna Lisa était très belle, pendant qu'il la peignait, il eut toujours près d'elle des chanteurs, des musiciens et des bouffons afin de la tenir dans une douce gaieté, et d'éviter cet aspect d'affaissement et de mélancolie presque inévitable dans les portraits. Dans celui-ci, il y a un sourire si attrayant que c'est une chose plus divine qu'humaine à regarder, et qu'on l'a toujours tenu pour une merveille qui n'est pas inférieure au modèle[7].

Martin ne pensait pas, comme beaucoup, que Léonard de Vinci était homosexuel. Il ne trouvait aucune traduction de cette préférence sexuelle dans les représentations de femmes ou d'hommes que l'artiste a exécutées. Le respect de l'artiste pour la beauté dans toutes ses formes naturelles semblait d'autant plus profond qu'il ne relevait pas d'une inspiration sexuelle.

Peut-être, se dit Martin, que les autres artistes de la cour suffisaient à assumer la tâche consistant à représenter des modèles masculins sur des chevaux, dans des armures, à la guerre, imprimés sur des pièces de monnaie, dans leur formalisme rigide, tandis que Léonard avait un don pour animer les visages des femmes aimées. Il traduisait aussi chez elles une intimité qui correspondait à des compositions privées, et non à des portraits formels. Dans chaque cas, le sujet semble répondre à une personne ou à une activité en dehors du tableau. Il est vivant et pleinement humain.

Bien que le portrait de Cecilia Gallerani fût probablement exécuté des années avant *La Bella Principessa*, il y a suffisamment de similitudes stylistiques pour situer aisément cette dernière durant la période de la cour Sforza. Selon Martin, cinq femmes à la cour de Milan auraient pu poser pour le portrait. Toutefois, trois d'entre elles – la femme de Ludovic, Beatrice, Isabelle d'Aragon, la femme du neveu de Ludovic, Gian Galeazzo et la nièce de Ludovic, Bianca Maria – peuvent en être exclues, dans la mesure où d'autres portraits montrent à quoi elles ressemblaient. Restent deux possibilités : la nièce de Ludovic, Anna, et sa fille illégitime Bianca. Kemp se focalisa sur la jeune Bianca pour nombre de raisons, et notamment l'extrême jeunesse d'Anna (elle avait six ans à l'époque du tableau).

Bianca était la fille naturelle que le duc avait eue avec sa maîtresse, Bernardina de Corradis, et il y tenait comme à la prunelle de ses yeux. Dans le Milan sécularisé de l'époque, la différence entre la femme et la maîtresse n'était pas moralement connotée. Bianca étant extrêmement favorisée, Ludovic entreprit des démarches pour la reconnaître en 1489, avant ses fiançailles avec Galeazzo Sanseverino, le très respecté commandant des armées. Comme Bianca n'avait pas plus de huit ou neuf ans à l'époque, la date du mariage fut fixée en 1496, quand elle serait âgée de treize ans.

Le futur mari de Bianca était un personnage important à la cour, ami très cher du duc et protecteur de Léonard de Vinci. Celui-ci se rendait souvent aux écuries de Galeazzo pour observer ses chevaux et réaliser des dessins anatomiques qui seraient si prisés. On imagine que les deux hommes discutaient aussi d'armements, sujet qui fascinait énormément Vinci.

Nous détenons une preuve du favoritisme dont bénéficiait Bianca de la part de son père par le sonnet qu'il commanda pour elle à un poète de la cour, Bernardo Bellincioni, à l'occasion de ses fiançailles.

> On peut reconnaître et voir la personne,
> Dotée d'un grand esprit dès son plus jeune âge ;
> Aujourd'hui Bianca sera un phœnix pour le monde,
> Parce que de bons fruits montent de ses racines,
> Et elle est l'héritière de l'esprit de son père.
> Le ciel lui accorde un mari
> Qui les rendra tous deux heureux.
> Quel choix infaillible, à la fois convenable et merveilleux,
> Fut réalisé par mon bienfaiteur Ludovic,
> Car rien ne manque, dans ce couple.
> Cette étoile [Bianca] recherchait Galeazzo,
> Et Galeazzo, ami de la vertu, recherchait uniquement Bianca[8].

Il était courant à la Renaissance que des portraits soient commandés pour des événements importants dans la vie des intéressés, et la cour de Sforza, avec son amour de l'apparat, se conformait à la tradition.

Ces portraits étaient souvent reliés dans des livres hommages, décorés et travaillés, qui chantaient les louanges des personnages représentés. Ainsi, le portrait de Cecilia Gallerani, de Léonard de Vinci, était accompagné d'un poème qui commençait comme suit :

Nature, qui provoques-tu, qui suscite tes envies ?
C'est Vinci, qui a peint l'une de tes étoiles[9] !

Étant donné la place occupée par Bianca dans le cœur de Sforza, et ses fiançailles avec Galeazzo, nous pouvons affirmer de manière tout à fait plausible qu'elle était le sujet d'*un* portrait. Il existe aussi des preuves que le portrait a été relié dans un livre, sans doute un recueil de poèmes, comme le voulait la tradition. Les traces sur les rainures du vélin de notre portrait suggèrent qu'il a été retiré d'un livre. Cela permettrait aussi d'expliquer pourquoi le portrait a disparu pendant aussi longtemps.

Toute la beauté et la promesse contenues dans le portrait furent de courte durée. En novembre 1496, quatre mois à peine après son mariage, Bianca mourut en raison d'une *passione de stomaco* fatale. La cause n'est pas connue, même si l'on suppose qu'il s'agit d'une grossesse extra-utérine. À l'époque, on murmura aussi qu'elle avait peut-être été empoisonnée, mais cela ne mena nulle part.

Niccolò da Correggio, le poète de cour qui remplaça Bellincioni après sa mort, écrivit cet hommage doux-amer :

Bianca, la fille du duc,
Qui avait achevé deux lustres
Plus un petit peu plus que la moitié du troisième,
Se réjouissait avec Galeazzo des plaisirs du mariage.

Quand, joints dans la passion au sein de leur cantonnement,
Au beau milieu d'un jeu délicieux,
Elle sortit de son corps
Pour monter parmi les âmes élues,
Sa beauté et sa grâce s'ensevelirent en premier lieu dans les poitrines humaines,
Pas satisfaites d'être à un seul endroit à la fois.
Pourquoi résides-tu dans tant de tombes différentes ?
Les pierres possèdent les os,
Tandis que le monde préserve son nom,
Puisque ses vertus peuvent être préservées en prose et en poésie.
Au-dessus de tous, Galeazzo, à qui la moisson
A été subtilisée alors qu'elle était encore verte,
Et pour qui les fruits sont perdus,
Peut dire que la Mort n'était pas mûre pour lui[10].

Un lustre correspondant à cinq années, ce poème nous indique que Bianca avait treize ou quatorze ans au moment de sa mort. En étudiant *La Bella Principessa,* Martin eut une nouvelle idée. Notant l'absence de bijou de fête et la modestie du costume, il fut tout d'abord intrigué. Il se pencha notamment sur le fait qu'elle ne porte pas de perle, alors que la cour de Milan adorait les perles et que le duc éprouvait pour elles un sorte de fétichisme. Et si le portrait avait été commandité en hommage à Bianca à la mort de celle-ci, et non en vue d'une fête matrimoniale ? « Si tel est le cas, écrit-il, Léonard de Vinci a traduit la présence vivante de son modèle avec un sens troublant de la vitalité[11]. »

Martin et toutes les personnes ayant observé le portrait d'un point de vue historique sont arrivés à la conclusion que tout, dans le style et le monde du sujet, correspondait à la cour de Milan à la fin du XVe siècle.

La longue natte qu'elle porte, la *coazzone*, était typique des femmes de la cour qui suivaient la mode dans les années 1490, à Milan. Elle consistait en nattes extrêmement longues et tressées de façon élaborée. Les maîtresses pouvaient être peintes dans des poses moins conventionnelles, mais pour leurs filles, les princesses, on adoptait le profil formel.

Tandis que Martin étudiait le portrait, une jeune historienne des costumes, l'Italienne Elisabetta Gnignera, prit contact avec lui. Elle était en train d'écrire une étude sur les coiffures au XVe siècle et elle voulait y inclure *La Bella Principessa*, car elle estimait que « la dame du portrait portait un bel exemple de la *coazzone* de la fin du XVe et du début du XVIe siècle, ce qu'on appelle *acconciatura alla spagnuola* [coiffure à l'espagnole], qui était en vogue en Italie jusqu'au tout début du XVIe siècle[12] ».

Après avoir étudié le portrait, Elisabetta Gnignera soumit les points suivants à Martin :

- la coiffure de *La Bella Principessa* était à la mode en Italie de 1491 à 1499, et « en aucun cas au-delà du début des années 1500 ». Cela correspondrait à la période du mariage de Bianca, tout comme à la présence de Léonard de Vinci à la cour ;
- en 1491, quand Beatrice d'Este entra à la cour Sforza comme épouse du duc, elle donna le ton et mit en vogue un style particulier de *coazzone*, qu'elle personnalisa en introduisant des différences subtiles par rapport au style espagnol. C'est la *coazzone* que porta le sujet de *La Bella Principessa* ;
- à la fin du XVe siècle, une nouvelle coiffure – *la foggia alla francese* (de style français) – remplace la *coazzone*. On trouve un exemple de ce nouveau style dans le dessin d'Isabelle d'Este attribué à Léonard de Vinci, avec ses longs cheveux enveloppés dans une subtile résille.

Les remarques d'Elisabetta Gnignera confirment ce que les recherches de Martin lui avaient appris, à savoir que la *coazzone* était très en vogue à la cour Sforza dans les années 1490. Pour que ces nattes savamment tressées atteignent la bonne longueur, il était généralement nécessaire de rajouter des cheveux de la même teinte que la chevelure de la dame.

Martin se pencha aussi sur le motif d'entrelacs de nœuds dans le tissu. Léonard de Vinci était fasciné par les nœuds depuis au moins 1480 et il les avait déjà utilisés comme motif dans son portrait de Cecilia Gallerani. Martin écrirait plus tard que ces deux exemples « ne montraient pas seulement une approche identique dans les boucles, mais le même talent et la même intelligence dans le rendu de la perspective, dans la mesure où l'ornement suit les courbes et s'estompe dans la distance. Cet élément est très important, car il confirme que nous sommes en présence de deux œuvres réalisées par le même esprit créatif, le même sens de la perfection, et un traitement identique des détails, aussi minuscules fussent-ils[13] ».

Vezzosi était lui aussi frappé par les preuves fournies par les motifs. « Le "nœud léonardesque" sur l'épaule est de toute évidence un paradigme de l'artiste, et pas simplement un élément de décoration. Il constitue ici un assemblage original, dans une arabesque unique, sous la forme de matrices géométriques à deux boucles, allusion aux symboles de l'infini, comme ces dessins réalisés à la fin de 1473, et qui ont ensuite été repris de façon plus élaborée dans les vêtements de *La Dame à l'hermine* et de *La Joconde*. La bordure aussi le souligne, avec ses nœuds simples, qui courent le long de la fente de la manche dans un motif réticulé qui, à son tour, est créé par le plus raffiné des entrecroisements. La coiffure, appelée à Milan une *coazzone*, est aussi caractéristique de la période, et était à la mode à la cour Sforza[14]. »

Cristina Geddo renchérit :

> C'était une mode d'origine espagnole, importée à Milan par le mariage de la sœur du roi de Naples, Isabelle d'Aragon, avec Gian Galeazzo Sforza (1489). Elle fut perfectionnée et imposée par Beatrice d'Este, fille d'Eleonora d'Aragon et jeune sœur d'Isabelle, qui épousa Ludovic le More en 1491, et était déjà morte en 1497. Sa coiffure, une *coazzone*, est aussi portée par *La Belle Ferronnière* (Lucrezia Crivelli) du Louvre, qui fut réalisée entre 1496 et 1499, et qui est par conséquent chronologiquement proche de notre portrait. Ce style décrut au tournant du siècle avec l'arrivée de l'influence française, et la fin abrupte de l'ère de Ludovic le More, pour être remplacé par une coupe dénouée, et dégradée, inspirée par la mode transalpine et déjà adoptée par Isabelle d'Este dans le dessin que Léonard de Vinci réalisa d'elle, au début des années 1500... C'est par conséquent un élément important pour situer le *Portrait de la jeune femme de profil* sur le territoire de Milan et dans une période avant 1499, quand l'artiste quitta la capitale lombarde[15].

En d'autres termes, la main du maître est reconnaissable.

« La dame de profil apporte un ajout considérable aux canons de Léonard de Vinci », écrivit Martin avec assurance. « Sous le format apparemment inflexible d'un profil, il affiche un raffinement graphique et une beauté poétique qui vont bien au-delà de ce que l'on pouvait réaliser alors dans le cercle de Vinci. Il a empreint son jeune modèle, peut-être la tragique Bianca, d'une infinie tendresse, dépassant de façon déterminante (comme il l'aurait ardemment souhaité) les effusions des poètes de la cour[16]. »

Eu égard à l'accumulation de preuves qui se recoupaient, Martin attribua sans hésiter la paternité à Léonard de Vinci.

« Après quarante ans passés à étudier Léonard de Vinci, je pensais que j'avais tout vu, me dit-il avec émotion. Mais ce n'était pas le cas. Le plaisir que j'ai éprouvé en le voyant pour la première fois a depuis été considérablement renforcé. Je suis absolument convaincu. » Il ajouta alors, d'une voix légèrement tremblante : « Mais avant tout, il est excitant à contempler. Il est d'une incroyable fraîcheur et délicatesse. J'ai vu *La Joconde* hors de son cadre. J'ai vu *La Dame à l'hermine* hors de son cadre. Toutes les œuvres de Léonard de Vinci ont une vie intérieure. Les modèles semblent vivants. C'est un don rare, qu'aucun autre artiste, à l'exception peut-être de Rembrandt, n'a pu atteindre. »

Il conclut de la façon suivante : « Pour l'avoir souvent contemplé et au regard de l'analyse scientifique et des recherches intenses que j'ai menées, je n'ai pas le moindre doute : le portrait que j'appelle *La Bella Principessa* est un chef-d'œuvre de Léonard de Vinci. » L'un des plus grands spécialistes de Vinci y croyait !

Toutefois, aussi nombreux seraient les experts qui loueraient ce dessin comme une œuvre de Léonard de Vinci, ou atteste-raient par écrit qu'ils le pensaient, il y aurait toujours une partie adverse qui remettrait en question son authenticité. L'idée était un peu déprimante. Si seulement il y avait eu un moyen de prouver, au-delà de tout doute possible, que Léonard de Vinci en était l'auteur !

À cet égard, nous avions encore un atout potentiel. Pascal et Martin m'avaient parlé des empreintes digitales, et de celle de la paume, clairement visibles dans le pigment, et appartenant certainement à Léonard de Vinci. Martin connaissait un expert dans ce domaine qui pourrait le confirmer.

9

L'ART DES EMPREINTES DIGITALES

« Celui qui se réclame de l'autorité ne met pas en œuvre l'intelligence, mais plutôt la mémoire. »
Léonard de Vinci

Peter Paul Biro a grandi dans un univers artistique. Son père, Geza Biro, artiste assez connu, fut aussi conservateur. Peter Paul Biro travailla dans la galerie et l'atelier de son père, à Montréal, quand il était petit garçon. Aujourd'hui âgé d'une cinquantaine d'années et confortablement installé dans cette même ville avec sa femme, Joanne, mezzo-soprano, il a conservé une passion pour l'art, héritage d'une remarquable histoire. Il lui arrive de temps en temps de se consacrer aussi à ses autres violons d'Ingres, c'est-à-dire la contemplation des étoiles ou celle de son aquarium, rempli de coraux vivants et de créatures exotiques[1].

Geza Biro, mort en 2008 à l'âge de 89 ans, avait grandi à Budapest, et nourrissait l'ambition de devenir un grand peintre. Il étudia à l'Académie royale des beaux-arts de cette ville, où il affirma un certain style. Comme Léonard de Vinci, il était gaucher. Pendant la Seconde Guerre mondiale, il fut enrôlé dans l'armée hongroise, puis capturé par les Russes. Alors qu'on le transportait dans un camp de prisonniers, le camion dans lequel il se trouvait eut un accident et Geza fut blessé au bras gauche. Il ne devait jamais en retrouver l'usage complet.

Après la guerre, il apprit à peindre de la main droite et,

même s'il avait du talent, il ne saurait jamais s'il aurait pu devenir un grand artiste. À la fin des années 1960, il quitta Budapest pour immigrer à Montréal avec sa femme et ses deux enfants, Laszlo et Peter Paul. Il ouvrit alors une galerie et un atelier de restauration.

L'histoire qui a conduit Peter Paul Biro à allier le monde terre à terre de l'analyse du crime à celui, élitiste, de l'authentification des œuvres d'art est fascinante. Son frère et lui ont commencé à se familiariser avec la peinture dès leur plus jeune âge, aux côtés de leur père. Ils ont grandi dans un environnement passionnant et rempli de défis, qui le familiarisa aux difficultés de l'authentification des œuvres d'art.

Biro devint restaurateur et il aurait pu passer sa vie dans son atelier si le destin ne s'en était pas mêlé. Comme il le raconte lui-même, vingt ans auparavant, un client entra dans son atelier de restauration à Montréal avec une grande toile qu'il voulait faire nettoyer et restaurer. Biro remarqua tout de suite que le tableau était surchargé de couches de peinture rajoutées, et que les dernières étaient récentes. Il lui fournit un devis relativement élevé pour le nettoyage, et le client recula.

« Ce n'est pas la peine », marmonna-t-il. Puis il lança un regard calculateur à Biro. « Vous voulez me l'acheter ? » demanda-t-il.

Biro fut surpris. « Non », répondit-il d'un ton dédaigneux, avant de demander, poussé par la curiosité : « Pourquoi l'achèterais-je ? »

L'homme était intelligent. « Vous pourriez en nettoyer la moitié, puis l'accrocher comme exemple de votre travail pour montrer l'avant et l'après », suggéra-t-il.

Les deux hommes finirent par se mettre d'accord sur une somme, et Biro se retrouva le propriétaire réticent de ce qu'il appelait lui-même une croûte. Le tableau resta dans un coin pendant des mois. Finalement, Biro en testa une petite partie, retirant une couche de peinture rajoutée sur une zone du ciel pour voir ce qui se passait.

« Nous avons été frappés par la beauté de la surface originale qui se dévoilait à nous », dira-t-il plus tard. Motivé, il se lança alors dans le travail de restauration, retirant de larges couches qui cachaient la peinture d'origine. Au fur et à mesure de son travail, il acquit la conviction que c'était le tableau d'un maître. Mais lequel ?

Ayant étudié l'histoire de l'art, il finit par penser que le meilleur candidat était le célèbre peintre britannique J.M.W. Turner. Et, durant les quelques années qui suivirent, il s'efforça en vain de le faire reconnaître auprès du petit monde impérieux et fermé de l'art. L'avis le plus positif qu'il reçut fut qu'il s'agissait d'un bon travail, à la manière de Turner. Sa frustration tournait à l'outrage. « *À la manière de Turner* ? Et pourquoi ce ne serait pas un Turner ? » Mais il lui fut impossible de briser le mur de pierre des experts en art.

Biro renonça alors à sa quête, car elle ne menait nulle part. Et puis un jour, de façon inattendue, il se rendit compte qu'il existait une nouvelle voie pour prouver son authenticité. En 1985, lors d'une visite à la Tate Gallery de Londres, il se retrouva devant l'une des plus grandes œuvres de Turner, *Chichester Canal*. Soudain, il se rendit compte que Turner avait utilisé ses doigts pour modeler la scène. Eurêka ! Il avait devant lui les empreintes digitales de l'artiste. Pourquoi ne pas les comparer avec le tableau dont il était en possession ?

C'est ce qu'il fit, et voilà ! Il détenait enfin sa preuve. À force de patience et en attirant l'attention des médias, il convainquit quelques experts de Turner qu'il était sur une piste. En 1995, *Landscape with a Rainbow* (Paysage avec arc-en-ciel) fut attribué à Turner – la première peinture authentifiée sur la base des empreintes digitales – et vendu à la maison de ventes Philips pour plus de 150 000 $. (Il aurait pu partir à une somme bien plus élevée s'il n'avait pas été en mauvais état.) Ainsi, les méthodes de la police scientifique avaient permis d'authentifier un tableau.

Ce fut le début d'une passion et d'une carrière. Pendant vingt ans, Biro appliqua aux mystères de l'attribution en art les pratiques que la police scientifique utilisait pour résoudre des crimes. Pour constituer sa base de données, il entreprit une étude des œuvres de Turner appartenant au legs Turner de la Tate Gallery, qui comprend quelque trente mille pages de notes, de dessins et d'aquarelles. Il découvrit environ mille empreintes digitales, espérant en rassembler trois mille au total. Il aimait faire la plaisanterie suivante : « Le problème n'est pas de savoir qui a commis le crime, mais qui a commis la peinture ou le dessin. »

Ce qui passionne avant tout Biro dans cette démarche scientifique, c'est qu'elle ouvre de nouvelles possibilités dans l'authentification des œuvres d'art. Jusque-là, elles étaient authentifiées par des méthodes inexactes : la provenance et les experts. La provenance, ce sont les traces écrites historiques, souvent sommaires, surtout dans le cas d'œuvres très anciennes. On espérait beaucoup de la provenance, mais elle restait souvent source de déception. Les experts, eux, se fient à leur œil : la capacité de comparer un travail à un autre et de juger s'il a été dessiné par la même main. C'est par nature une approche subjective. Selon Biro, grâce à la preuve par les empreintes digitales, on peut littéralement remonter à la main de l'artiste, et à cet égard apporter les pièces manquantes à l'historique de l'œuvre ou au savoir.

Il peut discourir sans fin sur la science étonnante des empreintes digitales. Il découvre qu'au début du XXe siècle, des analyses mathématiques envisageaient l'existence possible de 64 milliards de modèles d'empreintes digitales, donc bien davantage que la population humaine de la planète. Chaque empreinte digitale est unique. Toutefois, l'individualité de chacune n'est pas déterminée par sa forme générale ni son dessin, mais par la configuration des caractéristiques de ses stries, c'est-à-dire la combinaison d'un certain nombre de particularités dans une trace de doigts, spécifique à une empreinte.

Il existe trois types élémentaires d'empreintes : les empreintes latentes, visibles et moulées. Un doigt peut laisser une trace latente due à la présence d'une substance grasse produite par les glandes sébacées de la peau. C'est le genre d'empreintes que l'on trouve sur les verres ou les vitres. Elles sont appelées latentes (ou invisibles) parce qu'elles requièrent l'utilisation d'une poudre noire ou d'iode fumante pour devenir visibles. Une empreinte latente a une durée de vie limitée.

Une empreinte visible est une trace laissée par la matière présente sur le doigt (de l'encre ou de la peinture). Sa longévité dépend de celle de la substance déposée. Dans le cas d'une peinture à l'huile, l'empreinte peut être préservée indéfiniment si les conditions sont réunies.

Il y a empreinte moulée quand le doigt a été en contact avec une surface malléable, comme la peinture à moitié sèche, le mastic, la cire ou une autre substance similaire. En d'autres termes, on peut la voir en relief. Là encore, sa longévité dépend du matériau, conjugué aux facteurs environnementaux. Cependant, dans de bonnes conditions, la peinture à l'huile peut conserver une empreinte moulée indéfiniment.

Biro est prompt à expliquer que, contrairement à ce que l'on croit, l'analyse des empreintes digitales n'est pas une science exacte. Le verdict final repose sur une analyse d'éléments similaires dans les empreintes, généralement entre sept et douze. L'identification d'empreintes digitales sur des œuvres d'art est une entreprise encore plus délicate et difficile que pour les affaires criminelles. Les laboratoires de la police scientifique recourent en effet à des colorants ou du saupoudrage ce qui altère potentiellement l'objet. En art, on doit se garder de toute dégradation et l'on travaille généralement à partir de reproductions. En outre, celui qui enquête sur les œuvres d'art ne dispose pas des empreintes latentes parce qu'elles s'effacent facilement et ne peuvent pas être retrouvées.

Biro se concentre sur les empreintes qui ont été manifestement laissées par l'artiste pendant la réalisation de son travail. « De telles preuves, dit-il, ouvrent des ramifications temporelles. L'empreinte ayant été scellée dans le temps, elle crée une véritable capsule temporelle qui indique la période à laquelle la peinture a été réalisée[2]. » Néanmoins, il admet qu'une vieille peinture souffre toujours de l'usure, des effets des polluants chimiques et physiques, ainsi que des rigueurs du nettoyage et de la restauration. Dans ces cas-là, les empreintes pâtissent également.

La caméra multispectrale ouvre des possibilités inédites pour faire ressortir des empreintes à peine visibles, et ensuite les comparer. Il souligne que cette nouvelle technologie « permet d'amplifier isolément les informations liées aux empreintes digitales sur leur arrière-fond, ce qui élimine d'autres interférences créées par les appareils d'imagerie[3] ».

Pour Biro, analyser les empreintes digitales retrouvées sur les œuvres des grands artistes est un travail tout à fait pertinent. « Les artistes ont utilisé leurs mains nues dans le processus créatif – recourant à leurs doigts pour faire naître une variété d'effets – et ce, depuis la préhistoire, observe-t-il. C'est pourquoi on ne peut pas négliger le potentiel que représentent les empreintes de doigts laissées sur la surface de leur travail. À la Renaissance, par exemple, Raphaël et Léonard de Vinci utilisaient leurs doigts pour imprimer de fines stries à leurs peintures, afin de créer des effets subtils et délicats impossibles à atteindre au pinceau. »

Évidemment, dans toute investigation de police scientifique, on se demande en premier lieu à qui appartiennent les empreintes. À l'artiste ? Aux assistants ? Au restaurateur ? C'est là que la base de données entre en jeu. Biro avait été capable d'authentifier les empreintes de Turner en les comparant à d'autres. Pouvait-on faire la même chose avec un potentiel Léonard de Vinci ?

Quand nous décidâmes d'envoyer le fichier numérique à Biro pour le soumettre à son analyse, il était déjà relativement connu en raison de sa participation à l'authentification d'une peinture présumée de Jackson Pollock.

Le cas Pollock illustre parfaitement ce que l'imagination populaire pense de l'art, c'est-à-dire qu'on le trouve, à la vue de tous, dans les greniers, les marchés aux puces ou les vide-greniers, partout dans le monde. L'histoire de ce tableau, qui est retracée dans un documentaire de 2006 réalisé par Harry Moses, *Who the #$&% Is Jackson Pollock ?* (sorti en français sous le titre : *C'est qui ce Jackson Pollock ?*), s'inscrit tout à fait dans cette logique. Ce fut aussi le sujet d'un reportage de « 60 Minutes », le 6 mai 2007, intitulé : *The Thrift Shop Jackson Pollock Masterpiece* (Un chef-d'œuvre de Pollock en dépôt-vente).

Âgée de 73 ans, Teri Horton, une camionneuse à la retraite, vivait en Californie. Dans une boutique du type magasin Emmaüs, elle tomba sur une peinture haute en couleur qu'elle acheta 5 dollars, pour l'offrir à un ami qui avait le cafard. Elle n'avait pas la moindre idée qu'il pouvait s'agir d'une œuvre d'art. En tout cas, la peinture qui mesurait 1,22 × 1,65 m était trop grande pour entrer dans la caravane où habitait son ami. Teri Horton décida alors de la revendre lors d'un vide-greniers. Là, le tableau fut remarqué par un professeur d'art local qui déclara qu'il pouvait s'agir d'un Pollock, ce qui suscita chez Teri Horton cette question désormais célèbre : « C'est qui ce Jackson Pollock ? »

Dans le documentaire, Moses déclarait : « Je pense que les preuves menacent les experts en art. Les connaisseurs ne jouent plus un rôle déterminant dans l'authentification des œuvres. Le monde de l'art pense qu'il peut dédaigner Teri parce que c'est une camionneuse. Mon film est une histoire sur les classes sociales en Amérique. »

Il s'agit d'une controverse édifiante, qui opposa une femme ordinaire aux plus snobs des snobs du monde de l'art. Si quelqu'un incarne l'élitisme repoussant de la communauté artistique, c'est bien Thomas Hoving, l'ancien directeur du Metropolitan

Museum of Art. Comme on lui demandait d'examiner la peinture, il émit un reniflement dédaigneux et déclara : « Cette peinture n'a pas d'âme. » (J'ai eu mon lot de disputes avec Hoving. Avant sa mort, il vit une photographie de *La Bella Principessa* et estima qu'elle était « trop douce » pour être un Léonard de Vinci, expliquant que les tableaux du maître étaient aussi « durs que des clous ». Je ne comprenais même pas de quoi il parlait.)

Teri Horton appréciait visiblement les projecteurs, et notamment les remous qu'elle causait dans le monde de l'art. Déjà interviewée par le journaliste de CNN, Anderson Cooper, le 16 juillet 2003, elle déclarait : « Il n'est pas possible que quelqu'un se lève le matin et regarde ce tableau, ou un autre Pollock, et qu'il soit capable, par le seul examen visuel et l'attente de ce sentiment mystique qui lui vient, de décider s'il est authentique ou non. » Elle ajouta alors sur un ton volontairement emprunté : « Ils estiment qu'ils sont des *connaisseurs* », et elle articula exagérément le mot comme s'il s'agissait d'une grossièreté. Quand Anderson Cooper lui demanda comment elle les définirait, elle répondit en riant : « Foutaises ! »

Lors de la tentative d'authentification du Pollock, on fit appel à Biro. Après avoir trouvé une empreinte digitale partielle au dos de la toile, il se mit en quête d'une empreinte de Pollock à laquelle il pourrait la comparer. L'artiste n'avait jamais servi dans l'armée, n'avait jamais été arrêté, aussi ses empreintes ne figuraient-elles dans aucun fichier. Biro se rendit à l'atelier de Pollock, à East Hampton, dans l'État de New York, où il trouva une empreinte digitale sur un pot de peinture bleue utilisée par l'artiste. Il conclut que les deux empreintes concordaient.

Il montra alors son travail à André Turcotte, inspecteur de police canadien à la retraite ayant dirigé pendant plus d'une décennie le laboratoire des empreintes digitales de la police de Québec. Celui-ci estima aussi que c'étaient les mêmes. Mais l'International Foundation for Art Research (La Fondation internationale pour la recherche en art), une organisation à but non lucratif dédiée à l'authentification des œuvres de Pollock, regimba, arguant que la méthode de Biro n'était pas encore universellement reconnue.

Ce qui compliquait l'affaire, c'était l'absence complète d'empreintes digitales *connues* de Pollock, sans lesquelles on ne pouvait établir une réelle comparaison. La seule option de Biro, c'était de construire un cas sur la multiplicité des preuves, puisqu'il ne pouvait établir que des comparaisons croisées. Néanmoins, il disposait d'un atout important dans la mesure où les empreintes digitales font l'objet d'une véritable science depuis plus d'un siècle. Ce n'était pas une zone grise. Il n'y avait pas de place pour l'erreur ou la critique. Effectuée correctement, l'analyse d'empreintes digitales montre une concordance ou non. Toutefois, l'attribution à Pollock resta dans les nimbes.

Après son expérience avec le « Pollock » de Horton, Biro se jeta à corps perdu dans le travail. Il co-fonda une société dédiée à l'utilisation des méthodes scientifiques pour aider la communauté artistique à résoudre des questions délicates et souvent controversées. Il ouvrit un laboratoire à Londres et à Montréal. Son rêve était d'être le fer de lance d'un tout nouveau domaine : l'utilisation de l'ADN pour établir la paternité d'une œuvre d'art. L'ancienne et la nouvelle méthode allaient sans doute au-devant de l'affrontement. Mais c'était un spectacle très intéressant à observer.

Dans son atelier, Biro étudia avec grande attention le travail numérique réalisé par Pascal sur *La Bella Principessa.* Les images multispectrales de Lumiere Technology révélaient deux empreintes particulières sur le dessin. La première était une empreinte d'encre de catégorie visible, celle d'un doigt près du rebord supérieur gauche du vélin. L'autre était une empreinte moulée qui se trouvait dans le cou du sujet, et qui correspondait à la tranche extérieure de la main de l'artiste.

Il y avait de nombreuses preuves pour étayer le fait que Léonard de Vinci avait utilisé ses doigts et ses mains pour fondre les nuances. Comme Martin le nota, pendant la période concernée, « Léonard de Vinci poussait les techniques à la craie dans la direction de la peinture… ce qui est confirmé par l'empreinte de la main visible sur le cou de la Dame, à supposer qu'elle soit délibérée et non accidentelle. Ses peintures d'avant 1500 montrent une large utilisation de ses doigts ou de sa main pour fondre le modelage, notamment pour les tons couleur chair. On a généralement l'impression que la zone douce et charnue de la tranche droite de sa main droite était destinée à ce travail, tandis qu'il appliquait le matériau avec sa main gauche. S'il n'était pas le seul à exploiter ses doigts et ses mains pour peindre ou apprêter la surface, il avait très souvent recours à la méthode et de façon variée, ce qui le caractérisait. Il est fort probable qu'un plus grand nombre d'empreintes de mains aient été visibles sur la chair de *La Bella Principessa* avant les diverses restaurations[4]. »

Biro examina aussi de nombreuses images appartenant à la base de données de Lumiere Technology, y compris celles de *La Joconde* et de *La Dame à l'hermine*. Il trouva que toutes les œuvres présentaient à la fois des empreintes digitales et des empreintes de paume qui pourraient être utilisées à des fins de comparaison.

Que recherchait-il plus particulièrement ? Pour estimer que deux empreintes digitales concordent, il faut qu'elles soient comparées en fonction de certains principes élémentaires. Ainsi, elles doivent être reproduites à la même échelle, et orientées dans la même direction. Si ces conditions sont réunies, l'un des trois niveaux de correspondance est possible.

Le premier niveau implique un nombre comparable de stries comportant un motif similaire de boucles, arcs, spires et deltas (ou tourbillons qui sont les marques identificatrices de l'empreinte). La comparaison de premier niveau rétrécit le champ des possibles, mais elle n'est pas tout à fait satisfaisante. Par exemple, des jumeaux ont souvent des empreintes digitales très proches, et un niveau plus affiné de détails est nécessaire pour voir la différence.

Le deuxième niveau s'intéresse à des motifs de stries caractéristiques plus précis et aux déviations (écart). Si deux empreintes correspondent pour le niveau un, on passe aux détails du niveau deux, c'est-à-dire les bifurcations, les croisements, l'interruption des stries, etc. Les motifs « caractéristiques » sont essentiellement des déviations dans le chemin des stries. Quand celui-ci est divisé en deux branches, on parle de bifurcation. Lorsque deux bifurcations se chevauchent, on évoque une « trifurcation ». Si on les retrouve dans les échantillons comparés, il y a concordance.

Le niveau trois se penche sur l'aspect le plus minutieux de l'empreinte, comme le contour des stries et l'emplacement des pores de transpiration.

Le nombre nécessaire d'éléments communs pour décréter une concordance varie d'un pays à l'autre et est en général laissé à l'appréciation de l'expert.

Pour Biro, l'œuvre la plus fructueuse fut le tableau inachevé de Léonard de Vinci qui se trouve au Vatican : *Saint Jérôme*. Il contenait plus de vingt-cinq empreintes correspondant au bout des doigts ; elles avaient été laissées dans le pigment mouillé qui était sans aucun doute utilisé pour modeler la sous-couche de peinture destinée à l'arrière-plan : le ciel, l'eau et les rochers. *Saint Jérôme* est un tableau significatif dans la mesure où Léonard de Vinci l'a peint tôt dans sa carrière, c'est-à-dire avant d'avoir des élèves. Par conséquent, il a été le seul artiste à toucher la peinture, il n'y a aucun doute là-dessus.

L'agrandissement numérique de *La Bella Principessa* a aidé Biro à retrouver le détail du chemin des stries. Il révèle un nombre de caractéristiques reconnaissables qui peuvent être comparées avec celles de l'empreinte de *Saint Jérôme*, agrandie numériquement elle aussi. Biro relève huit particularités présentes sur les deux empreintes. Il conclut que les correspondances entre les empreintes retrouvées sur *Saint Jérôme* et celles de *La Bella Principessa* procurent une preuve éminemment précieuse. Bien qu'elle n'aurait pas été suffisante pour établir l'innocence ou la culpabilité d'un présumé coupable dans une affaire de justice, la concordance de ces huit éléments parlait largement en faveur de Léonard de Vinci quant à la paternité de *La Bella Principessa*.

Biro chercha encore à étayer ses découvertes, et eut alors accès à une photographie aux rayons X de très bonne qualité d'un portrait de *Ginevra de' Benci*, qui se trouve à la National Gallery of Art à Washington, D.C. Il découvrit une empreinte digitale très similaire aux autres.

L'examen des empreintes de Léonard de Vinci était, affirmait-il, fort exaltant car leur présence en disait long sur le génie de l'artiste. Celui-ci utilisait en effet ses doigts et ses paumes comme des extensions de ses pinceaux – il mettait littéralement la main à la pâte, travaillant la peinture comme s'il la sculptait. L'utilisation réussie de ses stries de doigts et mains l'aida à créer les effets subtils que l'on retrouve dans tant de ses œuvres. Cela nous apporte une nouvelle preuve de son esprit imaginatif et créateur toujours en marche, et pour lequel il est tellement révéré.

Selon Martin, les empreintes digitales, même si elles n'étaient pas probantes en elles-mêmes, ajoutaient une importante pièce au puzzle. Il m'écrivit alors : « C'est un élément supplémentaire dans le corps de preuves le plus cohérent que je n'ai jamais vu. Je dois souligner avec plaisir que nous avons un cas aussi ouvert que fermé : il en va en général toujours ainsi quand on attribue un travail précédemment inconnu à un grand maître. Comme tu le sais, j'étais hautement sceptique au début, comme on se doit de l'être dans la jungle de Léonard de Vinci, mais maintenant je n'ai plus l'ombre d'un doute : nous avons affaire à une œuvre d'une grande beauté et d'une grande originalité qui apporte quelque chose de spécial à l'œuvre de Léonard de Vinci. Elle mérite d'entrer dans le domaine public. »

Les empreintes constitueront-elles un jour une preuve irréfutable en elles-mêmes pour l'attribution à Léonard de Vinci ? Jean Penicaut essaie actuellement d'obtenir, du Vatican, la permission de numériser le *Saint Jérôme* afin de comparer plus précisément les empreintes. Cette étude scientifique, très prometteuse, reste néanmoins à suivre. Cependant, à la lecture du rapport de Biro, force est de constater que c'est une pièce supplémentaire apportée au puzzle complexe qui mène à Léonard de Vinci.

Le moment était enfin venu de présenter au monde la belle princesse autrefois perdue mais assurément retrouvée. Je n'avais pas la moindre idée des foudres que j'allais déclencher.

10

LE MONDE RÉAGIT

« La plus grande illusion dont souffrent les hommes vient de leurs propres opinions. »
Léonard de Vinci

Katsushika Hokusai (1760-1849), l'un des plus grands artistes du monde, eut cette phrase célèbre sur son lit de mort, à l'âge de 89 ans : « Si seulement le ciel m'avait donné quelques années en plus, je serais devenu un véritable peintre[1]. » Pour ma part, je peux ajouter sans fausse modestie que si le ciel m'accorde quelques années en plus, je pourrai simplement comprendre un peu ce qu'est l'art. Car au moment où la nouvelle de *La Bella Principessa* fut annoncée au public, je recommençais mon éducation en la matière.

Pourtant, le sujet n'avait pas été environné jusque-là par un silence total. À l'été 2008, tandis que Biro étudiait encore les empreintes digitales, des fuites avaient filtré dans la presse sur les découvertes effectuées par Lumiere Technology. Pascal disait ouvertement qu'il croyait que l'œuvre était de Léonard de Vinci. C'est là que l'agitation autour de l'affaire commença.

Les médias s'intéressèrent alors au vendeur du portrait, lors de la vente aux enchères chez Christie's, en 1998. Au début, il n'était pas publiquement connu, ce qui résultait en partie de mon fait. En tant que gentleman, je tenais à ce que le nom de Kate Ganz n'apparaisse pas, car je voulais lui éviter tout embarras et ne pas lui causer de problèmes en soulignant le fait qu'elle avait gardé un Léonard de Vinci pendant neuf ans dans un tiroir. Mes motivations étaient tout à fait honorables. Mais Kate ne l'entendit pas de cette oreille.

Lors du premier reportage sur le portrait, elle appela elle-même le *New York Times*, et prévint tout de suite, sur un ton indigné, qu'elle était la précédente propriétaire du portrait[2]. Elle était visiblement folle de rage qu'on puisse suggérer qu'elle ait manqué un Léonard de Vinci, et elle souhaitait se défendre. Ses explications furent un peu fourbes, dans la mesure où elle affirmait au journal qu'elle avait tout d'abord pensé que le portrait pouvait être de Léonard de Vinci, mais qu'elle avait rejeté l'idée après avoir consulté un bon nombre d'historiens de l'art et le conservateur d'un des plus grands musées américains.

Elle ne cita le nom de personne, mais déclara effrontément : « Au bout du compte, être connaisseur en art, c'est se demander si l'œuvre est assez belle pour être un Léonard de Vinci, si elle reflète les autres qualités qui définissent sa touche : un modelage sublime, une délicatesse exquise, une compréhension incomparable de l'anatomie. Or, pour moi, ce dessin ne possède rien de tout cela. »

Vraiment ? Les explications de Kate étaient suspectes. Pour commencer, si elle avait vraiment soupçonné qu'elle détenait un Vinci, elle se serait lancée dans des recherches plus sérieuses. Elle n'avait même pas soumis le portrait à une datation au carbone 14 pour vérifier si l'attribution à un artiste du XIXe tenait la route. Si elle avait éventuellement pensé détenir une œuvre du XVe, sans même parler d'un Vinci, elle aurait mené une enquête rigoureuse.

Et qui étaient les fameux experts auxquels elle se référait ? Il me fallait des noms ! Ils ne pouvaient certainement pas rivaliser avec la liste croissante de ceux qui soutenaient l'attribution de

La Bella Principessa à Léonard de Vinci. Cette liste impressionnante et si prestigieuse représentait en elle-même un consensus :

Nicholas Turner
Mina Gregori
Martin Kemp
Timothy Clifford
Alessandro Vezzosi
Carlo Pedretti
Cristina Geddo
Claudio Strinati

Je suis prêt à confronter cette auguste assemblée avec les experts anonymes de Kate quand elle le veut !

Selon moi, elle exagérait. Elle n'avait jamais pensé que le portrait puisse être de Léonard de Vinci. Il est impossible de se dire, un beau jour, que l'on détient une œuvre du maître et d'affirmer, le lendemain, qu'il appartient à un artiste allemand du XIXe. Cela ne colle pas. On ne peut pas comparer deux choses si différentes.

D'ailleurs, Kate n'est peut-être pas toujours la meilleure juge quand il s'agit de maîtres. Dans son livre *Artful Tales : The Unlikely and Implausible Journal of an Art Dealer, 1957-1997* (Petits récits futés : le journal invraisemblable et improbable d'un marchand d'art, 1957-1997), Richard Day raconte comment Kate Ganz passa à côté d'une attribution à Michel-Ange[3]. Elle avait cherché conseil auprès d'un ancien professeur d'histoire de l'art au Hunter College, et quand il avait rejeté l'attribution à Michel-Ange, elle s'était ralliée à son conseil. Peut-être que les experts auxquels elle s'adresse ne sont pas aussi talentueux qu'elle l'assure.

L'escarmouche liée à *La Bella Principessa* ne déclencha pas la fièvre des médias et Kate et ses explications tombèrent bientôt dans l'oubli. Biro livra alors son rapport sur les empreintes digitales, et à partir de là, nous décidâmes de lancer une enquête officielle.

J'avais des nouvelles fantastiques pour accompagner l'annonce. Grâce à Vezzosi, le portrait devait faire partie d'une exposition dont il était le directeur artistique. Intitulée « And There Was Light : The Masters of the Renaissance Seen in a New Light » (Et la lumière fut : les maîtres de la Renaissance vus sous un jour nouveau), elle devait se tenir à Göteborg, en Suède. Ce seraient les débuts officiels de *La Bella Principessa.* C'était courageux de la part de Vezzosi. Il n'allait pas attendre que les gens viennent au portrait. Sa conviction était telle qu'il était résolu à le leur apporter.

Que fait-on quand on est certain de détenir un authentique portrait de Léonard de Vinci ? Comment l'annonce-t-on au monde ? Soudain, j'avais envie de faire machine arrière. Je rêvais de le garder secret, d'éviter l'écrasante publicité. J'aimais la vie que je menais avec Kathy, et une fois que j'aurais publiquement annoncé ma découverte, la tranquillité à laquelle nous accordions tant de prix s'envolerait.

J'avais une petite idée du débat qui s'ensuivrait sur l'authenticité de *La Bella Principessa.* Au fond de moi, je n'avais aucun doute : c'était un Léonard de Vinci. Pascal et Martin me soutiendraient, tout comme d'autres, tels Mina Gregori et Nicholas Turner. Mais pour certains médias et critiques d'art, le jeu consisterait tout de suite à prouver que ce n'était pas un Vinci. Il fallait que je sois prêt à affronter le pur cynisme de leur scepticisme.

J'avais choisi l'homme qui écrirait l'histoire. Par respect professionnel, je préférais ne pas la confier aux grands médias comme CNN ou le *New York Times.* Ils l'auraient assurément publiée, mais je voulais que la première publication passe par un média respecté dans le milieu de l'art. Une heureuse rencontre scella mon choix, qui se porta alors sur une revue professionnelle de grande qualité et peu connue, l'*Antiques Trade Gazette*. *ATG* était la bible du commerce en art et en antiquités, un hebdomadaire fondé en 1971, basé à Londres et destiné aux acheteurs et revendeurs sérieux.

À l'été 2007, six mois après avoir acquis *La Bella Principessa*, j'étais à Bruxelles, revenant d'un salon d'art, et j'attendais un taxi. Voyant qu'un autre homme patientait lui aussi, je lui proposai de le déposer à son hôtel. Il se trouva que c'était Simon Hewitt, journaliste reconnu et influent travaillant pour *ATG*. Je connaissais et admirais son travail, et au cours de notre trajet qui dura vingt minutes, ma bonne opinion de Hewitt se renforça. Comme il me serrait la main et se préparait à descendre du taxi, je lui dis : « Donnez-moi votre carte. Il se peut que d'ici un an j'aie une histoire extraordinaire pour vous. »

Plus d'un an s'était écoulé, mais j'étais prêt. Je recherchais la carte de Hewitt, et je l'appelais.

Naturellement, il fut ravi d'avoir l'exclusivité de ce qui pourrait être la plus grande découverte artistique du siècle. Son article, publié le 12 octobre 2009, s'intitulait : « Des empreintes digitales conduisent à réévaluer un portrait de 19 000 dollars à 100 millions de dollars, car elles prouvent que c'est une œuvre de Léonard de Vinci ». Citant largement Martin et Pascal, Hewitt y décrivait de manière détaillée et parfaite les méthodes scientifiques utilisées pour déterminer l'authenticité de *La Bella Principessa*. Cet article reste à ce jour le meilleur et le plus précis sur l'affaire.

Avec cette publication, le grand géant endormi des médias internationaux se réveilla. Timothy Clifford m'appela pour me mettre en garde : « Attache ta ceinture, Peter. Tu vas être submergé. »

Cinq minutes plus tard, j'étais en ligne avec le *New York Times*, et les appels des médias se succédèrent comme des envols d'avions sur une piste encombrée. En l'espace d'une semaine, pas moins de 1 500 articles parurent dans la presse, et il y eut des centaines de reportages à la télévision et à la radio. Les médias, notamment aux États-Unis, étaient fascinés par les empreintes, comme si tous les fans de la série télévisée *Les Experts* s'étaient donné le mot.

En réalité, ces empreintes n'étaient qu'un détail. Des experts comme Mina, Martin et Alessandro Vezzosi avaient estimé qu'il s'agissait d'un Léonard de Vinci avant d'avoir entendu parler des empreintes. Mais les gens étrangers au milieu de l'art, imperméables aux questionnements des experts et peut-être ennuyés par la complexité technique de l'imagerie multispectrale, se focalisèrent sur les empreintes digitales comme la preuve la plus convaincante. En dépit des mises en garde de Biro, la plupart des gens pensaient que l'empreinte réglait le problème. Presque tous les articles et les émissions télévisées ou radiodiffusées mettaient l'accent sur ces fameuses empreintes, tout comme elles faisaient l'objet des gros titres et des citations. En voici quelques exemples :

> Une empreinte digitale a renforcé le débat sur l'origine d'un mystérieux dessin, vendu 22 850 dollars lors d'une vente aux enchères. Les experts ne sont pas d'accord : s'agit-il d'une œuvre allemande du XIXe siècle, ou d'un vrai Léonard de Vinci, d'une valeur de 150 millions de dollars ?
> – *ARTnews*

> Des empreintes digitales pourraient conduire à la découverte d'un nouveau Léonard de Vinci.
> – *USA Today*

> Comment un nouveau Léonard de Vinci fut découvert.
> – *Time*

> Premier Léonard de Vinci retrouvé depuis 100 ans ? L'empreinte de Léonard de Vinci est l'indice qui permet d'identifier le peintre.
> – *Times* (Londres)

Est-ce le portrait de Léonard de Vinci ? Des millions en jeu.
– *New York Times*

Lumiere Technology fut submergé de demandes et reçut des milliers de sollicitations sur son site Web. Jean Penicaut dit alors en plaisantant : « Je me trouvais à Londres et même mon chauffeur de taxi a commencé à me parler de Léonard de Vinci. »

Personne ne fut surpris que Christie's refuse de commenter, se contentant d'un communiqué réservé qui donnait le ton de sa future défense : « Nous n'ignorons pas les récents débats au sujet d'une possible réattribution de cette œuvre, reposant en grande partie sur des techniques scientifiques de pointe qui n'étaient pas disponibles au moment de la vente. »

Je n'ai pas l'habitude des projecteurs et la force phénoménale des médias internationaux m'assomma, me faisant prendre conscience de l'ampleur de ma découverte et de l'énormité de mes responsabilités. Pour moi, l'objectif de l'art, c'est d'apporter du bonheur. Or, je ne pouvais pas profiter de ce dessin. Je ne pouvais pas l'accrocher chez moi. En tant que propriétaire, j'avais pour seul devoir de le protéger. C'était un fardeau qui pour être glorieux n'en était pas moins lourd.

Et que voulait savoir le monde au sujet de *La Bella Principessa* ? Combien il valait ? Où il était gardé ? S'il serait vendu ? Combien de fois m'a-t-on demandé : « Allez-vous devenir riche ? » Je comprenais la fascination du grand public pour le potentiel financier de la découverte, mais je savais aussi que j'étais le détenteur d'une œuvre qui n'avait pas de prix, voilà pourquoi j'aurais voulu répondre : « Il vaut tout… et rien. »

Naturellement, tout le monde voulait mettre un prix sur *La Bella Principessa*. De mon côté, je ne pouvais m'empêcher de penser – et ce n'était pas la première fois – combien le processus qui consiste à évaluer une œuvre d'art est fantaisiste. On peut se demander comment un portrait qui vaut 19 000 dollars un jour en atteint 100 millions le lendemain, la seule différence étant l'attribution. En fait, l'art n'a pas de valeur intrinsèque. Il ne peut pas être consommé, en cas de famine, ni se vendre facilement lors d'une dépression économique. Sa valeur est toujours provisoire, il appartient à un marché capricieux.

Je n'ai jamais acquis d'œuvres pour leur valeur financière. D'après moi, les gens qui achètent de l'art pour spéculer se trompent, l'intérêt du collectionneur, c'est l'amour. On n'a pas besoin de l'art, mais il faut l'aimer afin qu'il remplisse son rôle fondamental : être esthétique, donner un sentiment d'élévation spirituelle, inspirer, et même être décoratif.

Moi-même, j'ai toujours l'impression d'être en lutte avec l'idéologie du marché, pour qui prix élevé signifie grande importance ou beauté. Dans le cas de *La Bella Principessa*, j'ai suivi ce processus cynique en direct. Quand le dessin était encore attribué à un artiste du XIXᵉ siècle, on l'estimait « charmant ». Quand il fut plus tard découvert que le dessin était d'un Italien du XVᵉ siècle, on le trouva « assez beau ». Maintenant qu'on lui a apposé l'attribution Léonard de Vinci, le dessin est qualifié d'« exquis… extraordinaire… remarquable », et bien d'autres superlatifs encore.

Le détenteur peut voir la beauté, mais la perspective d'une manne financière améliore sans doute sa vision. Van Gogh n'a jamais vendu une toile de son vivant, et beaucoup de grands artistes estimés aujourd'hui à des millions vivaient à peine de leurs gains.

La façon dont on perçoit l'art et sa valeur est un sujet qui me fascine. Il ne fait aucun doute que la valeur est une question de perception. Voici de quoi illustrer le propos : l'anecdote que je vais retracer eut lieu à Washington, D.C., dans une station de métro. Par un froid matin de janvier, en 2007, un homme joua au violon six pièces de Bach durant 45 minutes. Environ

2 000 personnes passèrent alors dans la station, la plupart rentrant du travail. Seules six s'arrêtèrent pour l'écouter un court instant. Une vingtaine lui donnèrent de l'argent en passant. L'homme remporta au total 32 dollars.

Tout le monde l'ignorait, mais ce violoniste était Joshua Bell, l'un des plus célèbres musiciens du monde. Il jouait la sérénade aux utilisateurs du métro sur un violon qui valait 3,5 millions de dollars. Deux jours plus tôt, il se produisait à guichets fermés dans une salle de Boston, où le billet était vendu en moyenne 100 dollars.

La prestation anonyme de Bell faisait en réalité partie d'une expérience imaginée par le *Washington Post*, afin de vérifier si les passants reconnaîtraient le génie quand il était dissimulé dans un décor inhabituel[4]. Je suis à peu près certain que si l'identité de Bell avait été connue, le métro aurait été bondé d'auditeurs attentifs.

Il serait faux et hypocrite d'affirmer que Kathy et moi n'avions jamais envisagé l'aspect financier de la découverte. Nous ne vivons plus dans un monde où il serait indélicat de suggérer une estimation pour une œuvre aussi précieuse, réalisée par un des artistes les plus célèbres du monde. Ce n'était pas néanmoins ma préoccupation ou motivation première. Nous n'avons jamais eu de problèmes financiers, et j'en suis fort reconnaissant à la vie, aussi ne me suis-je jamais retrouvé dans la situation de devoir me séparer d'une œuvre d'art qui me donne à la fois plaisir et satisfaction esthétique.

C'est pour cette raison que nous avons pu constituer une superbe collection d'œuvres sur papier – dans la mesure de nos moyens – durant le quart de siècle qui vient de s'écouler. Nous achetons généralement avec amour et grâce à notre œil de connaisseurs, dans des maisons de ventes aux enchères, mais aussi à des marchands en Europe et aux États-Unis. Parfois, nous trouvons des choses qui ont échappé à d'autres. Il nous arrive aussi de payer trop cher certaines pièces ou de manquer des œuvres merveilleuses pour lesquelles nous aurions été prêts à donner davantage que le prix auquel elles ont été vendues. Mais cette quête nous procure toujours du plaisir. L'idée qu'une nouvelle découverte, même bien plus modeste qu'un Léonard de Vinci, puisse se trouver au coin de la rue, dans la prochaine boutique ou salle des ventes où nous entrerons, est exaltante.

La découverte de *La Bella Principessa* relevait du même esprit, multiplié par mille. Je ne pensais pas que nos vies changeraient radicalement si le portrait était un jour mis sur le marché et vendu, encore que nous aimions rêver à la façon dont nous disposerions de l'argent : nous nous promettions de créer une fondation dédiée à la Renaissance et aux études classiques, qui rivaliserait avec les ateliers et les salons dans ce domaine.

Quant à la question : « Combien vaut-elle ? », j'avais une réponse standard pour les journalistes. Je leur demandais de rechercher sur Google les dix œuvres d'art les plus chères et de décider par eux-mêmes[5]. Si un bronze de Giacometti (sur un tirage de douze) pouvait être adjugé à plus de 100 millions de dollars lors d'une vente aux enchères, si un Jackson Pollock pouvait valoir un peu plus, si un Picasso était vendu à 106 millions de dollars, et le dessin d'un visage par Raphaël plus de 50 millions de dollars, quelle pourrait être la valeur de la plus rare des choses rares : un dessin, analogue à un tableau, de Léonard de Vinci ? Moins de vingt peintures réalisées entièrement par le maître lui ont survécu, cinq d'entre elles sont des portraits, quelles chances y a-t-il pour qu'une autre de ses œuvres soit découverte ?

En outre, de nombreux pays grands amateurs d'art et riches comme la Chine, le Japon, le Canada et l'Australie, pour ne citer qu'eux, n'avaient pas un seul Léonard de Vinci sur leur territoire. À combien un milliardaire d'une de ces nations estimerait-il cette pièce, et que représenterait le dessin pour les musées ? La lumière de Léonard de Vinci se reflète sur toutes les personnes qu'elle touche. Sa présence est capable de donner un nouvel élan à l'industrie touristique d'une nation.

Au début de toute cette affaire, alors que je me renseignais sur la marche à suivre pour exposer *La Bella Principessa* dans les musées, le sujet de sa valeur s'imposa sous sa forme la plus pragmatique : l'assurance. Quel serait le montant dont nous aurions besoin pour la protéger ?

Simon Dickinson, ancien directeur de la section Maîtres anciens chez Christie's et considéré comme l'un des plus grands vendeurs du monde, vint rendre visite à *La Bella Principessa* dans sa forteresse zurichoise. Il l'estima alors à 100 millions de livres (plus de 150 millions de dollars). C'est sa valeur actuelle pour l'assurance.

Sir Clifford tenait à émettre son opinion sur le sujet, car il trouvait fort déplaisante la publicité autour du tableau. « La couverture médiatique au sujet de cette découverte a été à la fois vulgaire et inconvenante, me confia-t-il. Nous ne devrions pas nous focaliser sur le côté trophée de la découverte, éventuellement susceptible de rapporter beaucoup d'argent, mais sur le fait qu'il s'agit d'une prestigieuse œuvre d'art jusque-là non prise en compte, et pourtant réalisée par l'un des plus grands artistes de tous les temps. »

Je ne pouvais qu'approuver.

Peu après ma discussion avec Clifford, je me rendis à Florence où j'eus le privilège de rencontrer Maurizio Seracini, directeur du Centre des sciences interdisciplinaires pour l'art, l'architecture et l'anthropologie. Seracini, célèbre pionnier dans l'utilisation du diagnostic scientifique pour l'étude de l'art, a une formation en bio-ingénierie et en ingénierie électronique et a consacré sa carrière aux recherches.

Au milieu des années 1970, il participa au projet Léonard de Vinci, soutenu par la Armand Hammer Foundation, la Kress Foundation et le Smithsonian Institute, pour retrouver la fresque perdue intitulée *La Bataille d'Anghiari*, qui est depuis devenue sa passion. Cette peinture est un mystère de plus dans l'œuvre de Léonard de Vinci, même si on dispose de beaucoup d'indices à son sujet[6]. En 1504, Piero Soderini, le gonfalonier à la tête du gouvernement de Florence, passa commande à Léonard de Vinci d'une large fresque, en commémoration de la victoire militaire de la République sur les Milanais, en 1440, dans les plaines d'Anghiari.

À son rival (certains disent même son ennemi), Michel-Ange, on attribua le mur opposé, qui resta inachevé car celui-ci dut retourner à Rome pour décorer la tombe du pape Jules II. Léonard de Vinci, lui, continua son travail, et de nombreux dessins et écrits attestent de son intention de créer une magnifique et violente scène de bataille. Malheureusement, en raison des matériaux utilisés et de sa technique, le mur commença à se détériorer (on observa un phénomène similaire pour *La Cène*). C'était l'une des faiblesses connues de Léonard de Vinci. Avec le temps, le projet fut abandonné et le mur blanchi à la chaux. Quelque cinquante années plus tard, bien après la mort de Vinci, Giorgio Vasari en personne fut prié de peindre une nouvelle œuvre. Convaincu que l'original de Léonard de Vinci se trouvait dessous, Seracini lança des investigations, utilisant toute la technologie à sa disposition.

En 2006, les recherches de Seracini sur *La Bataille d'Anghiari* furent présentées dans le cadre de « L'esprit de Léonard de Vinci », à la Galerie des Offices à Florence. Selon lui, l'artiste lui-même aurait été enthousiasmé de constater que l'on avait utilisé une analyse scientifique pour appréhender l'art, car il était passionné par les innovations techniques. « Nous avons rendu justice à Léonard de Vinci, dit Seracini. Nous utilisons la technologie pour comprendre ses chefs-d'œuvre. Je pense qu'il s'en réjouirait[7]. »

Nous parlâmes de l'aura de mystère qui continue d'envelopper Léonard de Vinci, et des nombreuses questions qui restent à élucider. Il me promit de trouver le temps d'examiner *La Bella Principessa*.

Page 1 : *La Bella Principessa.*

Toutes les images de ce cahier photos sont reproduites avec l'aimable autorisation de Lumiere Technology.

La Bella Principessa : les treize images multispectrales, plus les scannages reconstruits en infrarouge fausses couleurs et en lumière rasante.

Pascal Cotte a trouvé de nombreuses similitudes entre *La Dame à l'hermine* de Léonard de Vinci, et *La Bella Principessa*, notamment dans la structure anatomique des yeux.

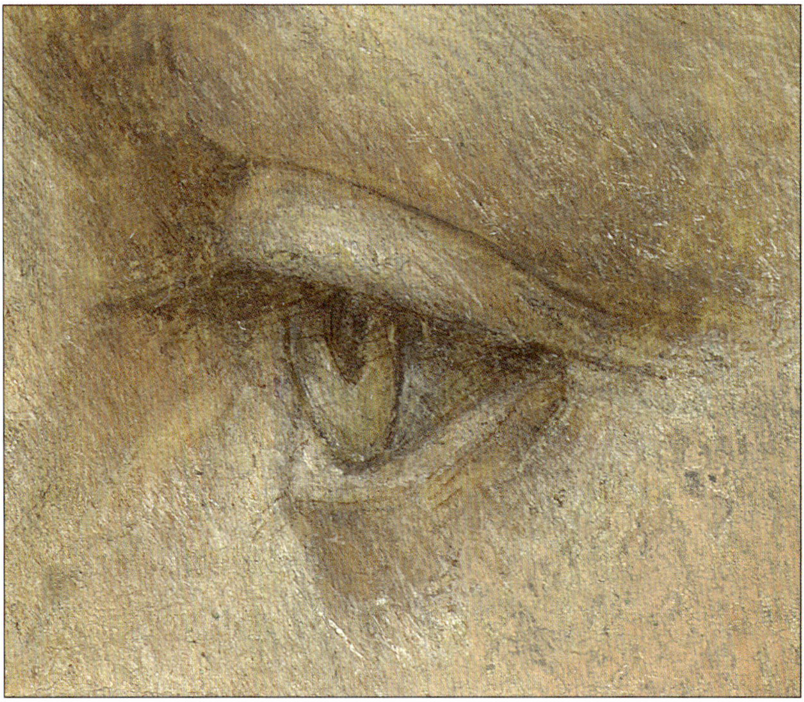

Détail de l'œil qui révèle la technique de Vinci.

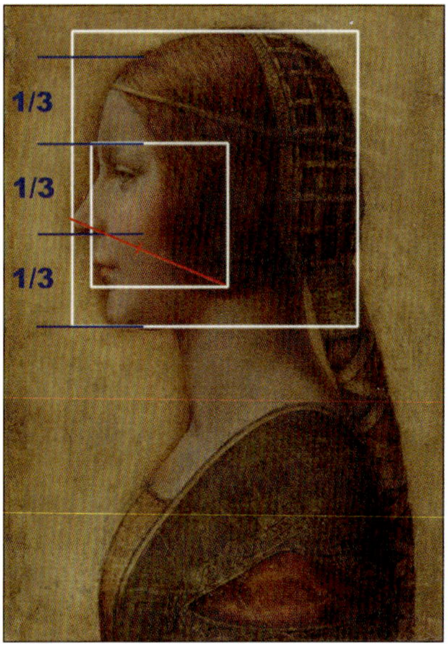

Les mesures effectuées par Pascal Cotte pour la tête et le visage reflètent les spécifications parfaites de Léonard de Vinci.

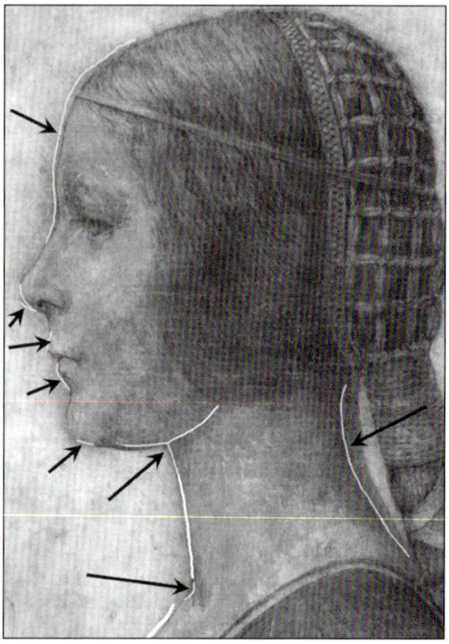

Mise en évidence des *pentimenti* (dessins préparatoires) très courants chez Léonard de Vinci sur *La Bella Principessa*.

Les motifs de nœuds entrecroisés de Vinci sont mis en évidence sur ce détail de *La Bella Principessa*.

Ce cadrage permet de voir clairement les hachures de Léonard de Vinci, typique d'un gaucher, autour du profil et en arrière-fond.

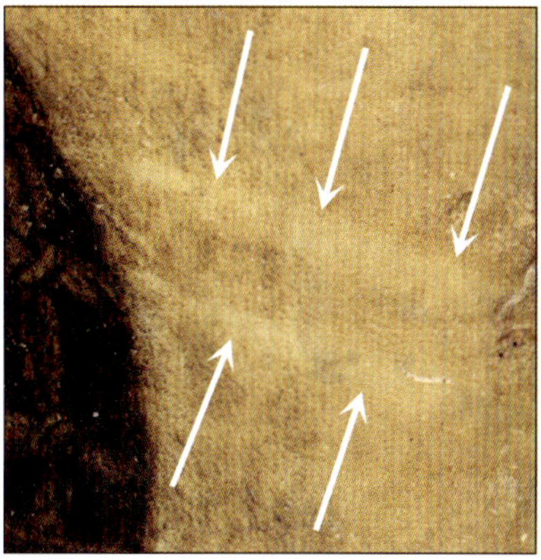

Détails de *pentimenti* derrière la tête du modèle : on voit des zones de grattage, typiques de la technique de Vinci.

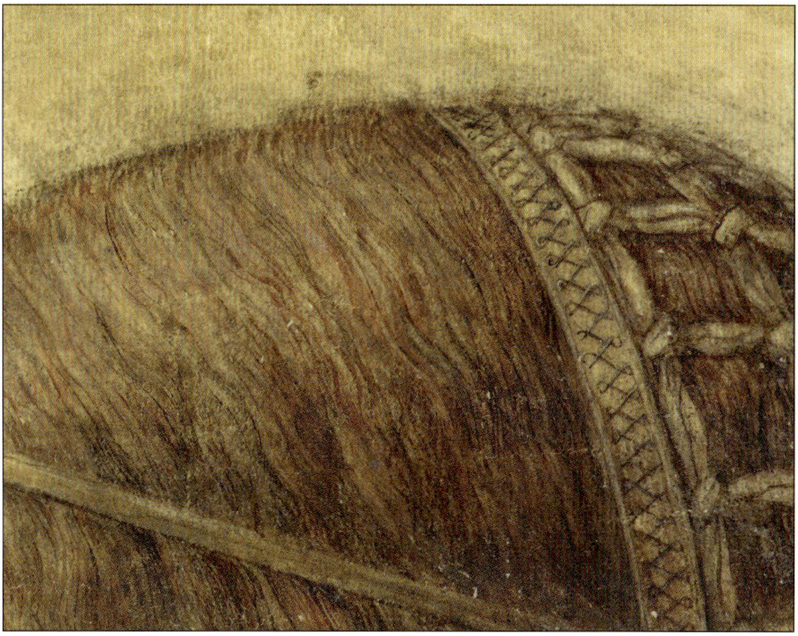

Détail d'une partie des cheveux et de la coiffure montrant les motifs entrecroisés.

Simulation du positionnement de *La Bella Principessa* dans la *Sforziada*, précédant l'enluminure de Birago.

Simulation du positionnement de *La Bella Principessa* dans la *Sforziada* : les flèches et les cercles indiquent l'emplacement des trous d'aiguille de la reliure.

Pascal Cotte s'apprête à numériser *La Joconde*, avec son appareil d'imagerie multispectrale révolutionnaire, dans les sous-sols du Louvre.

Pascal et Martin examinent l'endroit, dans la *Sforziada*, où se trouvait la page manquante et la bande restante, et constatent que cela correspond à *La Bella Principessa* (avec l'aimable autorisation de Martin Kemp).

LIBRO PRIMO DELLA HISTORIA DELLE COSE FACTE DALLO
INVICTISSIMO DVCA FRANCESCO SFORZA SCRIPTA IN LA
TINO DA GIOVANNI SIMONETTA ET TRADOCTA IN LIN
GVA FIORENTINA DA CHRISTOPHORO LANDINO FIOREN
TINO.

NE TEMPI CHE LA REGINA GIOVANNA SE
conda figliuola di Carlo Re regnaua: perche era ſuc
ceduta nel regno Neapolitano a Latiſlao Re ſuo fra
tello: elquale parti di uita ſanza figliuoli: Alphonſo
Re daragona con grande armata mouendo di Cata
logna uenne in Sicilia; Iſola di ſuo Imperio. La cui
uenuta excito gli huomini del Neapolitano regno a
uarii fauori: & a diuerſi conſigli: & non con piccoli
mouimenti di quel regno: Impero che Giouána Regina per molti & uarii
ſuoi impudichi amori era caduta in ſóma infamia. Et deſperandoſi che lei
femina poteſſi adempiere loſficio del Re: & adminiſtrare tanto regno; fece
a ſe marito Iacopo di Nerbona Conte di Marcia: elquale per nobilita di ſan
gue: & belleza di corpo: ne meno per uirtu era tra Principi di Francia excel
lente. Ma accorgendoſi in breue che quello deſideraua piu eſſere Re: che
marito: & quella non molto ſtimaua: moſſo da feminile leuita lo rifiuto: &
priuo dogni adminiſtratióe. Queſto fu cagione chel ſuo regno: elquale per
ſua natura e prono alle diſſenſioni & diſcordie: arrogendouiſi e nó honeſti
coſtumi della Regina: ritorno nelle antiche factioni & partialita: & comin
cio ogni giorno piu a fluctuare & uacillare. Erano alcuni a quali nó diſpia
ceua la ſignoria della dóna: perche benche il nome fuſſi in lei: loro nientedi
meno comádauono. Altri deſiderauano: che Lodouico tertio Duca dangio:
figliuolo di Lodouico e'quale era nomato Re di Puglia: & di uiolante nata
della Reale ſtirpe daragonia: fuſſi adoptato dalla Regina. Coſtui poco auáti
pe conforti di Martino tertio ſómo Pontefice: & di Sforza Attendolo excel
lentiſſimo Duca in militare diſciplina: & padre di Franceſco ſforza de cui
egregii facti habbiamo a ſcriuere era uenuto a liti di Campagna: Et cógiun
toſi Sforza: hauea moſſo guerra alla Regina. Ma quegli che repugnauano:
a Lodouicho: metteuano ogni induſtria: che Alphonſo fuſſi adoptato in fi
gliuolo della Reina: accio che in Napoli fuſſi tal Re: che con le ſue forze &
di mare & di terra poteſſi reſiſtere alla poſſa de Franciosi. Adunque in coſi
uehemẽte contentione de baroni: & piu huomini del regno: Alphonſo chia
mato dalla Reina in herede & compagno del regno; diuẽne nó ſolo illuſtre:
ma anchora horribile: Et el nome Catelano elquale inſino a quegli tempi
nó era molto noto & celebre ſe non a popoli maritimi: ma inuiſo & odioſo:
comincio a creſcere: & farſi chiaro. Ma & da Lodouico & da Sforza tanto
ogni giorno piu erono oppreſſi: el Re & la Regina: che diffidádoſi nelle pro
prie forze: conduxono Braccio Perugino: el quale era el ſecondo Capitano
di militia in Italia in quegli tẽpi có molte honoreuoli códitioni: & maxime

L'enluminure de Birago dans la *Sforziada* de Varsovie, évoquant, sous forme allégorique, le mariage de Bianca Sforza avec Galeazzo Sanseverino. (voir commentaire p. 237)

Un jour, alors que la folie médiatique était retombée, je me trouvais dans un vol bondé pour New York, coincé entre deux passagers. J'avais posé sur ma tablette une maquette représentant la couverture de la brochure pour l'exposition de Göteborg. Il n'y avait pas de texte, juste le portrait de *La Bella Principessa*.

« C'est très beau », observa l'un de mes voisins, désireux de faire la conversation.

Je lançai un regard dans sa direction.

« Merci, répondis-je, résolu à me replonger dans mes pensées.

– C'est un Léonard de Vinci, n'est-ce pas ? » questionna-t-il.

Cette fois, je le regardai avec plus d'intérêt.

« Pourquoi dites-vous cela ? »

Il haussa les épaules.

« Je ne sais pas. Je suis un passionné d'art, et j'ai l'impression que c'est un Léonard de Vinci. »

Je lui adressai un grand sourire et lui dis qu'il avait vu juste. Mais je n'épiloguai pas, me contentant de rajouter : « Si seulement le monde des musées avait votre œil ! »

11

UNE BÉVUE DE 100 MILLIONS DE DOLLARS ?

> « L'expérience ne se trompe pas, seuls nos jugements errent qui se promettent des résultats étrangers à notre expérience personnelle. »
> Léonard de Vinci

Mme Jeanne Marchig avait 84 ans, mais l'âge n'avait pas entamé la passion de cette Suissesse pour les animaux en détresse. C'était l'œuvre de sa vie, symbolisée par la Marchig Animal Welfare Trust (Fondation Marchig pour le bien-être des animaux), fondée en 1989 en souvenir de son mari défunt, le peintre Giannino Marchig. Toute son existence était dédiée à l'expansion et à l'amélioration de la fondation [1].

Alors que j'effectuais le voyage en Suisse pour rencontrer Jeanne, au début de l'année 2010, il était singulier, me disais-je, que la vie nous ait donné l'occasion de nous rencontrer : j'ai toujours été moi aussi un fervent défenseur des animaux. Mais en l'occurrence, c'était l'art, et non les animaux, qui me conduisait chez la veuve Marchig.

Quand la nouvelle concernant *La Bella Principessa* fut connue, Jeanne s'étonna de découvrir un visage qui lui était intimement familier. Le portrait de la jeune femme avait en effet été en sa possession pendant cinquante ans. C'était elle qui l'avait apporté à Christie's pour une évaluation et une vente. Et c'était elle maintenant qui se sentait trahie.

En 1955, quand Jeanne épousa Giannino Marchig, il possédait le dessin sur vélin au crayon et à l'encre, avec ses rehauts au pastel. Elle avait tout de suite été attirée par le portrait. Le profil de la jeune femme délicatement rendu était l'une de ses œuvres préférées. Bien que son mari ne lui ait malheureusement jamais révélé comment il était entré en sa possession – de sorte que sa provenance reste indéterminée –, ce restaurateur bien connu, doté d'une sérieuse expérience en art de la Renaissance, lui certifia qu'il s'agissait du dessin d'un maître du XVe siècle. Il pensait que c'était l'œuvre de Domenico Ghirlandaio (un des maîtres de Michel-Ange). Ghirlandaio et Léonard de Vinci furent tous deux apprentis en même temps dans l'atelier d'Andrea del Verrocchio, et on a souvent pu observer certaines similitudes dans leur style. Moi aussi j'avais initialement pensé qu'il pouvait s'agir d'un Ghirlandaio, avant que l'on n'attire mon attention sur les hachures exécutées de la main gauche.

L'histoire de Giannino Marchig était assez remarquable. Avant la Seconde Guerre mondiale, il avait rencontré le grand connaisseur de la Renaissance, Bernard Berenson (déjà évoqué plus haut dans l'affaire des Hahn, au chapitre 4). Berenson vivait alors dans une vaste propriété à l'extérieur de Florence, qui abritait une importante collection d'art. Giannino lui rendait souvent visite et les deux hommes devinrent amis. (La propriété est devenue le Harvard Center for Italian Renaissance Studies – Centre pour les études de la Renaissance italienne d'Harvard –, qui a conservé la collection d'art de Berenson, ainsi que sa bibliothèque.)

Giannino avait restauré de nombreux tableaux de Berenson, mais il accomplit un grand exploit quand les nazis envahirent l'Italie. Berenson avait choisi de rester dans sa demeure toscane, « I Tatti », pendant la guerre. Craignant que sa collection ne soit volée pas les nazis, Giannino s'arrangea pour évacuer ses tableaux et documents les plus importants[2]. *La Bella Principessa* fit-elle partie du lot ? Martin et moi avons fouillé de fond en comble les archives de Berenson, à la villa « I Tatti ». Malheureusement, nous n'avons trouvé aucune référence à *La Bella Principessa*, et nous n'en saurons sans doute jamais davantage.

Est-il envisageable que, s'il avait vu *La Bella Principessa*, le grand Berenson n'ait pas reconnu la touche de Léonard de Vinci ? Peut-être bien que oui. D'ailleurs, eu égard aux progrès réalisés ces soixante dernières années sur la compréhension du travail de Léonard de Vinci, cela ne me surprendrait pas. À l'époque de Berenson, *La Dame à l'hermine*, *La Belle Ferronnière* et *Ginevra de' Benci* n'étaient pas universellement reconnues comme des œuvres de Vinci. Par ailleurs, il a été prouvé que de nombreux travaux précédemment attribués à Léonard de Vinci n'étaient en réalité pas de lui. Je possède moi-même une importante monographie sur Léonard de Vinci, publiée dans les années 1960, qui inclut des dessins qui lui étaient attribués alors qu'ils ont été manifestement réalisés par des artistes droitiers. Aussi est-il concevable que Berenson puisse ne pas avoir vu dans le portrait la touche de Léonard de Vinci. Il est possible qu'il soit passé à côté de la bonne attribution pour *La Bella Principessa* parce que, comme d'autres après lui, il n'avait aucun point de comparaison avec une autre œuvre du maître sur vélin. Et bien qu'il fût capable de « ressentir l'art dans son être entier » – pour reprendre les propos de Meryle Secrest, auteur de *Being Bernard Berenson : A Biography* –, peut-être que, dans ce cas, son intellect a pris le pas sur son intuition[3].

Jeanne Marchig confia au journaliste Simon Hewitt qu'il est « tout à fait concevable que *La Bella Principessa* ait été un jour en possession de Bernard Berenson », car son mari et lui entretenaient des liens d'amitié et il avait sauvé la collection d'art de Berenson durant la guerre.

Giannino restaura le portrait avec amour en utilisant des pastels fabriqués par Lefranc, à Paris. Jeanne a gardé la boîte dans laquelle ils se trouvaient. Le travail était si maîtrisé que la restauratrice du Louvre, Caroline Corrigan, la première à avoir examiné *La Bella Principessa* au microscope, affirma qu'elle ne recommanderait pas d'autres interventions, ni n'essaierait d'en faire elle-même, propos qui constituaient un hommage au talent de Giannino et témoignaient de l'intégrité de Caroline Corrigan.

Giannino Marchig mourut en 1983, à l'âge de 85 ans. Bien que le portrait n'ait jamais été accroché durant sa vie – il n'avait pas voulu l'exposer à la lumière –, Jeanne le sortit après sa mort et le suspendit dans un coin peu éclairé de sa maison pour en profiter.

Des années après le décès de son mari, alors qu'elle recherchait de l'argent pour sa fondation dédiée aux animaux, Jeanne présenta le portrait chez Christie's en vue d'une évaluation et d'une éventuelle mise aux enchères. Giannino et elle entretenaient des liens de longue date avec Christie's, et il ne lui était pas venu à l'idée qu'on pourrait la tromper. Les Marchig étaient en effet des clients réguliers de Christie's, ils leur avaient confié de nombreux travaux au cours des années. Après la mort de son mari, Jeanne maintint la relation, et leur confia des œuvres majeures de la Renaissance florentine, notamment un Piero di Cosimo de 1499, *Jason et la reine Hypsipyle avec les femmes de Lemnos*, vendu par Christie's à Londres pour 200 000 livres en juillet 2007, et un tableau sur panneau de Giuliano Bugiardini (qui était un apprenti de Ghirlandaio) : *Portrait d'un jeune homme* (env. 1505). Bien que longtemps attribué à Raphaël, il fut vendu à Londres, en juillet 2009, et rapporta 700 000 livres, soit trois fois le prix estimé. Le profit des deux œuvres alla à la fondation Marchig.

Quand Jeanne décida de vendre le portrait de *La Bella Principessa*, elle informa François Borne, expert en dessins de maîtres anciens chez Christie's, que son mari pensait qu'il s'agissait d'une œuvre du XVe siècle, peut-être un Ghirlandaio. Elle fut assez surprise quand, après avoir examiné le tableau durant seulement un quart d'heure, Borne rejeta la provenance Renaissance sans plus approfondir.

Il écrivit ensuite à Jeanne pour lui préciser qu'il était fasciné par le « superbe dessin allemand inspiré de la Renaissance italienne ». Il suggéra de le mettre aux enchères pour une somme comprise entre 12 000 et 15 000 livres. Il ajouta : « Je serais tenté de changer le cadre pour qu'il ressemble plus à un tableau amateur du XIXe siècle qu'à un pastiche italien. » Contre l'avis de Jeanne et sans l'en avertir, Christie's retira le cadre et vendit le portrait tel quel. (On ne lui rendit jamais le cadre italien original.)

Jeanne fut déçue par le verdict de Christie's, tout en conservant une confiance absolue en Borne. Giannino et elle avaient toujours été satisfaits de leur collaboration avec Christie's, et elle ne tenait pas à faire de remous alors que son mari n'était plus à ses côtés. Et puis, elle était à l'époque extrêmement vulnérable, souffrant de ce qu'elle appelait une « profonde dépression » ; elle s'était sentie contrainte d'accepter le jugement de Borne, en dépit de ses réticences. Elle fut dévastée d'apprendre que d'éminents experts affirmaient maintenant que le portrait était un Léonard de Vinci.

L'anecdote du cadre me parut fort curieuse, aussi consultai-je un ami – un marchand influent de maîtres anciens – sur les cadres et leur importance. D'après lui, si *La Bella Principessa* avait été présentée à une vente aux enchères dans un cadre Renaissance, des acheteurs potentiels l'auraient sans doute vue sous un jour différent, et auraient pu en déduire qu'elle était antérieure au XIXe siècle. Il n'était pas exclu que Christie's ait retiré le cadre pour se conformer à l'opinion de Borne. La procédure restait cependant extrêmement irrégulière.

Dès que je découvris que *La Bella Principessa* était un Léonard de Vinci, je décidai d'en avertir Christie's. Je pris contact avec Noël Annesley, directeur international du département des maîtres anciens. Je le connais depuis trente ans, ayant acheté de nombreux dessins et peintures au temps où il était à la fois expert et commissaire-priseur chez Christie's. Il était tout à fait courtois et prêt à m'écouter. « Je crois que j'ai découvert un Léonard de

Vinci qui a été vendu aux enchères en 1998 comme l'œuvre d'un artiste inconnu du XIXe siècle, lui dis-je. Je vais l'annoncer publiquement et je vous donne un conseil : au lieu de commettre une double erreur, venez voir le portrait à Zurich et vous admettrez alors votre méprise. »

À son crédit, Annesley fit le voyage à Zurich accompagné du directeur de Paris. Malheureusement, ils ne tinrent pas compte de mon conseil, et ne se demandèrent pas comment retourner la situation pour s'en sortir la tête haute. Au lieu de quoi, à son retour de Zurich, Annesley appela Jeanne.

« Mme Marchig, lui dit-il, je suis désolé, mais vous allez avoir un petit choc. Je préfère vous prévenir de la nouvelle qui va sortir, selon laquelle le dessin que nous avions vendu pour vous serait un Léonard de Vinci. Nous vous assurons que nous ne pensons pas que ce soit vrai, mais nous voulons que vous soyez préparée. »

Jeanne n'apprécia pas la nouvelle. Elle prit tout de suite contact avec Martin Kemp et lui demanda un rendez-vous. Assis en face de Jeanne, celui-ci fut frappé par le sérieux de la situation. Il savait qu'elle était une passionnée d'art et qu'elle avait du bon sens, aussi était-il désolé qu'une telle histoire lui soit arrivée. Il lui fit part des découvertes et des preuves, et il vit son expression passer de l'inquiétude à l'alarme.

Après sa rencontre avec Martin, Jeanne comprit qu'elle devait agir. Elle n'était pas prête à se taire et à accepter l'erreur. Elle voulait une compensation, sans pour autant exiger une somme déraisonnable, ainsi qu'elle l'expliqua à Annesley. Elle n'était pas cupide, et elle n'avait pas du tout besoin d'argent. Elle avait 84 ans, n'avait pas d'enfant et était en bonne santé. Elle estimait toutefois qu'il était normal que Christie's donne quelque chose pour sa fondation animale. Elle appela cela un « geste ». (Sur ce qu'elle entendait par « geste », je ne peux que spéculer, mais cela devait se situer entre 3 et 5 millions de dollars.)

Jeanne précisa à Annesley qu'elle espérait qu'ils pourraient régler le problème à l'amiable, et il affirma le souhaiter lui aussi. Mais le temps passait et rien ne se produisait. Jeanne finit par recevoir un communiqué de Sandra Cobden, l'avocate senior de Christie's, à la tête du département des litiges, réaffirmant que la société était certaine que l'affaire pouvait se résoudre à l'amiable, mais ajoutant de façon inquiétante : « Ce que je trouve le plus intéressant, c'est le nombre d'experts qui a décidé de ne pas prendre position. » Puis, changeant complètement de sujet, elle évoqua alors les quatre chats que sa famille avait secourus, et complimenta Jeanne sur le bon travail qu'elle accomplissait à la fondation. Cette dernière n'apprécia guère. Elle attendait de l'action, et on continuait à la tenir à distance. Elle déclara alors à Hewitt que Christie's cherchait sans doute à gagner du temps, espérant qu'elle meure.

Finalement, elle en eut assez, et elle appela un avocat. Quand elle eut Richard Altman au téléphone, avocat en art connu à New York, elle était dans tous ses états. Furieuse contre l'obstination de Christie's, elle pensait qu'on l'avait dupée. Altman était un avocat de grande expérience. Lorsque je l'ai rencontré par la suite, j'ai pu juger de ses qualités. Jeanne avait fait un choix idéal.

Le 3 mai 2010, Jeanne déposa une plainte devant la cour fédérale des États-Unis, dans le district sud de New York, pour un montant indéterminé. La requête indiquait : « Le dessin a été vendu à un prix très inférieur à sa valeur, en raison du refus délibéré et fautif du défendant à enquêter sur l'attribution revendiquée par la plaignante, du non-respect de ses obligations fiduciaires envers la plaignante, de sa négligence, de son manquement à garantir une attribution correcte du dessin, et de ses fausses déclarations liées à la vente[4]. »

De nombreux aspects étaient irréfutables dans la plainte de Jeanne. Le premier était qu'elle soulignait une infraction au devoir fiduciaire. Elle accusait Christie's de ne pas avoir enquêté pour savoir si le dessin pouvait être attribué à un artiste de la Renaissance italienne. La société n'avait même pas entrepris les démarches concernant la datation au carbone 14 du dessin, pas plus qu'elle n'avait recouru aux autres méthodes usuelles d'analyse et d'expertise. Si Borne avait pris au sérieux l'hypothèse de Jeanne sur l'attribution, le dessin aurait vraisemblablement été authentifié comme une œuvre italienne du XVe siècle, d'une valeur bien supérieure à 22 000 dollars, quel que soit l'artiste auquel il aurait été attribué. Soumettre l'œuvre, comme je l'avais fait dès le début, à l'œil expert d'un restaurateur aurait sans aucun doute suffi à l'identifier comme un dessin du XVe siècle.

Jeanne poursuivait aussi Christie's pour négligence. La société, estimait-elle, avait manqué à ses responsabilités et à son devoir d'agir en expert prudent et raisonnable. Elle affirmait aussi que sa relation fiduciaire avec Christie's lui donnait droit à un lien spécial de confiance et, à ce titre, elle dénonçait une présentation déformée et négligente de l'œuvre. En d'autres termes, Christie's savait qu'elle avait besoin d'informations précises pour vendre le dessin au prix le plus élevé possible, et qu'elle se reposerait sur l'opinion de la société concernant l'attribution.

La plainte de Jeanne avait-elle une chance d'aboutir ? Le problème était de savoir s'il y avait prescription ou non. Cet élément pouvait s'avérer une barrière insurmontable. Toutefois, dans la mesure où Jeanne avait une relation d'affaires suivie avec Christie's, elle pouvait arguer qu'en l'occurrence la prescription ne s'appliquait pas.

Un mois après le dépôt de plainte, Jeanne eut des nouvelles de Sandra Cobden, lui indiquant que Christie's avait réexaminé le portrait, et « pour faire court… la peinture ne [semblait] pas être à [leurs] yeux un travail de Léonard de Vinci ». Cela ne la surprit pas. Toujours selon Sandra Cobden, une épaisse couche de laque en surface « obscurcissait de nombreux détails de la peinture ».

Lorsque Hewitt mena l'enquête pour écrire son article dans *Antiques Trade Gazette*, il demanda à Pascal de commenter la déclaration de Sandra Cobden sur la laque, dans la mesure où celui-ci avait effectué un examen minutieux du portrait. Pascal lui indiqua qu'il ne s'agissait pas de laque, mais d'une couche de gomme arabique, appliquée pour protéger la peinture ; par ailleurs, dire qu'elle était « épaisse » manquait de précision. Pascal ajouta que, si elle semblait obscurcir la lecture à l'œil nu, on pouvait voir au travers grâce à la caméra spectrale.

Sandra Cobden répliqua aussitôt par un coup bas en affirmant que l'attribution à Léonard de Vinci était invalidée par le fait que « la plupart des partisans de la nouvelle attribution détiennent un enjeu financier dans l'affaire : Luminere [*sic*] Technology lutte pour asseoir financièrement sa société et son produit ; Silverman cherche à réaliser un profit sur son acquisition et à publier un livre sur le sujet ; l'un des experts sur lesquels Silverman s'appuie… est lié au projet de publication du livre et d'autres projets de publication ».

Toutefois, l'allégation la plus intéressante de Sandra Cobden, c'était que même si le portrait était un Léonard de Vinci, Christie's ne risquait rien puisque la découverte était fondée sur les travaux de Lumiere Technology. « Une société de ventes aux enchères n'est pas légalement obligée de changer d'attribution, quand celle-ci se fonde sur une technologie nouvelle qui n'était pas disponible au moment de l'attribution initiale. »

Je rendis visite à Jeanne en Suisse après qu'elle eut déposé sa plainte. Nous passâmes ensemble un après-midi très agréable. Elle me montra les peintures de son mari, toutes de grande qualité et accrochées un peu partout dans la maison. Elle parla aussi avec passion de sa fondation, et je fus très intéressé par tous les détails qu'elle me livra. C'était une femme jeune d'esprit, intelligente et sincère.

Alors que nous buvions notre thé, Jeanne m'adressa un sourire chaleureux et me dit : « Peter, vous êtes très riche. Est-ce que vous me donnerez quelque chose pour mes animaux ? »

Je me mis à rire. « Il se peut qu'un jour je sois très riche, mais actuellement, je ne suis pas vraiment en fonds. Vous savez, toute cette affaire m'a coûté beaucoup d'argent. »

Je tenais toutefois à m'informer de la somme qu'elle souhaitait obtenir, car une idée était en train de germer dans mon esprit : nous pourrions envisager un arrangement, me disais-je. Elle m'avoua qu'elle se contenterait de 1 % sur la vente, si elle avait lieu.

Je lui exposai alors la façon dont Kathy et moi envisagions d'utiliser l'argent, si jamais nous le possédions. L'un de nos intérêts caritatifs était les droits des animaux, et j'étais impressionné par la remarquable gestion de sa fondation. « Je ferai une importante donation à votre fondation sur le montant de la vente », promis-je.

Cette offre me fit du bien : non seulement je servais une bonne cause, mais cela rendrait modestement justice à Jeanne, qui se sentait tellement trahie. Elle me fit part alors de ce que je suspectais : elle n'aurait jamais porté plainte contre Christie's si la société l'avait traitée avec plus de délicatesse. Elle se fichait de l'argent pour l'argent, ou des spéculations sur la « valeur ». Son seul intérêt était dédié aux animaux, et nous étions d'accord sur ce point.

Le 12 novembre 2010, Richard Altman, l'avocat de Jeanne, participa à une table ronde « Expert Opinions and Liabilities » (Avis et responsabilités des experts), qui eut lieu à l'université de New York, dans le cadre d'une journée sur le droit. Environ 200 personnes y assistaient, la plupart étant des experts. Altman fit une présentation d'une demi-heure, exposant la plainte de Jeanne Marchig et les théories légales en jeu. Dans la mesure où il s'agissait d'un cas en cours, il choisit ses termes avec prudence, et ne révéla pas certains détails. C'était un exposé sérieux devant des professionnels. Il souligna en toute honnêteté qu'il n'y avait pas encore eu de communication de pièces du dossier de la part des parties impliquées, aussi à ce stade ne s'agissait-il que d'allégations.

Soudain, alors que la table ronde allait s'achever, une femme dans l'auditoire bondit de son siège, affirmant à haute voix qu'elle souhaitait faire une déclaration. Elle se présenta. C'était Sandra Cobden ! Oui, l'avocate de Christie's, celle dont la famille avait secouru quatre chats. Altman fut surpris, c'est le moins qu'on puisse dire. Il était fort étonnant qu'un représentant de Christie's fasse une déclaration à ce genre de table ronde. Sandra Cobden était furieuse, elle tremblait littéralement en accusant Altman de présenter les faits sous un jour erroné. Elle ne dit rien de substantiel, mais elle réagit très violemment, comme si elle avait été elle-même attaquée.

Quand Altman revit Sandra Cobden plus tard dans la journée, elle paraissait toujours très en colère, il se dit que l'affaire était décidément bien curieuse. De nombreuses personnes vinrent le voir, au cours de cette journée, pour lui confier qu'à leur avis, Sandra Cobden s'était ridiculisée en faisant une déclaration en faveur de Christie's. Altman partageait lui aussi cet avis, mais en me rapportant l'incident, il ajouta : « Je me suis aussi rendu compte que la salle était pleine d'experts qui ne devaient pas apprécier un tel cas, car il risquait de créer un précédent et de les exposer, dans le futur, à assumer la responsabilité d'une attribution erronée. C'est pourquoi j'ai précisé que s'ils voulaient vraiment être des professionnels respectés, ils devaient être aussi responsables de leurs actes et de leurs opinions qu'un médecin ou un avocat. »

L'affaire attira l'attention de la communauté juridique, tout comme celle de la communauté artistique. Ainsi, dans *Art Law*, Judith Bresler, spécialiste dans les deux domaines, écrivit :

> La décision relative à l'affaire Marchig/Christie's pourrait avoir des répercussions à long terme sur les devoirs d'une maison des ventes envers son consignateur. Cela touchera des sujets tels que la durée d'une relation fiduciaire entre une maison de ventes aux enchères et son consignateur,

> tout comme la question de savoir si l'une des parties peut modifier la relation par sa conduite ou par contrat. Si un consignateur confie d'autres œuvres à la maison de ventes aux enchères, cela annule-t-il de fait la prescription pour les réclamations concernant un devoir fiduciaire lié à l'œuvre initialement confiée ? Ou bien, un simple coup de fil d'une maison de ventes aux enchères peut-il réactiver une relation fiduciaire avec un client longtemps après que le marteau est tombé ? Est-ce qu'une renonciation consentie entre les deux parties, qui libérerait une maison de ventes aux enchères de l'obligation de garantir l'authenticité d'un objet, délivre cette maison de son devoir d'attribuer convenablement l'objet ? Affaire à suivre[5].

Était-ce un cas juridique sur lequel Christie's aurait dû être mieux renseigné ou bien la qualité subjective de l'art implique-t-elle que différents yeux tirent des conclusions différentes ? Ce dilemme me rappela le film *Rashomon*, tourné en 1950. Trois personnes assistent au viol d'une femme et au meurtre de son mari. Lorsqu'ils raconteront la scène, plus tard, chacun donnera une version complètement différente des autres. Dans ce film, Akira Kurosawa nous montre avec brio comment nos sens et notre vue peuvent nous jouer des tours. Nous devons nous demander : est-ce que c'est réel ? Quelle est la vérité ?

En art, nous pouvons nous retrouver dans une situation similaire. Deux personnes observant une même œuvre peuvent en tirer des signaux complètement différents, en fonction de nombreux facteurs, y compris leurs bagages culturels, éducatifs, émotionnels et philosophiques. Par exemple, un non-bouddhiste ne comprendra pas l'image de Bouddha de la même façon que celui qui pratique le bouddhisme. Tout comme un non-chrétien ne percevra probablement pas *Le Jugement dernier* de Michel-Ange ou la sublime représentation du Christ sur la croix de Bernini de la même manière qu'un chrétien. Un chrétien croyant verra la violence des scènes à travers le prisme de la foi et se sentira inspiré par la possibilité de la rédemption, tandis qu'un non-chrétien y verra uniquement de la violence et une terrible souffrance.

La façon dont nous regardons l'art est grandement déterminée par le contexte. Un véritable passionné et connaisseur d'art aura conscience de certains préjugés et s'efforcera de voir au-delà pour ouvrir le dialogue entre l'objet et le spectateur, pour regarder à la fois avec le cœur et l'esprit et ne pas permettre à des notions préconçues d'altérer son jugement.

Cela nous ramène à la découverte de *La Bella Principessa*. Comment est-il possible que trois – oui, trois ! – experts très compétents et expérimentés au sein d'une importante maison de ventes aux enchères se soient trompés et aient catalogué l'œuvre comme un dessin allemand du XIXe siècle, en dépit des protestations véhémentes de Jeanne Marchig ? De même qu'il est regrettable que cette dernière se soit laissé impressionner par la puissance attachée à la réputation et à l'expertise de Christie's au point de ne pas croire ce que voyaient ses propres yeux.

Est-ce que Christie's a fait une bourde de 100 millions de dollars par péché d'orgueil ? Si elle avait fait preuve d'un tant soit peu de diligence, la société aurait au moins confié le dessin à un restaurateur compétent pour qu'il détermine de façon précise la période de son exécution – comme je l'ai fait en demandant à Caroline Corrigan d'examiner l'œuvre.

On peut se demander, dans ce cas, si les connaisseurs avertis n'étaient pas partis en vacances… Toutefois, une réponse s'impose : les experts ne voient pas toujours juste, il est aussi possible qu'ils se trompent.

Une chose est indéniable : nous sommes entrés dans une ère où la science et l'érudition marchent main dans la main. Cela était admirablement illustré à la National Gallery de Londres, lors d'une exposition en 2010, qui montrait les aspects inconnus et normalement invisibles d'un grand laboratoire de musée. Le public était invité à visualiser les méthodes employées pour l'étude et l'analyse des pigments d'un tableau, de sa surface et finalement de tout dessin se trouvant en dessous, l'ensemble de ces méthodes permettant de déterminer son authenticité.

Aujourd'hui, la science joue un tel rôle dans le monde de l'art qu'un conservateur de musée peut faire évaluer bien plus facilement l'authenticité d'une œuvre avant de l'acquérir pour son institution. Cela vaut aussi pour le commerce de l'art et les maisons de ventes aux enchères, qui n'ont plus à se fier uniquement à l'érudition de leur personnel ou d'experts extérieurs pour cataloguer les œuvres à grande valeur potentielle. La technologie peut exclure des œuvres jusque-là attribuées à un artiste, ou bien inclure de nouvelles œuvres attribuées par erreur à d'autres.

L'exposition de la National Gallery offrait une argumentation convaincante en faveur d'une collaboration intelligente entre les érudits qui examinent les œuvres d'art avec leur œil nu bien entraîné, et les scientifiques qui l'étudient en profondeur à l'aide des techniques spécialisées. Le nom de ces diverses méthodes – radiation infrarouge, réflectographie infrarouge, ou lumière ultraviolette – évoque peu de choses au profane. Toutefois, intelligemment employées et interprétées, ces méthodes peuvent à elles seules faire pencher la balance en faveur d'une attribution définitive. Il est d'autant plus incompréhensible que certains conservateurs de musée ou érudits se soient aventurés à se prononcer sur l'authenticité d'une œuvre comme *La Bella Principessa* sans la soumettre aux examens rigoureux du laboratoire d'un musée. C'est tout simplement manquer le coche, et c'est ce qu'ont fait les experts respectés de Christie's.

Nicholas Turner expose un point de vue plus nuancé du problème. « Dans l'idéal, me dit-il, ce dont nous avons besoin c'est d'un hybride des *Experts* et d'*Esprits criminels*, un projet où la méthode scientifique et celle des érudits interagiraient au lieu de se repousser l'une l'autre. La collaboration entre Kemp et Cotte pourrait servir de modèle, il faut nous assurer que d'autres leur emboîtent le pas. »

Le 31 janvier 2011, la plainte de Jeanne Marchig contre Christie's fut rejetée par le juge John Koeltl dans un arrêt de vingt-quatre pages qui notifiait que « la plainte du plaignant concernant la violation du devoir fiduciaire est inopportune à moins qu'il ne soit démontré qu'il existe des conditions permettant d'annuler la prescription » – qui se trouve être de trois ans[6].

Jeanne s'indigna qu'on invoque la prescription – autant dire un détail technique – au lieu de faire état de la valeur du portrait. « J'ai appris l'attribution à Léonard de Vinci seulement en 2009, dit-elle. Comment ai-je pu dépasser le délai de prescription ? » Mais le juge Koeltl avait précisé qu'à moins qu'une plainte ne soit fondée sur une fraude, le temps à partir duquel on décompte la prescription commence au moment où l'événement se produit, pas lorsque le plaignant apprend qu'il y a eu violation.

La loi de prescription est la forme la plus aveugle de justice car elle ne prend pas en compte la validité de la plainte, aussi la colère de Jeanne était-elle compréhensible. Elle souhaitait faire appel, mais pour obtenir gain de cause, il lui fallait prouver qu'il y avait eu fraude – à un degré extrêmement élevé. Toujours est-il qu'elle voulait se battre contre cette « injustice criante[7] ».

12

LE MONDE DE L'ART SE VENGE

> « Vous faites mal si vous louez, mais pire encore si vous censurez, ce que vous ne comprenez pas. »
> Léonard de Vinci

Les détracteurs de *La Bella Principessa* avaient affûté leurs couteaux depuis l'ouverture de l'exposition de Göteborg, en mars 2010. Le coming-out de *La Bella Principessa*, lié à la grande exposition « Et la lumière fut », était bien étudié et extrêmement sérieux. Kathy et moi nous envolâmes avec impatience pour la Suède, afin d'assister au vernissage. Cela faisait un peu plus de trois ans que nous n'avions pas vu notre dame en public, c'est-à-dire depuis que nous l'avions repérée sur son chevalet, dans la galerie de Kate Ganz. Quel chemin avait-elle parcouru depuis ! En la voyant alignée avec les autres œuvres de maîtres, nous eûmes la sensation fort réjouissante qu'elle était des leurs.

L'exposition de Göteborg se prévalait d'impressionnantes références, puisqu'elle était sponsorisée par la ville de Göteborg et patronnée par le Vatican, ainsi que par le président italien. Les curateurs étaient Francesco Buranelli, directeur des musées du Vatican, et Alessandro Vezzosi. Elle comprenait des œuvres originales de trois maîtres italiens de la Renaissance : Léonard de Vinci, Michel-Ange et Raphaël.

Comme Vezzosi le souligna dans son discours d'inauguration, les trois maîtres avaient vécu à la même époque, ils se connaissaient et s'étaient mutuellement influencés. Ils avaient même été rivaux. « Léonard de Vinci, Michel-Ange et Raphaël sont trois des plus grands artistes de l'histoire, dit-il. Mais c'étaient aussi des hommes qui avaient des idées et des visions dépassant le monde de l'art. Ils étaient également de farouches rivaux, en termes de commandes et de gloire. Tous trois sont devenus immortels. »

Le rassemblement de leurs œuvres dans la grande salle Eriksberghallen était inestimable et je n'avais jamais vu un service de sécurité si resserré.

Pendant les cinq mois qu'a duré l'exposition, plus de 150 000 visiteurs ont payé pour voir *La Bella Principessa* pour la première fois – un exploit pour une ville comptant moins d'un million d'habitants ! Ironie du sort, les gens se pressaient devant la dame de Léonard de Vinci, alors que nombre de ses critiques les plus virulents trouvaient toutes les excuses possibles pour ne pas venir la voir. Dans les mois qui suivirent et alors que les opposants systématiques acéraient leurs flèches, ce qui m'agaçait le plus, c'étaient les grands airs d'érudits qu'ils se donnaient, sans faire preuve de la moindre érudition. Je n'ai aucun problème avec ceux qui étudient *La Bella Principessa* attentivement, qui examinent le travail de Lumiere Technology, puis qui exposent leurs arguments contre l'attribution à Léonard de Vinci. J'en ai en revanche avec les soi-disant experts qui déclarent que ce n'est pas un Léonard de Vinci sans même prendre la peine de regarder l'œuvre.

*

Nous recueillions les effets positifs de l'exposition de Göteborg, et la dynamique semblait pencher en notre faveur. En mars, la publication, aux États-Unis, du livre de Martin et de Pascal, *La Bella Principessa : The Story of the New Masterpiece by Leonardo* (*La Bella Principessa* : L'histoire du nouveau chef-d'œuvre de Léonard de Vinci), avec un avant-propos de Claudio Strinati et une préface de Nicholas Turner, apportait des preuves dotées d'un tel niveau d'expertise et d'une telle rigueur scientifique qu'il allait selon moi convaincre le plus sceptique d'entre tous. J'étais alors très naïf.

La première petite difficulté se présenta sous la forme d'un article du *Daily Telegraph*, un mois après la publication du livre[1]. Écrit par Richard Dorment, il s'intitulait « *La Bella Principessa* : un Léonard de Vinci à 100 millions de livres ou une copie ? » Le sous-titre ajoutait : « *La Bella Principessa* nous a été présentée comme le chef-d'œuvre manquant de Léonard de Vinci, mais les experts ne sont pas de cet avis ».

Dès le début de l'article, Dorment attaquait ma crédibilité, me qualifiant de « fantaisiste ». Il attaquait aussi l'érudition de Martin avec un sarcasme écœurant, constituant une véritable insulte à son statut : « Les dessins authentiques ont besoin de temps pour être étudiés et débattus, avant que les érudits ne parviennent à un consensus. Je ne doute pas que le professeur Kemp soit sincère quand il croit que l'auteur en est Léonard de Vinci. Mais il a tort de penser qu'il peut le prouver en roulant le public dans la farine pour qu'il accepte son attribution. » Rouler le public dans la farine ? Et en quoi ?

Dorment se montrait dédaigneux envers l'exposition de Vezzosi à Göteborg. Il avait vu un petit bout de l'inauguration sur YouTube et, à partir de là, il se sentait parfaitement habilité à donner son opinion. Il ne mentionnait pas les détails importants concernant l'exposition, et notamment qu'elle se trouvait sous le patronage du Vatican et du président de l'Italie.

« En tant que non-spécialiste, mon opinion sur le statut de ce dessin est hors de propos », écrivait-il, puis il donnait bel et bien son avis. Ce qui me choquait le plus dans l'article de Dorment, c'était son manque de pondération. Il présentait *La Bella Principessa* comme un possible faux, puis il cherchait le moyen de justifier sa position. Les « experts » qu'il citait de façon récurrente faisaient partie de ce que Martin appelait « le gang de New York » – ces fameux « connaisseurs » du Metropolitan Museum et d'ailleurs qui ne condescendraient pas à accorder le moindre intérêt à quelque chose qui ne relève pas de leur propre initiative. J'ai longtemps pensé que Kate Ganz avait montré le portrait à des gens du Met qui lui avaient opposé une fin de non-recevoir et qui maintenant passaient à l'attaque pour défendre leurs opinions bec et ongles, par peur que leur réputation n'en pâtisse.

Dorment citait notamment Everett Fahy, président du département des peintures européennes, et Carmen C. Bambach, conservatrice des dessins et des gravures, comme les deux plus virulents détracteurs, même si aucun n'avait vu le tableau de leurs yeux. J'avais pourtant à plusieurs reprises invité Carmen C. Bambach à venir le voir, mais elle avait refusé tout comme elle avait décliné mon invitation pour visiter Lumiere Technology alors qu'elle se trouvait à Paris à l'occasion d'un colloque. Comment quelqu'un pouvait-il rendre un jugement sur une œuvre d'art sans avoir pris la peine de la voir ? Je dois une fois de plus rappeler que Dorment lui-même ne l'avait jamais vue. D'autres journalistes qui ont écrit sur la découverte, notamment ceux du *Spiegel* et du *Times* de Londres, ont été bien plus sérieux dans leurs enquêtes : ils ont visité Lumiere Technology et se sont donc renseignés sur la technologie du laboratoire afin d'écrire un article en connaissance de cause.

Il convient aussi de souligner que Dorment n'a interviewé aucun des spécialistes qui avaient soutenu l'attribution à Léonard de Vinci, ce qui rendait l'article partial. En réalité, Dorment, qui a été le mari de Kate Ganz, citait expressément des personnes qui n'étaient pas d'accord avec l'attribution et excluait *a priori* tous les autres – et ils étaient nombreux – qui la défendaient, violant en cela l'un des principes premiers du journalisme : l'objectivité. Qu'un journal aussi sérieux que le *Daily Telegraph* publie l'article sans percevoir le conflit manifeste d'intérêts semblait fort étonnant. Dorment, l'ex-mari de Ganz, aurait dû de lui-même refuser d'écrire sur le sujet. Des amis journalistes sérieux, après avoir lu l'article, me confièrent que je n'étais pas loin du but en lisant le dépit de son ex-femme entre les lignes.

Encore une fois, je n'étais pas étonné par la controverse, et d'une certaine façon, je l'approuvais. J'étais parfaitement conscient des fraudes qui se produisent dans le milieu de l'art : la vigilance est de mise, pour les éviter. Mais je crois aussi qu'au final, celui qui nuit le plus à l'attribution dans le domaine de l'art, ce n'est pas le fraudeur, mais l'incrédule. L'inertie, la jalousie, l'ignorance et l'envie règnent en maître dans les lieux où l'on expose l'art, étouffant le courage et la créativité. L'érudit paresseux, l'expert aveugle et le saint Thomas qui doutera toujours, sont les fléaux de chaque institution. Était-ce là le travail de ces perpétuels détracteurs qui, en restant anonymes, ont rejeté une œuvre comme *La Bella Principessa* avant même de l'avoir vue ?

Le principal problème, ce sont souvent les musées eux-mêmes. Pour le citoyen lambda, ces institutions représentent le bastion de la vérité inattaquable, et pourtant la réalité politique est bien différente. Je me demandais moi-même ce qui était en jeu ici : la vérité ou la politique.

L'un des opposants systématiques cités par Dorment est Nicholas Penny, directeur de la National Gallery de Londres. Tous les deux, nous nous connaissons depuis plus de vingt ans. La raison de notre première rencontre fut un portrait que j'avais découvert dans une petite vente aux enchères, à Paris, qui était simplement présenté comme un « Italien du XVIe siècle ». Dès que je le vis, je suspectais que c'était une œuvre tardive, bien que fort endommagée, de Raphaël, rien que lui ! Avant la vente, je me précipitais chez moi pour consulter dans ma bibliothèque un rare catalogue complet des œuvres de Raphaël, de Leopold Dussler, publié en 1960 et que j'ai la chance de posséder. C'était le même portrait.

La gravure était censée représenter Marcantonio Raimondi, lui-même graveur et proche ami de l'artiste. L'œuvre avait en fait été gravée au XVIIe siècle. Elle avait été montrée de nombreuses fois, puis était tombée dans l'oubli. Comme elle avait toujours fait partie d'une collection française, je savais qu'il n'y avait aucun risque qu'elle ait été volée, ou exportée illégalement en Italie, aussi décidai-je de l'acheter. L'œuvre suscitait peu d'intérêt, et je pus l'acquérir pour environ 10 000 dollars. Naturellement, j'étais enthousiaste. Sachant que Nicholas Penny était l'un des plus grands experts de Raphaël, je pris contact avec lui et il vint gentiment à la maison examiner la gravure. Il hésitait : il avait du mal à voir l'œuvre car elle était trop endommagée. Elle a été exposée depuis par Pierluigi De Vecchi, le plus grand spécialiste italien de Raphaël, il y a environ cinq ans.

Au fil des années, Nicholas et moi nous revîmes régulièrement, soit à des réceptions somptueuses chez un ami commun, et important marchand de sculptures, Daniel Katz, et sa femme Gree, soit lors d'expositions ou de déjeuners auxquels il se rendait accompagné de sa délicieuse épouse américaine, Mary. Nous avons continué à nous voir après que Nicholas eut été nommé à la tête du département Sculpture de la National Gallery à Washington, D.C., où ma sœur Tina habitait à l'époque.

Quelques mois après avoir acquis le tableau de Kate Ganz, je me trouvais à Washington, et passais au musée pour saluer Nicholas. Comme j'avais des photos du portrait dans mon appareil, je les lui montrais. Je me rappelle très précisément notre conversation d'alors.

« Nicholas, lui dis-je, je ne voudrais pas paraître extravagant, mais certaines personnes me disent qu'il pourrait s'agir d'un Léonard de Vinci. Est-ce que tu penses que je suis fou d'y croire ? » Il regarda attentivement les photos numériques, puis répondit : « Non, pas du tout. Il est très beau. Tiens-moi au courant de l'évolution de la situation. » J'étais aux anges. C'était énorme, venant de la part d'un homme aussi circonspect que Nicholas Penny.

Un an plus tard, Nicholas était de retour à Londres, à la tête de la National Gallery, l'une des plus grandes institutions britanniques. J'étais resté en contact avec lui au fur et à mesure que les preuves s'accumulaient pour une attribution à Léonard de Vinci, mais il s'était peu à peu montré distant et réticent à émettre des commentaires. Pas plus qu'il n'avait voulu voir l'original. Jusque-là, il n'avait vu que des photographies. Notre correspondance régulière restait polie, mais j'avais l'impression qu'il essayait de se débarrasser de moi. Dans un de ses e-mails, il m'écrivit : « Tu l'as acheté à une marchande très connue et très informée, Kate Ganz, pour une œuvre du XIXe siècle. Il est hautement improbable que Kate n'ait pas pensé que c'était un Léonard de Vinci quand il était en sa possession, et je serais très étonné qu'elle ne l'ait pas montré à des experts en dessins de maîtres anciens. »

J'étais abasourdi. Nicholas semblait dire que si des gens comme Kate Ganz affirmaient que ce n'était pas un Léonard de Vinci, alors ce n'en était pas un. Peu importait que l'attribution de Kate Ganz à un artiste du XIXe siècle se soit révélée fausse, comme elle l'avait publiquement admis. Je ne comprenais pas l'attitude de Nicholas, mais je fus surpris de trouver son nom parmi les détracteurs cités dans l'article de Dorment. Cela n'avait pour moi aucun sens qu'une personne dotée d'un professionnalisme et d'une expertise aussi grands puisse émettre un jugement sans avoir jamais vu le portrait.

J'exprimais ma frustration dans un e-mail que je lui envoyais après la publication de l'article du *Daily Telegraph*. Je l'invitais notamment à trouver le temps de venir voir *La Bella Principessa* de ses propres yeux, surtout s'il voulait faire des commentaires sur son authenticité. Je lui rappelais que de nombreux et importants experts de Léonard de Vinci soutenaient l'attribution. Je pensais sincèrement que l'érudition de Nicholas, son œil acéré et son sens inné de la justice finiraient par prévaloir et que, quand il serait au courant des derniers faits, il finirait par admettre que Léonard de Vinci en était l'auteur. Quelle erreur ! Non seulement il s'obstinait toujours dans son refus de voir l'original, mais il l'a exclu de l'exposition sur Léonard de Vinci inaugurée en novembre 2011, dans son musée.

Je décidais de rédiger une réponse au papier du *Daily Telegraph*, en reprenant point par point les preuves en faveur d'une attribution à Léonard de Vinci.

1. L'œuvre fut initialement identifiée comme un Léonard de Vinci par le professeur Mina Gregori, la doyenne reconnue de la critique d'art italien.
2. Un soutien en faveur de l'attribution à Léonard de Vinci fut publié pour la première fois en 2008 par Alessandro Vezzosi, directeur du Museo Ideale Leonardo da Vinci, dans une importante monographie, avec une introduction de Carlo Pedretti, le plus vieil expert au monde de Léonard de Vinci.
3. Francesco Buranelli, ancien directeur des musées du Vatican, et Claudio Strinati, ancien directeur des musées de Rome et actuel directeur général du ministère italien de la Culture, ont soutenu l'attribution. Timothy Clifford, ancien directeur général des National Galleries d'Écosse, ainsi que Simon Dickinson, l'un des plus importants marchands d'art au monde et anciennement expert chez Sotheby's, ont soutenu l'attribution.
4. Parmi les personnes que Dorment cite comme ayant rejeté l'attribution, aucune ne s'est rendue au laboratoire de recherches, ni n'a vu le portrait.
5. Ceux qui ont consacré un article à la découverte, comme les journalistes du *Spiegel* ou du *Times* de Londres, tout comme ceux qui ont fini par soutenir l'attribution, ont fait l'effort de venir au laboratoire Lumiere Technology à Paris, ce qui n'est pas le cas de Dorment.
6. L'empreinte de la paume et celle du pouce de Léonard de Vinci figurent bel et bien sur le parchemin. Cela fut

découvert par le laboratoire Lumiere Technology, et confirmé par un spécialiste des enquêtes scientifiques, Peter Paul Biro, assisté par l'ancien directeur de l'équivalent canadien de Scotland Yard.

7. En dénigrant implicitement l'exposition qui a présenté *La Bella Principessa*, Dorment a oublié de mentionner que le dessin y figurait en excellente compagnie, aux côtés d'œuvres de Raphaël, Michel-Ange, Filippino Lippi, et bien d'autres, dans le cadre d'une vaste étude sur la Renaissance, avec des prêts provenant de nombreuses institutions italiennes de première importance, y compris la Galerie des Offices à Florence.

C'était juste un début. Le *Daily Telegraph* ne souhaitait pas publier ma réplique. Je sentais que certains esprits se fermaient. Les Allemands ont une expression qui dit « *Papier ist geduldig* », ce qui signifie en substance que les êtres humains ont tendance à croire ce qu'ils voient imprimé. Cette fâcheuse réalité a eu raison de nombreux critiques qui, ayant lu l'attribution originale dans un catalogue, ne peuvent plus voir au-delà.

En juin 2010, Martin Kemp donna une conférence sur *La Bella Principessa*, devant un auditoire comble de cinq cents personnes, à la National Gallery de Londres. Nicholas Penny en assura la présentation et il souligna que même s'il ne partageait pas nécessairement les conclusions de Martin, il les respectait néanmoins. C'était un compliment équivoque, mais Martin, comme toujours, demeura charmant. Un ami présent à la conférence me rapporta que son exposé fut brillant et convaincant et qu'il reçut une standing ovation de son public.

Pourtant, les critiques n'en avaient pas fini avec nous ! Elles ne faisaient que commencer. Début juillet, Martin, Pascal et Jean Penicaut reçurent un e-mail de Peter Paul Biro. Sa tonalité affichait une désinvolture forcée, qui mettait tout de suite en garde.

« Dans la prochaine édition du *New Yorker*, un article empreint de préjugés et tiré par les cheveux va sans doute paraître sur moi, mon travail, et le dessin, écrivait-il. J'ai donné cette interview parce que j'ai toujours voulu me montrer transparent et disponible. Le *New Yorker* appartient à Condé Nast, qui lui-même appartient à Sy Newhouse – un important client de Christie's. Pour Christie's, ce sont 100 millions de dollars qui sont en jeu. Cela pour vous donner une petite idée… »

« Je n'ai pas de cadavre dans mon placard, continuait-il, et je suis toujours prêt à répondre aux questions des journalistes. Celui-ci [le reporter du *New Yorker*, David Grann] a fouillé dans mon passé et est remonté 20 à 30 ans en arrière, quand ma famille possédait une petite galerie d'art et un atelier de restauration… Je ne suis pas inquiet, et nous avons de bons avocats pour traiter l'affaire si elle dérape. Mais je voulais vous mettre au courant avant que l'article ne soit dans les kiosques. Encore une fois, nous sommes dans une situation où quand ils ne savent pas quoi faire d'une information, ils attaquent la personne. »

Les avertissements de Biro nous donnaient toutes les raisons de nous inquiéter, et à juste titre ! L'article, publié le 12 juillet, avait pour titre « La fabrication d'un chef-d'œuvre ». C'était un réquisitoire sanglant contre Biro. Il soulignait quelques-uns de ses problèmes personnels de crédibilité pour – par association – remettre en question l'attribution de *La Bella Principessa* à Léonard de Vinci[2].

Je me sentis tout d'abord découragé. Puis je compris que le passé de Biro ne pouvait pas, d'un point de vue pratique, ternir son rôle dans l'analyse des empreintes de *La Bella Principessa*. Il n'a jamais touché l'original. Ce n'est pas lui qui a découvert les empreintes. Il s'est contenté d'étudier ce qui était déjà là, et de tirer une conclusion, qui fut soutenue par André Turcotte, spécialiste des empreintes digitales à la retraite, qui a travaillé pour la Gendarmerie royale du Canada. Cela dit, il était vrai que si la réputation de Biro devait être traînée dans la boue, la cabale n'allait pas nous aider.

Ce qui m'affligeait tout particulièrement, c'était que Biro, sachant parfaitement qu'il avait des cadavres dans son placard – surtout la controverse sur les empreintes de Jackson Pollock – n'ait pas été plus circonspect. Qu'est-ce qui lui avait pris d'accorder une si grande interview à un journaliste comme Grann, sachant que ce dernier était en quête d'une histoire croustillante ? Cependant, il était clair que le travail de Biro sur *La Bella Principessa* pouvait résister à un examen minutieux.

M'étant procuré un exemplaire du *New Yorker*, je commençais à lire l'article. Force était de reconnaître que le papier était sacrément bien écrit, haut en couleur et riche en rebondissements. Au début, Grann décrivait de manière charmante le nid artistique et scientifique de Biro, à Montréal, y compris les bonnes odeurs de cuisine française que préparait sa femme, Joanne. Mais quelques lignes plus loin, il se mettait à démolir la réputation de Biro. L'argument principal de sa critique reposait sur ses agissements discutables lors de ses recherches relatives à l'authentification des empreintes de Pollock. Grann soulignait aussi les errements de Biro liés à des transactions financières dans le passé.

En ce qui concernait Pollock, l'enquête portait sur la controverse Matter. Alex Matter était un réalisateur de films dont les parents avaient été des amis de l'artiste. Il voulait savoir si des peintures retrouvées dans un entrepôt de stockage ayant appartenu à son père, à Long Island, étaient des œuvres de Pollock. Il envoya à Biro une photo de l'empreinte qui se trouvait sur l'une d'elles, et ce dernier trouva six éléments qui correspondaient à l'empreinte figurant sur le pot de peinture qu'il avait trouvé dans l'atelier de Pollock. Toutefois, des experts s'élevèrent contre l'attribution à Pollock, surtout après la découverte de pigments qui n'étaient pas encore disponibles à la mort de l'artiste. L'incident était embarrassant pour Biro.

En outre, Grann dévoilait d'anciens problèmes financiers familiaux, remontant à plusieurs décennies. Le fait que la famille Biro ait eu autrefois maille à partir avec des créanciers n'avait pourtant rien à voir avec la crédibilité scientifique de Biro !

Au fur et à mesure de ma lecture, je percevais nettement le fil conducteur de l'article : Biro avait fait des choix discutables par le passé, par conséquent, son interprétation de notre portrait était elle aussi discutable. Mais selon moi, l'article avait tiré la mauvaise conclusion en ce qui concernait *La Bella Principessa*, dans la mesure où la capacité de Biro à lire, comparer et analyser les empreintes digitales sur les œuvres d'art était extrêmement solide, puisqu'il possédait une importante base de données sur Léonard de Vinci qui ne pouvait être mise en cause.

J'ai un grand respect pour le talent de journaliste et d'écrivain de Grann, mais je trouvais dans cet article plusieurs points pouvant soulever des débats, notamment quand il évoquait les opinions d'experts. Il citait Hugo Chapman, une de mes vieilles connaissances lorsque celui-ci travaillait au département des Maîtres anciens, chez Christie's. Chapman était maintenant à la tête des Arts graphiques du British Museum. « Le marché est un lieu assez efficace, disait Chapman. Ce doit être une incroyable erreur. » Son commentaire me stupéfia. Lors des dernières années, le marché s'était quasiment effondré, et plus personne ne pouvait le qualifier d'« efficace ».

Mais voici une petite anecdote intéressante : durant ma période de recherches, après l'acquisition de *La Bella Principessa*, j'étais allé voir Chapman au British Museum car je souhaitais regarder de près ses boîtes contenant des dessins de Léonard de Vinci. À l'époque, je lui avais montré une photo du portrait, et il m'avait dit qu'il préférait ne pas se prononcer avant d'avoir vu l'original. « Je ne suis pas un expert de Léonard de Vinci », avait-il rajouté. Pourtant, dans l'article de Grann, il jouait les vedettes.

L'autre personne citée dans l'article était l'ancien directeur du Met, Thomas Hoving. Bien qu'il ait des références considérables et qu'il soit expert en faux, Hoving n'a pas vu *La Bella Principessa* avant de se prononcer sur son authenticité (et maintenant qu'il est mort, il n'en aura plus l'occasion).

Grann se faisait éloquent sur la particularité des connaisseurs en art, déclarant que « l'expertise en la matière est loin d'être exempte de défauts. Elle est sujette à l'erreur, l'arrogance et même la corruption. Et pourtant cette “étrange espèce de fauves” – pour reprendre l'expression de Hoving lorsqu'il parle des meilleurs connaisseurs qui peuvent vraiment percevoir une œuvre dans toute sa profondeur – possède un petit plus, qui après des décennies d'entraînement, d'études et d'immersion dans le travail d'un artiste, lui permet d'appréhender un tableau avec un art dont la plupart d'entre nous ne peuvent se prévaloir. Un expert en art n'est pas simplement capable de reconnaître un vrai d'un faux, il peut estimer s'il est ou non en présence d'un chef-d'œuvre ».

Oh que oui ! J'approuvais complètement. Et cela rendait d'autant plus incompréhensible que Grann ne soit pas allé interroger les experts le plus respectés de la Renaissance et de Léonard de Vinci pour son article. Où est Mina ? Où sont Vezzosi et Geddo ? Où sont Turner et Pedretti ?

L'article de Grann donnait l'impression que c'était Biro qui avait découvert les empreintes, et laissait sous-entendre qu'il les avait contrefaites. Fort de cette impression, j'écrivis une lettre au rédacteur en chef du *New Yorker*, qui fut publiée dans l'édition du 2 août :

> Dans son article remettant en cause les méthodes de Biro, Grann décrit le processus de l'authentification de l'œuvre *La Bella Principessa* que j'ai acquise en 2007. Malheureusement, la controverse autour de la personne de Biro fait passer sous silence les découvertes d'éminents érudits dont les conclusions ne reposent nullement sur les empreintes.

> Ce Léonard de Vinci fut tout d'abord exposé par Alessandro Vezzosi, directeur du Museo Ideale Leonardo da Vinci en 2008, bien avant la découverte des empreintes. Le rôle de Biro fut mineur – ce n'est pas lui qui a découvert les empreintes, pas plus qu'il n'a été un jour en possession de l'original. Les empreintes ont été identifiées par Lumiere Technology, qui a publié toutes les informations techniques disponibles sur son site Web. Par ailleurs, comme Grann l'indique, l'analyse des empreintes ne prétend aucunement correspondre aux critères de la police scientifique. Outre les experts cités dans le papier de Grann, il faut ajouter ceux qui ont soutenu l'attribution : le Professeur Mina Gregori, le Dr Claudio Strinati, ancien directeur des musées de Rome et actuel directeur général du ministère italien de la Culture, le Dr Cristina Geddo, spécialiste renommée des élèves de Léonard de Vinci, qui a publié ses découvertes dans la revue spécialisée *Artes* (université de Pavie). Par ailleurs, l'actuelle exposition de *La Bella*, à Göteborg, en Suède, est patronnée par le gouvernement italien.

Biro, assommé et démoralisé par l'article de Grann qu'il avait imaginé très différent, fit une déclaration où il exprimait son chagrin personnel :

> J'ai été peiné par l'article de David Grann paru dans le *New Yorker*, et indigné par les accusations injustes portées contre ma personne. Ces allégations sont tout à fait grotesques et me montrent sous un jour parodique. J'ai toujours eu une éthique irréprochable et je nie catégoriquement avoir contrefait des peintures ou des empreintes. En outre, je me suis toujours efforcé d'obtenir les meilleurs critères possibles lorsque je travaillais activement à une large reconnaissance des preuves par empreinte digi-

> tale sur des peintures désormais comprises et appréciées par beaucoup. Je pense que cette attaque éminemment personnelle et grossière est uniquement destinée à détruire ma crédibilité. Nulle part l'auteur ne cite les nombreux clients qui attestent régulièrement de mon intégrité professionnelle[3].

En juin 2011, Biro poursuivit Grann en justice devant la cour fédérale de Manhattan, lui réclamant 2 millions de dollars. « En raison de ses omissions choisies, de ses insinuations et de ses sarcasmes, l'article établit un portrait du plaignant qui n'a aucun fondement réel, et qui a grandement porté atteinte à sa réputation », pouvait-on lire dans la plainte[4].

Même si, selon moi, Biro s'est lui-même attiré des ennuis, j'étais désolé pour lui. Je croyais toujours en son extraordinaire talent et son impressionnante base de données. Je me fichais complètement de ses problèmes passés avec ses créanciers.

Je ne conteste pas le fait qu'il puisse y avoir divergence d'opinions parmi les experts. Je m'attendais à un flot d'avis dissonants. Mais je fus néanmoins surpris par sa violence. Ce qui me peinait particulièrement dans l'article de Grann, c'était que la crédibilité journalistique du *New Yorker* en ressortait écornée. Les suspicions de Grann furent reprises dans des dizaines d'autres publications et fournirent des armes idéales à ceux qui cherchaient à répandre des calomnies. J'avais imaginé qu'il y aurait de nombreuses oppositions à l'attribution, parce que de nouvelles découvertes, de par leur nature même, font rarement l'unanimité. Mais je ne pensais pas que l'affaire déclencherait une telle hystérie, ni des réactions aussi ouvertement tendancieuses. Des citoyens ordinaires m'écrivaient pourtant pour me dire : « Monsieur Silverman, merci d'avoir porté à notre connaissance un Léonard de Vinci inconnu », mais cette gratitude ne se reflétait dans aucun média. Au risque de passer pour ombrageux, j'étais blessé.

Toutefois, il ne serait pas juste de dire qu'il n'y eut aucune critique honnête, et avec celles-ci, j'étais prêt à débattre. Tant qu'elles étaient motivées par une recherche de la vérité, je les trouvais très positives. Il y avait notamment celle du Dr Francis Ames-Lewis, historien émérite d'art, professeur en histoire de l'art de la Renaissance au Birkbeck College, à l'université de Londres, et également vice-président de la Leonardo da Vinci Society. J'étais impatient de connaître son opinion sur l'attribution à Léonard de Vinci, et je lui écrivis pour l'informer de certaines critiques dirigées contre Martin depuis la publication de son livre. Le Dr Ames-Lewis gagna mon sincère respect par le sérieux de la réponse qu'il m'adressa, le 21 août 2010 :

> J'avoue que je n'ai pas suivi tous les flux et reflux des discussions au jour le jour sur votre dessin. Ce genre de polémique, fondée sur la médisance et l'injure, est fort déplaisante et regrettable à mes yeux. Mais je suis aussi attristé que vous et Martin ayez dû faire front à une critique bien injustement « hystérique ». Je suis tout à fait d'accord avec le fait qu'une critique honnête ne peut réfuter l'attribution sans avoir vu le dessin. Et réciproquement, je ne me sens pas capable d'accepter l'attribution sans avoir vu le dessin. Toutefois, je suis enclin à ajouter mon nom pour le soutenir : dans son livre, Martin apporte des arguments historico-artistiques très plausibles, et les preuves scientifiques de Pascal les corroborent de manière significative. La conférence qu'ils ont donnée tous les deux, sous la houlette de la Leonardo da Vinci Society à l'institut Courtauld, le 9 mai, était aussi fascinante que remarquable.

Il écrivit encore qu'il était « intrigué » par la possibilité que ce puisse être un Léonard de Vinci, en raison des implications que cela aurait sur l'histoire des techniques liées au dessin à la fin du

XVe siècle en Italie. « J'attends de voir l'original, un de ces jours », écrivit-il, et j'espérais moi aussi que ce jour viendrait bientôt.

Après la publication du livre de Martin et de Pascal, les critiques commencèrent à répondre. Mon fichier de correspondance grossissait à vue d'œil eu égard aux échanges avec certains critiques, parmi lesquels des amis et des collègues qui, me semblait-il, ne prêtaient pas à *La Bella Principessa* l'attention qu'elle méritait. L'un d'entre eux était le professeur David Ekserdjian, dont l'article paru dans *Burlington Magazine* était extrêmement critique. J'avais fait la connaissance de David et de sa femme, journaliste au *Financial Times*, des années plus tôt, et je lui écrivis le 5 novembre 2010 :

> Si tu te souviens bien, je t'ai proposé, au tout début, il y a deux ans, de venir étudier le dessin original, et d'examiner les découvertes de Lumiere Technology. Tu n'as jamais réagi à mon offre, ce qui est tout à fait ton droit. Mais pourquoi ensuite t'es-tu prononcé à son sujet sans l'avoir vu ? C'est un procédé que toi, en tant qu'intellectuel, ne peux cautionner. Martin Kemp s'est absolument refusé à émettre un jugement avant d'avoir vu *La Bella Principessa* en chair et en os, si je puis dire, tout comme Carlo Pedretti, Catherine Goguel, Mina Gregori, Claudio Strinati, Nicholas Turner, Simon Dickinson, Alessandro Vezzosi, Francesco Buranelli, Cristina Geddo et d'autres encore. Si tu as le moindre respect pour ces personnes, dont beaucoup ont consacré leur vie à l'étude de Léonard de Vinci, et que tu considères, j'imagine, comme des collègues estimables, pourquoi leur donnes-tu l'équivalent intellectuel d'un soufflet en prenant les positions qui sont les tiennes ?

Je lui rappelai que le portrait était à la disposition de quiconque faisait l'effort de venir le voir, et le pressai encore une fois de réagir à mon offre.

David répondit promptement, le jour même :

> Je viens de relire attentivement ma critique et je ne comprends pas pourquoi tu parles de « l'équivalent intellectuel d'un soufflet »… Je n'ai rien fait d'autre qu'exprimer un fort soupçon sur ce qui n'est absolument pas une certitude. Il est vrai que tu m'as invité à voir le dessin, mais je suis un universitaire, et je n'ai pas les moyens de me déplacer jusqu'à Paris. Par ailleurs, je n'ai jamais accepté d'argent pour venir voir une œuvre d'art et, ce qui est parfaitement compréhensible, tu n'as pas apporté la montagne à Mahomet, si je puis dire.

David réfuta ma profonde conviction selon laquelle on ne peut rendre un jugement sans avoir vu l'œuvre en vrai :

> Je ne crois pas qu'il soit raisonnable de refuser d'émettre un jugement explicitement provisoire sur une œuvre que l'on n'a pas vue. Il se peut qu'il ne faille jamais exprimer une opinion dans de telles conditions, mais je le fais tout le temps, et surtout quand les gens m'envoient des images par e-mail. Après tout, il y a d'innombrables œuvres qui se trouvent dans des musées où je ne suis jamais allé ou dans des collections privées accessibles que je n'ai jamais vues, sur lesquelles je me suis exprimé. Il en va de même pour les travaux qui ont été détruits, comme les pertes liées aux incendies des tours de Flak, à Berlin. Ne sommes-nous pas capables d'émettre un avis sur la paternité de *L'Éducation de Pan* de Signorelli, ou du *Saint Matthieu* du Caravage, ou encore des fresques de l'église des Eremitani ?
> Je me rends compte que nous sommes en désaccord sur *La Principessa*, ce que je déplore sur un plan personnel, mais pas d'un point de vue intellectuel. En réalité, les idées d'une personne sont constamment discutées et reje-

> tées, et cela ne me pose aucun problème. Je n'ai pas besoin que les gens soient d'accord avec mes points de vue : j'espère juste qu'ils écouteront mon raisonnement et qu'ils se feront leurs propres opinions. En outre, comme j'ai essayé de te le dire, si tu as raison (ce que, hélas, je ne pense pas), tu l'emporteras, car la vérité finit toujours par éclater.

J'appréciais l'argumentation de David et je la respectais, mais je pensais qu'il faisait preuve d'un peu de mauvaise foi, notamment en ce qui concernait le fait qu'il n'avait pas vu le portrait. Il s'agissait tout de même de ce que beaucoup d'intellectuels ont appelé la plus importante découverte en histoire de l'art depuis des générations ! S'il était dans l'impossibilité de se rendre à Paris ou en Suède, il aurait pu assister à l'une des deux conférences données à Londres, à l'Institut Courtauld et à la National Gallery.

De fait, j'ai peu d'indulgence pour ceux qui émettent un jugement sans avoir vu *La Bella Principessa*, surtout quand leurs jugements nuisent à sa cause. On pourrait même se demander si l'avis de David n'était pas biaisé par son ancienne collaboration avec Christie's, ce que je ne crois cependant pas. Après tout, même si on a tiré à boulets rouges sur Martin Kemp, moi-même et ceux que je respecte, ces attaques ne sont pas parvenues à remettre en cause l'argument scientifique de ce livre, car le côté technique dépasse un peu ces intellectuels. C'est difficile à croire, mais aujourd'hui encore, il y a des gens qui refusent Darwin et acceptent le mythe de la création biblique, en dépit de la science. Les gens croient ce qu'ils veulent, mais le fait est que Lumiere Technology détient une preuve scientifique absolue pour l'attribution.

Charles de Gaulle s'est un jour posé la question : « Comment voulez-vous gouverner un pays où il existe plus de trois cents sortes de fromage ? » Dans le même état d'esprit, comment peut-on obtenir un consensus sur un artiste comme Léonard de Vinci, quand il existe pléthore d'experts autoproclamés ? Il suffit d'aller sur Google et de taper « La Bella Principessa » et « Léonard de Vinci » pour voir les opinions les plus excentriques émises par des soi-disant experts souvent anonymes et capables d'affirmer par exemple : « Ce ne peut pas être un portrait de Léonard de Vinci, car le cou est trop long. » Ou encore : « Elle n'a jamais été citée dans le corps de ses œuvres. »

Visiblement, beaucoup se prétendent experts, mais ne sont pas compétents, et cela vaut dans tous les domaines. Il y a aussi les personnes compétentes, mais qui font parfois des erreurs. Personne n'est parfait sur toute la ligne. Chacun a le droit d'avoir ses opinions, mais je pense qu'elles doivent se fonder sur des preuves.

La controverse autour de cette nouvelle découverte prend des proportions gigantesques, avec des implications et des répercussions considérables sur le milieu de l'art. Je suis heureux d'être entré dans l'arène avec plus de trente années de solide expérience derrière moi et d'importantes relations parmi les experts en art. Si j'avais été un collectionneur naïf et inexpérimenté, je ne me serais peut-être jamais lancé dans la bataille, ou bien j'aurais jeté l'éponge très rapidement, et *La Bella Principessa* serait encore restée dans l'ombre pendant cinq cents ans. Au lieu de quoi, j'ai été capable de suivre le long chemin qui menait à l'attribution à Léonard de Vinci, évitant la plupart des pièges. Au fond, je suis un homme consensuel, je n'aime pas la confrontation, mais je ne supporte pas la paresse, le manque de rigueur, les préjugés et les turpitudes intellectuelles.

Il est étonnant de constater à quel point les opinions et les perceptions peuvent diverger. Bien sûr, il est rare qu'une grande découverte ne suscite pas de controverses dans le milieu de l'art. Mais beaucoup de gens se demandent sûrement comment il est possible d'en arriver à des opinions aussi contradictoires sur *La*

Bella Principessa : on passe de « C'est un faux » à « C'est une œuvre d'une sublime beauté réalisée par le plus grand artiste que le monde ait connu ». À certains égards, il s'est agi d'une bataille herculéenne entre d'un côté les forces réactionnaires (ceux dont les esprits sont clos et fermés) et celles de l'inertie, et d'un autre côté les forces de l'ouverture et de la curiosité (ceux qui utilisent toutes leurs facultés de connaisseurs, tout leur savoir, toutes leurs émotions, toute leur âme pour enquêter sur une œuvre d'art).

Une spécialiste de Léonard de Vinci a déclaré à la presse : « Cela ne ressemble à aucune œuvre que je connaisse de l'artiste. » Je suis toujours stupéfait par ces propos. Est-ce une façon pertinente de raisonner ? Est-ce raisonner tout court ? L'argument de Kate Ganz contre l'attribution à Léonard de Vinci consistait à dire que le portrait n'était pas assez beau. Dans ces conditions, pourquoi l'a-t-elle un jour acheté ? Hoving alla dans ce sens en l'estimant « trop doux ». Ce sont des commentaires subjectifs qui devraient être pris pour ce qu'ils sont.

Les experts qui soutiennent l'attribution à Léonard de Vinci abordent le sujet différemment. La grandeur du maître résidait dans le fait qu'il suivait son propre génie créatif et qu'il inventait sans cesse de nouvelles techniques et méthodes. Lui, moins que tout autre, aurait apprécié de se retrouver dans un moule si étroit. Cela pose la question de savoir pourquoi certains experts en art attendent bêtement de l'artiste qu'il se conforme à un style ou à une méthode particulière. Quand un artiste s'écarte de ses schémas habituels, les experts aux esprits fermés ne reconnaissent pas son travail. Ce sont pourtant précisément ces écarts qui attestent de son génie.

Ceux qui croient que *La Bella Principessa* est digne de Léonard de Vinci sont généreux et éloquents. Sir Clifford m'a clairement dit : « Je pense vraiment et je continue à penser que le seul artiste capable de l'avoir dessiné, c'est Léonard de Vinci. Même si son trait s'est ensuite renforcé, la graphologie paraît tout à fait correspondre à l'œuvre du maître, et je ne vois aucun artiste dans le cercle de Léonard de Vinci qui ait été capable d'exécuter une image aussi parfaite, en cohérence avec ses peintures et ses dessins les plus achevés. »

Pourquoi, selon lui, le portrait n'avait-il pas été reconnu par Christie's ni par Kate Ganz, alors qu'elle était restée neuf ans en sa possession ? demandai-je à Clifford. C'est le grand argument de ceux qui s'opposent à l'attribution au maître. Ils ne peuvent pas croire que des yeux aussi exercés aient regardé le tableau et n'aient pas réagi.

Clifford admit qu'il avait vu une petite reproduction du dessin quand il avait été confié à Christie's et que « par paresse, [il] s'était dit que ce devait sans doute être un tableau des Nazaréens ». Voilà pourquoi il était compréhensif, voire indulgent envers ses collègues qui n'avaient pas reconnu la touche de Léonard de Vinci dans le dessin.

« Peu de connaisseurs oseraient lui donner une si illustre attribution, me dit-il. Bien trop de personnes abordent l'attribution des dessins avec leur tête plutôt qu'avec leur cœur. Pour moi, c'est la réaction instinctive qui marche le mieux et en l'occurrence, mon réflexe immédiat fut de penser (sur la base de photographies) que l'attribution à Léonard de Vinci était convaincante. Je le maintiens.

– Pourquoi tant de tes collègues des musées ont-ils pris violemment parti contre l'attribution ? La plupart d'entre eux n'ont d'ailleurs jamais vu le portrait en vrai », objectai-je.

Il répondit prudemment, après mûre réflexion : « J'ai évidemment beaucoup de respect pour mes collègues, ceux qui travaillent dans les salles de gravure ayant un léger avantage en matière d'expertise sur ceux qui sont en charge du département Peinture. À mon avis, peu d'entre eux ont regardé avec une attention suffisante les travaux graphiques de Léonard de Vinci et de ses disciples. La plupart ont écouté l'avis d'un ou deux de leurs collègues les plus éminents, puis l'ont soutenu sans vraiment oser aborder la question par eux-mêmes. J'aimerais particulièrement entendre l'avis de ceux qui font de nouvelles découvertes dans le domaine de l'art graphique, tandis que celui d'une personne n'ayant jamais effectué de découvertes d'importance m'intéressera moins. Nous avons une tendance, nous les êtres humains, à rejeter tout ce qui est nouveau et ne nous est pas familier. C'est une réaction fondamentale pour l'humanité, car elle l'aide à se préserver. »

Un de mes proches amis, Richard Herner, ancien directeur de la prestigieuse galerie Colaghi, sur Bond Street, à Londres, et marchand de maîtres anciens depuis plus de quarante ans, me recommanda d'être prudent dans ma critique des directeurs de musées. « Ce sont nos clients et nous avons besoin de leur bonne volonté pour vendre nos biens », dit-il. Il formula aussi un point de vue qui poussait à la réflexion sur les musées. « En principe, le rôle premier des musées n'est pas de faire des découvertes, souligna-t-il. Si certains conservateurs y arrivent de temps à autre, tant mieux. Leur objectif principal est de préserver, pour les générations futures, la santé physique des objets d'art qui ont survécu au fil du temps et de renforcer le stock de leur héritage artistique avec les meilleurs moyens à leur disposition. Leur tâche première n'est pas de miser leur argent sur une intuition, cela revient au marchand en maîtres anciens, même si ce n'est pas son unique tâche.

« Il n'existe pas non plus de système universel d'assurance couvrant tous les musées. Certains n'ont pas les moyens de prendre des risques financiers, et ceux dépendant de l'État sont soumis à des contraintes liées à la sécurité et la comptabilité. C'est pourquoi il n'est pas juste de les attaquer pour avoir été réticents à la spéculation. À ta place, je serais prudent quant au besoin de prouver l'authenticité du Léonard de Vinci en accumulant des opinions favorables, et en résistant aux critiques émanant de certains camps par une attaque générale contre la culture et l'érudition de ceux qui gèrent les musées. Cela ne te rapportera rien, même si tu l'emportes sur eux. Car s'ils sont tous ignorants et si peu enclins à prendre des risques, pourquoi l'un d'entre eux accepterait-il un jour d'acheter le tableau de Léonard de Vinci ? Ce n'est pas comme si c'était leur découverte. »

J'appréciais son raisonnement. Peut-être que je n'avais pas été aussi aimable et politiquement correct que j'aurais dû l'être. Malgré tout, je devais me défendre. « Je n'ai rien contre ceux qui font bien leur travail, lui dis-je. Je m'en prends juste à ceux qui font des déclarations irresponsables, potentiellement susceptibles de porter préjudice à *La Bella Principessa* et à leur propre réputation. »

13

QU'EST-CE QUI CONSTITUE UNE PREUVE ?

> « Il y a trois catégories de personnes :
> celles qui voient, celles qui voient quand on leur montre, et celles qui ne voient jamais rien. »
> Léonard de Vinci

La question « Comment pouvez-vous en être sûr ? » revenait sans cesse. Les gens trouvaient difficile d'accepter qu'il puisse y avoir des différences d'opinions, que l'on soit dans l'incapacité d'apposer un tampon absolu qui garantirait l'authenticité. Interrogé au sujet de ce qui constitue une preuve, Martin réaffirma adroitement sa position :

> Aucune preuve unique n'*atteste* de manière absolue que le portrait de la femme de profil réalisé aux craies de couleur sur vélin ait été exécuté par Léonard de Vinci au milieu des années 1490, ni que le modèle soit Bianca Sforza. De la même façon, aucune preuve unique n'*atteste* que *La Joconde* soit un portrait de Lisa Gherardini (la femme de Francesco del Giocondo) réalisé par Léonard de Vinci, commencé en 1503 et terminé bien plus tard. On sait qu'il y a eu au moins un autre tableau présenté comme *La Joconde* originale, et qu'il y a plusieurs théories sur l'identité du modèle. Si le portrait de Mona Lisa del Giocondo est aujourd'hui attribué de façon certaine au corps des œuvres réalisées par Léonard de Vinci, c'est

> en raison d'une accumulation d'arguments qui se recoupent, et surtout parce que le tableau participe activement à la façon dont nous percevons Léonard de Vinci comme un tout. Toute nouvelle œuvre importante, pour mériter cette qualification, doit affecter de manière significative la totalité du legs de Léonard de Vinci sur le long terme. Eu égard à l'accumulation des arguments qui se recoupent, nous avons réuni suffisamment de preuves pour confirmer que *La Bella Principessa* est bien de Léonard de Vinci. Les critères du style et du matériau, alliés aux examens techniques, indiquent que nous avons affaire à un travail qui a tout d'un Léonard de Vinci[1].

Martin et les autres étaient convaincants, mais leurs arguments – aussi étayés fussent-ils – suffisaient-ils à constituer une preuve au sens où nous l'entendons ? Revenons en arrière et reprenons les principales critiques.

Le *Fine Art Registry* (*FAR*) lança une attaque des plus rigoureuses contre *La Bella Principessa*, et conclut qu'il ne pouvait soutenir l'attribution en raison de plusieurs lacunes. Il insistait notamment sur l'absence de provenance, sur la non-fiabilité de la datation au carbone 14, et de l'étude des empreintes à la manière de la police scientifique – des questions légitimes mais pas du tout au cœur de l'expertise.

Reprenons un à un les différents points, à commencer par l'absence de provenance :

> La quasi-absence de documentation sur la provenance pouvant parler en faveur de Léonard de Vinci rend cette œuvre suspecte et pose les questions suivantes : qui la possédait ? D'où vient-elle ? Quand a-t-elle été réalisée[2] ?

Naturellement, nous recherchons toujours sa provenance et nous lui accordons une très grande importance, mais il y a souvent des lacunes – et parfois même de très grandes lacunes – pour les œuvres très anciennes. Au chapitre suivant, nous révélerons une découverte stupéfiante qui répondra à la question. Mais n'anticipons pas… En général, il est important de savoir d'où provient une œuvre dans la mesure où les faussaires utilisent la confusion sur la provenance à leur avantage, comme l'a sans doute fait van Meegeren avec ses faux Vermeer (voir chapitre 4). Cependant, la provenance, pour beaucoup d'œuvres attribuées et visibles dans les musées, est incertaine, y compris celle de *La Dame à l'hermine* : on ne sait pas où elle se trouvait jusqu'à la fin du XVIIIe siècle.

Claudio Strinati soulignait à bon escient : « Bien que l'on ait affirmé beaucoup de choses au sujet de *La Bella Principessa*, on ne peut pas répondre à toutes les questions, y compris celle de savoir où elle a pu se cacher pendant des siècles. Mais ce n'est pas surprenant. Beaucoup d'aspects dans les études menées sur Léonard de Vinci resteront insolubles, justement parce que les éléments de mystère si typiques des grands maîtres entravent l'érudition. (De fait, c'est cette même dimension liée au mystère qui peut donner naissance à des créations populaires aussi fantaisistes que *Da Vinci Code* !)[3] »

La deuxième critique du *FAR* repose sur la non-fiabilité de la datation au carbone :

> Utiliser la datation au carbone 14 pour une œuvre ayant seulement 500 à 600 ans fournit des résultats moins précis et moins fiables, et à ce titre, ne peut permettre de définir un âge particulier, ou une fourchette d'âge au sein de cette période.

L'analyse au carbone 14, qui donne une fourchette de 200 ans environ, ne prouve pas que le portrait a été dessiné dans les années 1490, même si elle ne prouve pas non plus le contraire. En revanche, elle élimine la possibilité que ce soit une œuvre du

XIXe siècle, ainsi que Christie's l'avait cataloguée. Une fois admis que la maison de ventes aux enchères et ses experts s'étaient trompés, une enquête sur la paternité de l'œuvre s'imposait.

Troisièmement, la critique du *FAR* concerne l'analyse scientifique des empreintes digitales.

> Faire correspondre les empreintes digitales de la présente œuvre avec des empreintes comparables est problématique dans la mesure où l'échantillon utilisé n'a pas de chaîne de responsabilités. On ne sait même pas si la nouvelle empreinte a été prise correctement.

La preuve des empreintes digitales a été la plus largement discutée et contestée – peut-être parce c'est ce qui parle le mieux à l'imagination du public. Mais évoquer une « chaîne de responsabilités » met précisément le doigt sur le problème des critiques relatives aux empreintes digitales : nous ne sommes pas dans *Les Experts*. Il n'y a pas de cadavre. Et personne ne risque la mort en raison de ces empreintes.

Il est légitime de rechercher les empreintes digitales en art, puisque beaucoup d'artistes en laissent sur leurs œuvres. C'est une preuve potentielle qui vient s'ajouter à un puzzle complexe. En ce qui concerne la controverse autour de Biro lancée par l'article du *New Yorker* (voir chapitre 12), cela n'a rien à voir avec *La Bella Principessa*, parce que Biro n'a pas découvert l'empreinte, ni n'a eu l'original en sa possession. Nous avons sollicité son opinion d'expert, et il nous a offert une lecture convaincante.

Martin, qui partageait ce point de vue, me dit : « J'ai toujours conditionné ma confiance dans les empreintes à l'ensemble des preuves. Cela n'a jamais été la "preuve parfaite", en dépit de ce que la presse peut affirmer. Les critères à considérer pour l'analyse des empreintes – dans toutes les œuvres d'art, y compris celle-ci – ne sont pas encore établis de manière satisfaisante à l'heure actuelle et toute conclusion est forcément provisoire. Paul [Biro] travaillait dans le cadre de paramètres que nous connaissions, et il n'avait rien à gagner, financièrement parlant, en affirmant que les empreintes correspondaient. »

Le *FAR* termine son évaluation avec cette vague affirmation peu satisfaisante : « L'analyse ci-dessus prouve que les approches, les méthodes et les critères utilisés pour confirmer l'authenticité du nouveau Léonard de Vinci ne permettent pas une conclusion indubitable. Cela ne signifie pas que l'œuvre n'est pas authentique. Mais tant que de nouvelles recherches n'auront pas eu lieu avec des critères, des méthodes et des approches acceptables, les affirmations actuelles concernant son authenticité seront discutables. »

Ces propos n'étaient ni très courageux ni très clairvoyants, puisqu'ils revenaient à dire : « Peut-être bien que oui, peut-être bien que non. » Mais peu importe que ces questions soient soulevées. Cela fait partie du jeu. Même Nicholas Turner le reconnut, quand il commença à se pencher sur le cas de *La Bella Principessa* : « Si l'on se réfère au style et aux hachures faites de la main d'un gaucher, de deux choses l'une : soit c'est une œuvre originale de Léonard de Vinci, soit c'est une copie, un pastiche ou un faux réalisé pour ressembler à un portrait autographe de Léonard de Vinci[4]. » Turner a fini par trancher en faveur d'une attribution au maître.

Dans son compte rendu sur les preuves, Strinati écrit : « Les investigations scientifiques confirment la date du portrait et situent son origine dans un contexte assez précis. Les conclusions s'appuient sur la qualité artistique exceptionnelle du portrait lui-même : la tonalité de l'expression faciale, les contours incisifs mais subtils, et le traitement délicat sont tous éminemment léonardesques. On sent dans le modèle un mélange de mélancolie et de force. Et, comme Kemp le démontre parfaitement, sa beauté transcende les meilleurs efforts des poètes de la cour Sforza[5]. »

Reste cette affirmation que je trouve inexplicable dans la critique du *FAR* : « La plupart, si ce n'est toutes les preuves fournies pour établir l'authenticité du nouveau "Vinci", proviennent d'agences de presse citant de prétendus experts en art et ce qui les a conduits à leurs conclusions. » Bien que les médias du monde entier se soient précipités sur l'histoire une fois que nous l'avons rendue publique, leurs articles n'étaient pas en eux-mêmes des preuves. Malheureusement, ce mensonge – selon lequel toute l'affaire serait une création médiatique – s'est abondamment répandu. Pour la défense de *La Bella Principessa*, je peux simplement dire qu'elle a passé de longs moments en laboratoire avant qu'un seul mot ne soit soufflé à la presse. Et soit dit en passant, son statut médiatique d'« œuvre à sensation » est largement mérité.

Dans un autre article du *Fine Art Registry*, « Obtenir la vérité d'une authentification », Theresa Franks écrit : « L'art visuel est une énigme sans valeur intrinsèque ; elle est enveloppée dans des couches de mystère qui permettent sa "véritable authentification", sans artifice ni prétention, dans la mesure où l'œil du connaisseur joue un rôle prépondérant. Il s'agit d'appréciation, de discernement, de perception, de goût et d'amour pur des beaux-arts que les outils de la science et la police scientifique, bien qu'utiles, ne pourront jamais remplacer ou répliquer[6]. »

De prime abord, ce point de vue est juste, mais il laisse beaucoup de questions sans réponse lorsque les connaisseurs ne sont pas d'accord. Rappelons-nous le débat autour des deux versions de *La Vierge à l'enfant*, du Flamand Jan Gossaert (XVIe siècle). Jusqu'en 1994, tout le monde s'entendait pour dire que l'original se trouvait au Kunsthistorisches Museum de Vienne, et que l'autre était une copie. Mais après avoir nettoyé ce deuxième tableau, en avoir retiré le vernis et les surcouches de peinture, la National Gallery de Londres a déclaré détenir l'original. Le Metropolitan Museum of Art de New York conteste cette découverte et considère toujours que l'œuvre de Vienne est l'original et celle de Londres « une copie d'après Gossaert ».

Lors d'une exposition en 2010, le Met exposa les deux versions côte à côte, afin que les visiteurs puissent se faire leur propre opinion. Mais en 2011, l'exposition de la National Gallery montra uniquement l'œuvre que le Met estimait être une copie[7]. Chaque musée affirme que sa version est l'original, et même avec l'aide de la science et de la technologie, il revient aux experts et aux yeux connaisseurs d'en décider.

Alors qui a raison ? Et s'il y avait en réalité une autre réponse ? Gossaert a peut-être lui-même peint les deux versions parce que son commanditaire le lui avait demandé. Je me souviens, dans les années 1970 et 1980, d'un débat portant sur deux versions d'un tableau du Caravage, *Garçon mordu par un lézard*. Lequel était le vrai ? Pour moi, les deux étaient du Caravage. Tous les érudits à qui j'en avais parlé m'avaient regardé de haut. Finalement, dix ans plus tard, les experts s'étaient mis d'accord : elles étaient toutes deux authentiques. Elles furent accrochées côte à côte à la National Gallery. Aujourd'hui, l'une y est toujours, tandis que l'autre a rejoint le Longhi Institute de Florence. Depuis, toute « deuxième version » d'un tableau du Caravage a été admise comme authentique, même si cela soulève toujours de grands débats.

Que penseraient les grands connaisseurs des époques précédentes des méthodes employées aujourd'hui pour les évaluations, notamment celles des conservateurs de musée ? Voilà une question que je me suis souvent posée. Au XIXe siècle, Giovanni Morelli développa une nouvelle approche influente en matière de critique d'art, la méthode Morelli. Cette technique était destinée à identifier la touche du peintre en étudiant les minuscules détails qui trahissent sa manière spécifique de représenter certains éléments, telles les oreilles.

Morelli expliquait : « Tout comme la plupart des hommes

qui parlent ou écrivent ont des habitudes verbales et emploient des mots et des phrases favoris sans même s'en rendre compte et parfois de façon inappropriée, presque tout peintre a ses particularités qui lui échappent et dont il n'est pas conscient... Aussi, toute personne souhaitant étudier un peintre de près, doit-elle découvrir ces petits détails matériels et s'efforcer de les prendre en compte : un étudiant en calligraphie les appellerait des ornements[8]. » On peut puiser avec succès dans les idées de Morelli pour étudier *La Bella Principessa*, car comme Martin et d'autres l'ont relevé, ce dessin comporte maints détails significatifs.

Les disciples de Morelli reprirent ses concepts dans leurs études. Ce fut le cas de Walter Pater, qui vécut de 1839 à 1894 et qui fut considéré comme l'un des plus grands critiques de tous les temps. Pour lui, l'observateur devait s'immerger dans l'œuvre et la voir vraiment, sans laisser ses réflexions lui brouiller la vue.

Selon lui, l'objectif du connaisseur est de « définir la beauté, non en termes abstraits, mais de la manière la plus concrète possible... Dans la critique esthétique, la première étape pour voir un objet tel qu'il est vraiment, consiste à connaître ses propres impressions telles qu'elles sont vraiment et de les considérer distinctement. » Ainsi, il demandait au connaisseur de se poser la question suivante : « Quel effet cela produit réellement sur moi ? Celui qui fait l'expérience de ce genre d'impressions n'a absolument pas besoin de se tracasser avec la question abstraite de ce qu'est la beauté en elle-même, ou sur la nature de sa relation à la vérité ou à l'expérience – ce sont des questions métaphysiques stériles[9]. »

Le grand expert en art Bernard Berenson, qui a consacré une grande partie de sa vie à ce domaine et a été impliqué dans l'une des histoires les plus singulières du siècle dernier (voir chapitre 4), était à la fois un disciple de Morelli et de Pater. Il s'efforçait d'envisager l'art selon le point de vue du simple profane :

> Beaucoup voient des tableaux sans savoir quoi regarder. On leur demande d'admirer des œuvres – prétendument –

> d'art et ils n'osent pas dire, comme l'enfant dans le conte de [Hans Christian] Andersen : « Regardez, l'empereur est nu. » Le public sent vaguement qu'il n'est pas rassasié, pas concerné, qu'on se moque peut-être de lui. C'est comme si soudain on lui ôtait sa nourriture familière et qu'on lui demandait de manger des plats inconnus, avec des goûts bizarres, lui donnant le pressentiment qu'ils étaient peut-être empoisonnés.
>
> Au fil d'une longue expérience, l'humanité a appris quelles bêtes dans les champs, quel volatile dans l'air, quelles choses rampantes, quels poissons, quels légumes et quels fruits elle pouvait manger. Au cours de milliers d'années, elle a appris à les cuisiner afin qu'ils plaisent à son odorat, son palais, afin qu'ils soient savoureux. De la même façon, certains d'entre nous ont appris au cours des siècles quelles œuvres d'art, quelles peintures, quelles sculptures, quelles architectures nourrissent l'esprit. Peu d'entre eux sont aussi convaincus par ce qu'ils voient que par ce qu'ils mangent. Tout comme nous avons tous appris ce qu'est la meilleure nourriture, certains pensent que nous devons apprendre ce qui est le meilleur dans l'art[10].

Bien que Berenson soulignât que l'art ne prévalait pas sur la nourriture, il cherchait à éduquer les papilles du goût artistique des futures générations d'amateurs d'art. Berenson avait une idée pure de ce qu'était un œil connaisseur. Qu'aurait-il pensé des technologies avancées que nous avons aujourd'hui à notre disposition ? À mon avis, il aurait été intrigué par l'opportunité d'enquêter sur l'art de façon si résolument moderne. N'est-il pas connu pour avoir dit : « Entre la vérité et la recherche de la vérité, je choisis toujours la deuxième » ?

Berenson prétendait avoir une vue égalitaire de l'art : il fallait que les masses puissent le consommer comme de la nourriture (même si on ne voit pas tout le monde aller dîner dans les restaurants sélects). De la même façon, Thomas Hoving mit en avant l'approche de l'art par le grand public quand il écrivit son article « Becoming an Art Connoisseur » (Devenir un connaisseur d'art), pour Dummies.com[11] (Nuls.com). Faire connaître l'art aux ignorants est sans doute une gageure, mais Hoving a le mérite d'essayer. Son argument fondamental, et à mon sens un peu faible, c'est que l'on doit se saturer d'œuvres d'art pour les apprécier et les comprendre. C'est une ambition merveilleuse pour tout un chacun, mais il faut opérer une ferme distinction entre celui qui aime l'art et celui qui prend la responsabilité d'authentifier les œuvres d'art. [Soit dit en passant, il existe aussi « Art Connoisseur Cruises » (Croisières pour les connaisseurs d'art), sponsorisé par « Princess Cruises Lines » (Les Lignes de croisière Princesse) ainsi qu'un groupe sur Facebook qui s'appelle « Contemporary Art Connoisseurs Weekly Exhibitions » (Expositions hebdomadaires des connaisseurs d'art contemporain).]

Nous vivons à une époque où tout le monde peut s'improviser écrivain, chanteur, artiste, chef cuisinier ou critique d'art. Cette tendance est pour le moins attrayante, mais en réalité le connaisseur en art, tout comme le scientifique ou le neurochirurgien, possède une expertise qui dépasse largement les capacités d'un amateur non entraîné. Ce n'est pas un travail pour les « nuls », même si je suis certain qu'on a déjà traité des experts de « nuls ».

Aujourd'hui, la responsabilité du connaisseur en art est plus grande, me semble-t-il, qu'au temps de Morelli ou de Berenson. Ceux-ci n'avaient qu'à se fier à leurs propres talents, leurs jugements et à suivre le fil de leur « sixième sens », pour reprendre les termes de Berenson. Aujourd'hui, un connaisseur doit aussi prendre en compte la technologie et s'en tenir informé. La résistance est vaine, tout comme un écrivain qui refuserait de se servir d'un ordinateur serait d'un autre temps.

La triste vérité, c'est que même les conservateurs des musées les plus prudents peuvent être aveuglés par le miroitement d'une donation opportune. L'histoire de l'Américain Augustus Landis est à cet égard assez cocasse. Cet imposteur et faussaire prolifique a défié pendant trente ans le concept même d'œil du connaisseur. Le génie spécifique de Landis n'a jamais été la grande qualité de son travail, mais le fait qu'il le donnait gratuitement – en hommage à ses défunts parents –, intriguant les conservateurs de musées qui ne pouvaient décliner ni poser trop de questions sur ce qu'ils estimaient être de merveilleux cadeaux. Pour faire monter encore la pression psychologique, Landis se présentait souvent déguisé en prêtre.

Il était devenu le cauchemar des musées, mais quelle était donc sa motivation, si ce n'est pas l'argent ? Peut-être un profond ressentiment envers l'élitisme de la communauté artistique. Ou bien était-il un artiste frustré dont les œuvres ne trouvaient un public que lorsqu'elles étaient signées d'un nom célèbre. D'aucuns prétendent que c'était un malade mental.

À John Gapper, journaliste au *Financial Times* qui écrivit un article sur lui, il déclara : « J'ai été terriblement bouleversé quand mon père est décédé. Lorsque ma mère a disparu à son tour… Je ne sais pas si je m'en remettrai jamais. J'aurais aimé créer un musée portant le nom de mon père et de ma mère, mais je ne suis pas milliardaire. Beaucoup de gens ont des tableaux dans les musées en souvenir de l'être aimé, n'est-ce pas ? Tout le monde a une pierre tombale, cela ne signifie rien, mais un tableau dans un musée, cela veut vraiment dire quelque chose[12]. »

Dans l'article de Gapper, Landis apparaît comme un homme dénué de mauvaise intention, ce que le milieu de l'art conteste fermement. Pour ses membres, Landis est une menace, responsable du gaspillage de ressources, même si jusqu'à présent, il n'a pas attiré sur lui les foudres de la loi dans la mesure où il ne demande pas d'argent. Toutefois, en trompant le monde élitiste des musées, il a créé sa propre griffe. C'est sans doute une autre façon de montrer que l'art est beauté.

Mais pourquoi les conservateurs ont-ils été dupés ? Il ne suffit pas d'affirmer que la valeur des œuvres se trouvait renforcée à leurs yeux parce que celles-ci étaient gratuites. Ils se voyaient flattés par l'aura snob qui entourait le personnage : Landis prétendait qu'il descendait de ces familles fortunées qui font des donations aux musées. L'habit de religieux le rendait encore plus convaincant : un prêtre issu d'une famille élitiste entrant dans un musée pour faire un acte de charité en hommage à ses défunts parents adorés. Cela avait un certain cachet ! Peut-être que si les conservateurs avaient eu les moyens et la volonté de procéder à de simples tests, ils auraient mis Landis à la porte. Mais tout conservateur, même ceux des petits musées, aime à penser qu'il possède un sixième sens – la capacité de reconnaître instantanément une grande œuvre.

J'imagine aisément un jour pas si éloigné de nous où les musées et les maisons de ventes aux enchères respectables disposeront de caméras à imagerie multispectrale et d'autres technologies semblables, capables d'éliminer sur-le-champ les fraudeurs. On tremble à l'idée du nombre d'attributions erronées qui seraient découvertes, si les tableaux étaient soumis à l'œil révélateur de la caméra de Pascal. Pour cette raison, à mon sens, les musées ne sont pas trop pressés de s'équiper de cette technologie. Non qu'ils n'aimeraient pas avoir l'assurance que les tableaux qu'ils possèdent soient des vrais. Mais la nature humaine étant ce qu'elle est, même les meilleurs esprits peuvent redouter les preuves.

Tout ce débat autour de Léonard de Vinci revient en fait à se demander : à l'œil de qui peut-on faire confiance ? Je n'ai pas la prétention de demander au monde de faire confiance au mien, dans la mesure où je ne suis pas une sommité universitaire. Mais pour ma défense, voilà ce que je peux dire. Durant les trente dernières années, j'ai compris que « les actes valent plus que les paroles », comme on disait à Brooklyn, où j'ai passé de dures années en tant qu'enfant immigré. « Fais le poids, ou tais-toi », c'était le jeu auquel nous jouions, et j'ai compris la leçon. Dans les salles de ventes, chez les marchands, dans les magasins d'antiquités et dans d'autres endroits encore, j'ai acheté des œuvres d'art avec mon propre argent, utilisant mon savoir et mon expérience. Si je faisais des erreurs, je devais en assumer les conséquences. J'étais à rude école, mais j'acceptais les défis car je savais que les récompenses étaient potentiellement très élevées, surtout en ce qui concernait les maîtres anciens, que ce soit une sculpture, un dessin ou une peinture.

Aujourd'hui les maisons de ventes, contrairement à ce qui se faisait autrefois, emploient rarement les gens les plus doués, parce qu'elles ne peuvent ou ne veulent pas payer les salaires demandés. Alors leur personnel change et leurs nouveaux employés ont de moins en moins d'expérience. Vous n'imaginez pas le nombre de faux ou de peintures mal attribuées qui encombrent les caves des musées ! Il est déjà arrivé que des musées, dont le Met, vendent des peintures qu'on leur avait données et qui se sont révélées plus tard des œuvres majeures. Ainsi, un grand musée avait reçu en donation un tableau qu'il a immédiatement revendu, sans le soumettre à un examen, et qui était en réalité un Raphaël. Il était exposé à Göteborg.

Bien que ce ne soit pas aux érudits ni aux conservateurs de musées de prendre des risques et de s'immerger dans les problèmes du marché, les musées cultivent des relations avec les marchands : ils espèrent ainsi leur racheter des œuvres – à un prix inévitablement plus élevé que celui payé par le marchand – car ils ont l'assurance que celui-ci les aura achetées avec ses propres fonds, validant ainsi leur valeur. Si les gens des musées se trompent, ils ne souffrent pas des lois du marché. Les fonds publics financent leurs erreurs, ils n'en sont donc pas personnellement de leur poche. Je ne dis pas cela par ressentiment, je souhaite juste que chacun joue cartes sur table.

Pour ma part, je suis heureux de mettre mon argent sur la

table, de prendre un risque dans l'espoir de remporter une plus grosse mise, qu'elle soit d'ordre matériel ou consiste juste en la satisfaction d'avoir repéré quelque chose que d'autres ont manqué.

On m'a souvent demandé ce que l'on ressent lorsqu'on fait une telle découverte et si cela change la vie. Il serait hypocrite de prétendre que rien n'a changé pour nous depuis que la nouvelle s'est répandue. J'ai reçu d'innombrables appels de la presse et de la télévision du monde entier, et l'expérience a été amusante, voire grisante. J'ai eu mon fameux quart d'heure de gloire. Le plus satisfaisant encore, c'est de savoir que mon nom sera, même de façon fort modeste, attaché pour toujours à l'un des plus grands héros intellectuels de notre temps.

En août 2010, je reçus un coup de téléphone de Milton Esterow, le très respecté éditeur de *ARTnews*, qui était devenu mon ami. Il avait suivi de près, avec son magazine, l'histoire de *La Bella Principessa*, et préparait un nouvel article sur le sujet. Milton devait me croire angoissé et anxieux après toute la controverse.

Lorsqu'il m'appela sur mon portable, je me promenais aux jardins de Bagatelle, à Paris, par un après-midi doux et ensoleillé. Un vrai délice ! Et rien n'aurait pu m'arracher à cette félicité. Je laissais Milton poser ses questions pointues, et je lui répondais sur un ton communicatif et enjoué. En arrière-fond, j'entendais les touches de sa vieille machine à écrire quand il notait mes réponses. J'eus envie de le taquiner. « Milton, tu devrais entrer dans le XXIe siècle et t'acheter un ordinateur. Oublie le Moyen Âge ! »

Nous continuâmes à discuter et Milton me demanda finalement mon avis sur toute la controverse. Je lui répondis en toute franchise : « Je m'amuse follement ! » Ce n'était pas la réponse qu'il attendait, il s'étonna : comment pouvais-je être aussi désinvolte ?

Je ne le savais pas moi-même. Peut-être l'influence du beau temps et de toutes les fleurs qui m'entouraient. Peut-être était-ce quelque chose de plus profond. Mes pensées me ramenèrent à mon enfance à Brooklyn, alors que j'étais un fils d'immigrés pauvres. J'avais déjà la certitude que je réussirais dans la vie, mais inutile de dire que je ne visais pas si haut ! J'ai choisi de collectionner des œuvres d'art par amour, pas pour l'argent, et certainement pas pour la notoriété. Le garçon émigré qui vit toujours en moi, au début incrédule d'être en possession d'un Léonard de Vinci, avait peu à peu commencé à y croire.

Même si le portrait n'était pas un Léonard de Vinci, me disais-je lorsque toute cette affaire avait commencé, le processus d'investigation qu'il mettrait en œuvre serait en soi une merveilleuse aventure. J'étais ouvert à tout ce que l'on pouvait découvrir. Puis quand les preuves en faveur de l'authenticité de l'œuvre se sont accumulées, je me suis senti humble et reconnaissant à l'existence de me permettre de vivre ce moment historique.

Milton et moi avons déjeuné ensemble environ deux mois après notre conversation. Nous avons discuté de toute l'affaire, des critiques et du vent de folie qui s'en était suivi. Mais nous avons aussi échangé sur nos propres origines. Nos deux familles sont originaires de Pologne et ont émigré à la même époque aux États-Unis, fuyant la persécution et les pogroms. Quand j'étais enfant, mon père me racontait des histoires de cosaques envahissant les villages et massacrant hommes, femmes et enfants. Il portait une cicatrice sur la joue, souvenir d'une attaque alors qu'il avait deux ans et qu'il était blotti dans les bras de sa mère. Milton avait lui aussi des histoires similaires et tout aussi horribles à raconter.

Finalement nos bagels toastés arrivèrent, et nous les tartinâmes de fromage crémeux et de saumon fumé. Je dis alors : « Milton, tu m'as demandé comment je faisais pour ne pas prendre à cœur toutes les saloperies qu'on raconte et ne pas en être blessé. Mais regarde la véritable adversité que nos parents et nos grands-parents ont affrontée ! Leurs choix et leurs expériences, c'était une question de vie ou de mort. C'était du sérieux ! Nous sommes si privilégiés d'être là où nous sommes et en bonne santé. Tout le reste est sans rapport avec le sujet. Aussi, oui, je me sens reconnaissant et heureux, et je m'amuse vraiment comme un fou. »

Milton me sourit en hochant la tête. « Tu as entièrement raison, acquiesça-t-il. *Mazel tov*, mon ami. »

Je pensais vraiment ce que j'avais dit. Comment aurais-je pu, sinon, avoir le privilège de rencontrer tant de gens remarquables et de m'engager dans une chasse aux mystères si excitante ? J'étais profondément comblé.

J'aurais dû en rester là. Mais alors que je pensais que plus aucune manne ne tomberait du ciel et que toutes les révélations avaient été faites, un miracle se produisit à l'endroit le plus invraisemblable, dans le pays de mes ancêtres : à Varsovie, en Pologne.

14

MIRACLE À VARSOVIE

> « Au-delà du doute, la vérité a la même relation au mensonge que la lumière à l'obscurité. »
> Léonard de Vinci

À l'automne 2010, les controverses s'étaient calmées, et nous étions dans l'expectative. Après le succès phénoménal de l'exposition de Göteborg, nous discutions de futures opportunités. Un jour, fin septembre, je reçus un appel de Martin. Il pressentait quelque chose et il voulait m'en parler. Rien n'était gagné, mais ce pouvait être la dernière preuve dont nous avions besoin, me précisa-t-il.

Je me redressai sur ma chaise et lui demandai de poursuivre. Martin et Pascal ont toujours pensé que *La Bella Principessa* avait été extraite d'un recueil relié – une sorte de mémorial de mariage – fréquent à la cour. Sur le bord gauche du portrait, où le dessin avait été déchiré, on distinguait la marque de trois trous de reliure et d'une double incision verticale dans la partie inférieure, qui semblait être le résultat du glissement du couteau quand la page avait été découpée. Martin pensait que le portrait avait été retiré du livre relié et posé sur un panneau.

À présent, il me racontait avoir récemment appris par D.R. Edward Wright, professeur émérite d'histoire de l'art à l'université de Floride du Sud, à Tampa, que le portrait pouvait provenir d'une des quatre versions « survivantes » de *Sforziada*, biographies élogieuses de Francesco Sforza – toutes quatre imprimées sur vélin. Chacune contenait une enluminure en pleine page réalisée par l'artiste de la cour, Birago, célébrant des moments de gloire de l'histoire familiale. L'une de ces versions se trouve actuellement à la Galerie des Offices, à Florence. Une autre est à la Bibliothèque nationale de Paris. Une troisième, la seule encore dotée de sa reliure originale, est conservée à la British Library de Londres.

Celle qui avait un intérêt particulier aux yeux de Wright, c'était la quatrième version, qui se trouvait, elle, dans les archives de la Bibliothèque nationale de Varsovie, en Pologne. Elle avait autrefois appartenu à Galeazzo Sanseverino, le général en qui le duc avait toute confiance et le mari de Bianca Sforza, la jeune femme que nous pensions être le modèle de *La Bella Principessa*. Le livre était signé par le miniaturiste Giovanni Pietro Birago, et une de ses miniatures en pleine page célébrait le mariage de Galeazzo et de Bianca sous forme allégorique. Les inscriptions se référaient au sacrement divin du mariage et à la fertilité de la jeune épouse.

Pour Martin il y avait une chance – mais rien n'était gagné, me répéta-t-il – pour que *La Bella Principessa* ait été découpée du recueil de Varsovie, dans la mesure où celui-ci contenait une miniature allégorique représentant apparemment Bianca et le duc, parmi d'autres membres de la cour. Ce vélin richement travaillé et de très grande valeur avait été commandé spécialement pour le mariage de Galeazzo et Bianca en 1496, et il était clair qu'il avait été rajouté au recueil.

Et Martin suggéra d'un ton malicieux : « Ne serait-il pas possible qu'une seconde page – le portrait de Bianca – ait été ajoutée au manuscrit à la même date ? » Il me suggéra qu'il serait intéressant de vérifier la nature et l'emplacement de ces trous d'aiguille pour les comparer aux autres feuillets du codex, ce qui, conjugué à d'autres indices matériels, pourrait éclairer d'une nouvelle lumière la provenance et la commande originale.

J'étais conquis. Quelles nouvelles excitantes ! Je devais absolument voir le manuscrit mais partir pour une Varsovie glaciale, à la mi-décembre… l'idée n'était guère exaltante. En même temps, comment résister ? Kathy approuva, et nous décidâmes de procéder comme nous l'avions toujours fait : allier les affaires au plaisir.

Martin avait pris contact avec Kasia Wozniak, une chercheuse polonaise qui venait juste de terminer son doctorat en histoire de l'art, à Berlin. Il nous fit ses louanges. Parfaitement au courant de notre saga Léonard de Vinci, elle allait nous aider et s'occuper des arrangements pour les rendez-vous avec la bibliothèque et les directeurs de musée. Nous nous accordions de notre côté trois jours à Varsovie, ce qui nous laisserait du temps pour explorer la ville et surmonter toute éventuelle entrave bureaucratique pour voir la *Sforziada*. Les Polonais entourent de protections – et c'est bien compréhensible – les rares trésors qui ont miraculeusement survécu aux catastrophes survenues à Varsovie.

Avant que nous ne fassions nos bagages, nous eûmes un petit contretemps. Kasia informa en effet Martin que la Bibliothèque nationale suggérait – avec beaucoup d'insistance – que nous nous contentions de voir un microfilm, ce qui, selon elle, serait amplement suffisant pour ce que nous recherchions. Ils étaient réticents à sortir l'original si bien gardé pour l'exposer à la lumière le temps d'un examen. Cela se concevait aisément, car les recueils anciens sont extrêmement fragiles, mais Martin ne transigea pas. Notre recherche n'était possible que si nous pouvions voir l'original et étudier la reliure. Le 4 décembre, il envoya la réponse suivante :

> Chère Madame, chers Messieurs,
> J'ai cru comprendre par mon assistante de recherche Kasia Wozniak que vous lui refusiez l'accès à la *Sforziada*, suggérant qu'elle et Peter Silverman regardent à la place

un microfilm. Cela ne fera nullement progresser nos recherches dans la mesure où celles-ci impliquent des investigations codicologiques détaillées qui ne sont pas possibles avec une reproduction, ni même avec un fac-similé standard. Les recherches portent sur l'étude de la composition matérielle du manuscrit, sa reliure, la façon dont les pages se suivent, d'éventuels signes indiquant que certains feuillets ont été retirés. Elles doivent aussi déterminer si ce recueil a été spécifiquement réalisé pour Galeazzo Sanseverino et trouver d'éventuelles indications sur le fait qu'il a été créé dans le cadre de son mariage avec Bianca Sforza. Elles incluent aussi des observations sur sa composition qui peuvent être déterminantes pour comprendre sa réalisation relativement aux versions précédentes de la *Sforziada*.

Après quarante ans de recherches sur des manuscrits historiques, y compris ceux de Léonard de Vinci, je suis bien sûr tout à fait conscient de la lourde responsabilité relative aux possessions historiques majeures, mais je sais aussi quand la consultation de l'original est la seule façon de répondre à des questions cruciales de recherches. Vous remerciant de votre aimable attention,

Martin Kemp

La lettre de Martin eut l'effet désiré. Nous n'avions aucune garantie, mais selon toute vraisemblance, nous allions être autorisés à voir le recueil original si nous nous rendions à Varsovie. Nous n'avions rien à perdre… et tant à gagner !

Noël approchait. Les lumières et les festivités en Europe de l'Est sont particulièrement charmantes à cette époque de l'année. J'avais une affaire à régler à Vienne, aussi réservai-je un aller Paris-Vienne-Prague-Varsovie, et un retour Varsovie-Paris – une semaine de voyage au cœur de la vieille Europe. Nous avions retenu notre chambre habituelle au Bristol, à Vienne. Nous assistâmes au superbe opéra *Il Postino*, qui avait été donné en première à Los Angeles avec Placido Domingo. C'était merveilleux – un « triomphe », selon un journal autrichien. Nous visitâmes aussi deux expositions temporaires fantastiques à l'Albertina. L'une, qui était consacrée à Picasso et son engagement politique pendant la Seconde Guerre mondiale, fut une révélation. La seconde présentait une rétrospective des dessins de Michel-Ange. Le voyage était déjà, à nos yeux, une réussite.

Deux jours plus tard, nous étions à Prague, à mi-chemin de Varsovie. Nous n'avions pas revu la capitale tchèque depuis cinq ans et nous fûmes captivés par son charme, comme toujours. Prague, sans doute la plus belle ville de la vieille Europe, resplendissait sous les lumières de Noël, baignant dans l'atmosphère particulière de cette fête. Sous sa légère couche de neige, c'était une vraie carte postale. Un vieil ami, Oliver von Dohnányi, chef d'orchestre renommé, venait d'être nommé directeur du magnifique opéra néo-rococo de la ville, où nous assistâmes à une production brillante de *Carmen*, de Georges Bizet. Après quoi, nous dînâmes avec Oliver.

Le lendemain matin, nous partions pour Varsovie.

Nous connaissions bien l'histoire de la capitale polonaise. Deux cents ans de guerres, de privations, de communisme et une destruction presque totale de la ville. La mort de 800 000 habitants pendant la Seconde Guerre mondiale, y compris l'extermination de toute la communauté juive, c'est-à-dire 350 000 personnes exécutées par les hommes de main d'Hitler. La courageuse bataille que les Juifs ont menée dans l'exil du ghetto, maintenant les criminels nazis à distance pendant des semaines avant d'être impitoyablement exécutés. Mon ancien partenaire en affaires, résidant actuellement en Israël, faisait partie de la poignée de survivants.

Après la guerre, la population de Varsovie a fourni un immense effort pour reconstruire cette capitale autrefois splendide, s'appuyant sur des paysages de la ville peints par Bernardo

Bellotto, artiste de cour italien du XVIIIe siècle, dont les tableaux se trouvaient dans les collections de l'État polonais. Un visiteur moderne ne peut pas se douter des horreurs qui se sont déroulées ici il y a une soixantaine d'années.

Nous fûmes ravis de découvrir que *La Dame à l'hermine* de Léonard de Vinci était alors exposée au musée du Palais royal. Nous l'avions contemplée au musée Czartoryski de Cracovie, à qui elle appartient, une dizaine d'années auparavant, et nous étions enchantés d'avoir l'occasion de la revoir. C'était bon signe, et une autre raison de considérer ce voyage réussi.

Le 15 décembre, Kasia nous annonça que nous pourrions voir le manuscrit le 17 au matin. Et dans l'après-midi, nous reçûmes un appel de Washington, D.C. C'était David Murdock, producteur d'un futur documentaire de National Geographic-Nova sur la découverte du portrait. Il nous informa qu'il était prêt à s'envoler pour Varsovie le soir même s'il avait l'assurance de pouvoir filmer le moment où nous examinerions le manuscrit. Par un brillant tour de force, non seulement Kasia obtint l'autorisation, mais aussi la garantie que David pourrait filmer l'exposition Léonard de Vinci du musée. Quatre heures après son appel, le dynamique et passionné David, âgé de 37 ans, prenait l'avion pour Varsovie, où la température était tombée à -15 degrés.

Le 16 décembre, nous fûmes tous très gentiment reçus au musée du Palais royal après la fermeture au public. Des agents armés se tenaient près de David tandis qu'il filmait *La Dame à l'hermine*. Le soir, Kathy et moi assistâmes à une belle représentation du *Mariage de Figaro* (en italien avec sous-titres polonais), dans le magnifique opéra reconstruit.

Le lendemain, la sublime musique de Mozart résonnant encore à nos oreilles, nous nous mîmes en route, accompagnés de Kasia et de David, pour le grand moment de vérité… Allions-nous trouver un indice crucial sur notre trésor ?

À notre arrivée à la Bibliothèque nationale, nous fûmes accueillis avec enthousiasme par une adorable jeune femme dont l'apparence nous laissa bouche bée. Elle était coiffée comme *La Bella Principessa*, avec une très longue *coazzone* de plus de 50 centimètres. Il était difficile de ne pas la remarquer. Kathy et moi échangeâmes un sourire : ce serait notre porte-bonheur.

Nous fûmes ensuite accueillis par Anna Zawisza, la responsable des manuscrits, qui nous accompagna dans une salle où dans un coin était posté, bien raide, un gardien armé. Sur la table, au centre, trônait une boîte blindée qui contenait la *Sforziada*. Enfilant des gants blancs, notre hôtesse en retira lentement et avec précaution le livre pour le poser sur la table. Je lui montrai alors une reproduction grandeur nature de *La Bella Principessa* que j'avais emportée avec moi et lui expliquai la raison de notre venue.

« Nous voulons savoir si ce portrait de Léonard de Vinci a un jour fait partie de ce recueil », dis-je.

Elle ouvrit de grands yeux, visiblement troublée. Un Léonard de Vinci dans son manuscrit ?

Nous commençâmes par mesurer la dimension de la page pour voir si elle correspondait à *La Bella Principessa* et nous fûmes ravis de constater que c'était le cas, à un ou deux millimètres près. Selon Anna Zawisza, cette légère différence pouvait s'expliquer car le manuscrit avait été de nouveau relié, probablement deux ou trois cents ans plus tôt. Ses bords avaient alors été légèrement coupés et dorés à l'or.

Martin avait émis l'hypothèse que le portrait de Léonard de Vinci avait été placé soit au tout début, soit à la toute fin du recueil. Cependant, après un examen minutieux, nous ne trouvâmes aucune trace d'une page coupée.

« Pouvons-nous le feuilleter page par page ? » demandai-je alors. Ce n'était pas une mince requête. Le livre contenait près de deux cents pages, et la tâche s'avérait quelque peu laborieuse pour Anna Zawisza, une extrême prudence s'imposant pour ne pas endommager en quoi que ce soit le merveilleux ouvrage. À la page 7, nous vîmes enfin l'enluminure resplendissante en pleine page réalisée par Birago, et nous nous émerveillâmes de sa qualité. En voyant cette allégorie stupéfiante, le commentaire que Martin avait fait me parut totalement justifié : si une telle pièce était réalisée pour un mariage, il n'était pas impossible que l'on ait aussi fait appel à Léonard de Vinci pour un autre feuillet.

Manifestement, nous ne verrions pas les trois trous d'aiguille de la reliure dont avait parlé Martin et qui auraient pu nous servir de preuve supplémentaire, puisque la nouvelle reliure du manuscrit comportait cinq trous.

Mon esprit vagabondait dans le passé, cinq cents ans plus tôt, à l'époque où ce manuscrit avait été fabriqué avec amour pour le mariage de Bianca et de Galeazzo Sanseverino. Comment, dans toute cette énigme, n'avais-je pas fait plus tôt le rapprochement avec la Pologne puisque *La Dame à l'hermine* était aux mains des Polonais depuis deux cents ans ? Des chroniques historiques décrivent les liens qui existaient entre les Sforza et la maison royale de Pologne. Bona Sforza, fille du cousin de Bianca, épousa Sigismond Ier de Pologne en 1518, emportant avec elle toutes ses possessions (et peut-être aussi ce manuscrit) lors du voyage épique qui la conduisit de Bari à Cracovie.

Anna Zawisza continuait à tourner chaque page, mais il n'y avait toujours aucun indice suggérant qu'il en manquait une. Avions-nous fait tout ce chemin pour assister à un opéra et visiter Varsovie ? Je commençais à perdre espoir et à me préparer mentalement à l'idée de rentrer bredouille. Ce fut alors que la patiente Anna tourna la page 161…

Bref silence. Puis nous étouffâmes tous deux un petit cri. Là, sous nos yeux ébahis, se trouvait ce qui semblait être le chaînon manquant, l'élément que nous attendions : les restes d'une page coupée et retirée, en vélin et de la même couleur jaune foncé que *La Bella Principessa*. Nous avions du mal à contenir notre émotion. Nous prîmes les mesures de l'étroite bande ondulée qui restait : elles correspondaient exactement à celles du portrait. Kathy et Kasia vinrent à leur tour l'examiner par elles-mêmes, tandis que David filmait ce moment historique. Même le gardien semblait gagné par la fièvre ambiante.

Anna Zawisza, qui avait étudié le manuscrit avec la plus grande attention à plusieurs reprises, murmura qu'elle était déçue de n'avoir jamais remarqué qu'il manquait une page, alors que cette absence lui paraissait maintenant si évidente. Elle observa que la page avait été découpée après la deuxième reliure. Pourquoi et par qui ? Nous étions incapables d'émettre la moindre hypothèse.

J'étais impatient de rapporter à Martin l'extraordinaire nouvelle, et je l'appelai dès que nous fûmes de retour à l'hôtel. Avec exaltation, je lui dis : « Tu es vraiment un formidable détective ! Ta supposition, par déduction, que *La Bella Principessa* représentait Bianca Sforza était tout à fait juste et vient d'être confirmée de manière éclatante. Le monde de l'art et moi-même t'en seront toujours redevables. »

Martin était lui aussi ravi, même s'il m'avertit qu'il serait sans doute prématuré, voire téméraire, de tirer des conclusions hâtives et définitives avant que d'autres recherches n'aient été effectuées. Malgré tout, pendant notre vol retour pour Paris, le lendemain, je pouvais me payer le luxe de sourire en repensant à toutes les leçons de mes détracteurs concernant l'importance de la provenance… Pourquoi et pour qui avait-on dessiné *La Bella Principessa* ? Où s'était-elle cachée pendant tous ces siècles ? Pourquoi n'y avait-il aucune trace d'elle en Italie ? Comment avait-elle pu échapper aux historiens de l'art pendant si longtemps ? Nous allions peut-être enfin l'apprendre.

Ma légendaire impatience fut mise à l'épreuve puisque je devais garder le silence sur ma découverte de Varsovie, alors que je mourais d'envie de la crier sur les toits. Mais la discrétion en valait la peine. Martin devait examiner à son tour la *Sforziada*, et la minutieuse analyse scientifique qu'il envisageait d'entreprendre avec Pascal requérait beaucoup de temps. Il avait prévu une visite à Varsovie en janvier 2011, aussi espérai-je lire ses conclusions au printemps.

Mais le printemps et l'été s'écoulèrent, et je ne voyais toujours pas arriver les fruits des recherches de Martin et Pascal. Le premier m'informa de son intention de réserver son rapport, par courtoisie, au journal biannuel de la Bibliothèque nationale de Pologne, mais je n'étais pas certain de quelle parution il parlait : celle de l'automne 2011 ou du printemps 2012 ? Il évoqua également la possibilité de faire coïncider la publication de l'information avec la diffusion du documentaire de David Murdock. Mais celle-ci n'était pas prévue avant début 2012. En attendant, une grande exposition sur Léonard de Vinci à la National Gallery de Londres ouvrirait ses portes le 9 novembre 2011 et je ne voulais pas que *La Bella Principessa* soit balayée sous le tapis médiatique dans les nombreux articles qui paraîtraient à l'occasion de l'événement.

Martin affichait un apparent optimisme malgré la légère pression que j'exerçais sur lui. Comme toujours, il devait s'occuper de plusieurs projets en même temps, notamment de *Christ to Coke* (Du Christ à Coca-cola), une étude sur les icônes populaires, et d'une édition revue et révisée de son livre qui fait autorité *Leonardo*. Finalement, ce fut son *Leonardo* qui relança la machine. Début septembre, Martin m'informa que la date de publication de son livre avait été prévue pour le 6 octobre, et qu'il y citerait *La Bella Principessa* comme un authentique Vinci. Il y évoquerait les recherches que Pascal et lui avaient récemment menées à Varsovie.

J'attendais avec grande impatience leur rapport et je fus aux anges quand je le reçus. Il comportait vingt et une pages et était titré « *La Bella Principessa* et la *Sforziada* de Varsovie[1] ». Fidèles à leur réputation de perfectionnistes, Martin et Pascal avaient inclus presque trente illustrations, des tableaux, des graphiques et des photographies. Leur conclusion était univoque : *La Bella Principessa* avait autrefois fait partie de la *Sforziada* de Varsovie.

La lecture du rapport, bien que très technique, me fascina. Comme il était naturellement impossible de désassembler le recueil de Varsovie, ils avaient utilisé des macrophotographies – un procédé qui permet d'obtenir des vues extrêmement rapprochées d'un objet – pour examiner le livre de façon très détaillée, en particulier pour déterminer l'ordre des quatre feuilles qui constituent le premier cahier (ce cahier comporte huit folios – ou feuillets – c'est-à-dire seize pages). À l'aide des *Sforziada* de Londres et de Paris, ils purent démontrer que l'un des folios (des feuillets) avait été retiré de la *Sforziada* de Varsovie. Pas, hélas, à la page 161, comme je l'avais supposé avec tant d'enthousiasme lors de notre visite à Varsovie en décembre 2010, mais dans le premier cahier. Ce qui impliquait qu'à l'origine, le folio orné de *La Bella Principessa* précédait directement le frontispice de Birago.

Martin et Pascal établirent également que les dimensions des folios étaient les mêmes que les versions de Paris et de Londres, et que le vélin sur lequel *La Bella Principessa* avait été dessinée correspondait bien aux caractéristiques matérielles des pages restantes dans le premier cahier. L'épaisseur du vélin utilisé pour le portrait « correspondait entièrement » elle aussi à celle des autres folios formant la *Sforziada* de Varsovie. Et l'élément le plus grisant de tous était sans doute que les trous de reliure dans le vélin du portrait étaient identiques à ceux du recueil, bien qu'ils soient disposés à intervalles irréguliers.

La multitude de preuves ne laissait aucune place au doute : le portrait avait été réalisé pour la *Sforziada* destinée à célébrer le mariage de Bianca Sforza et Galeazzo Sanseverino, en 1496. On pouvait « soutenir avec force » une attribution à Léonard de Vinci, écrivait Martin et Pascal. Les affirmations selon lesquelles il s'agissait d'un faux moderne, ou d'un pastiche du XIXe siècle, ou encore d'une copie perdue d'un Léonard de Vinci, étaient « toutes éliminées de fait ». Ils terminaient par une conclusion retentissante : le portrait était désormais « l'une des œuvres de

Léonard de Vinci que nous connaissons le plus en termes de patronage, sujet, date, lieu d'origine, fonction et technique d'innovation ».

On pouvait aisément imaginer un scénario dans lequel Léonard de Vinci, qui avait connu intimement les mariés pendant des années, avait reçu la commande d'un portrait nuptial pour un recueil de mariage. Fidèle à lui-même, il réalisa un portrait saisissant et recourut à une méthode qui différait d'une enluminure traditionnelle, en élargissant et en transformant la technique des trois crayons qu'il avait apprise auprès de Jean Perréal, artiste français de cour, quand ce dernier était venu à Milan en 1494, y accompagner Charles VIII.

Sur l'insistance de Martin, nous déclarâmes un embargo médiatique sur le rapport jusqu'au 28 septembre. Simon Hewitt, qui avait si fidèlement suivi l'affaire depuis le début, menait l'enquête de son côté. Il se rendit en Pologne pour une mission d'inspection qui le conduisit de Varsovie à Zamosc, une ville au sud-est du pays où la *Sforziada* avait été conservée pendant au moins deux siècles. Une fois l'embargo levé, Simon écrivit un grand article pour *ATG*, qu'il intitula : « De nouvelles preuves renforcent l'attribution à Léonard de Vinci pour le portrait[2] ». L'article rendait compte de façon détaillée des découvertes de Martin et de Pascal, et il faisait aussi référence à la « théorie des conspirations qui flottait dans le milieu de l'art », eu égard à l'absence de *La Bella Principessa* à l'exposition de la National Gallery.

La presse internationale fut emballée par les découvertes de Varsovie, et nous eûmes droit à des articles enthousiastes, à commencer par le *Guardian*, qui publia une interview de Martin sur ses découvertes à Varsovie[3]. *Le Figaro*, réputé pour ses papiers sur le marché de l'art, consacra toute sa page 2 à *La Bella Principessa*, avec ce titre enfiévré : « Le mystère du treizième portrait de Léonard élucidé[4] ». Quelques jours plus tard, Artinfo.com, la version en ligne du respecté magazine américain

Art and Auction, publia une longue interview de Martin, le baptisant « le détective Da Vinci » et affirmant qu'il avait « redécouvert le formidable portrait d'une princesse de la Renaissance exécuté par Léonard de Vinci[5] ».

Dans l'interview, Martin décrivait sa visite à Varsovie comme « un peu rocambolesque » en raison de « tout l'équipement technique, photographique et d'imagerie multispectrale » que Pascal avait emporté avec lui (sans compter l'équipe du film de David Murdock). Il y retraçait leur minutieuse analyse des premières pages de la *Sforziada* – celles « qui contiennent tout le matériau spécifique ».

Peu après la publication des recherches de Martin et de Pascal, le magazine *National Geographic* annonça qu'il consacrerait un article de huit pages à *La Bella Principessa* dans son édition de février 2012, ce qui coïnciderait avec la publication de mon livre (aux États-Unis) et du documentaire de Murdock. Pendant ce temps, D.R. Edward Wright mettrait la touche finale à sa propre étude érudite sur l'histoire des quatre *Sforziada*, ajoutant de nouvelles pierres à ce qui allait bientôt devenir un mur de « provenances », digne de ceux de Jéricho.

Suite à l'article de Simon dans *ATG*, les médias déplorèrent que *La Bella Principessa* ne figure pas à l'exposition de la National Gallery consacrée aux années que Léonard de Vinci passa à Milan. Par ses porte-parole, le musée fit circuler des explications réservées et parfois confuses. Certains insistaient sur le fait que l'exposition était essentiellement consacrée aux peintures et que d'un point de vue technique, *La Bella Principessa* était un dessin. D'autres insinuaient que le musée ne pouvait en aucun cas promouvoir la valeur commerciale d'une œuvre qui se trouvait entre des mains privées. Ce genre d'idioties tomba à plat face aux centaines de milliers de passionnés d'art qui se sentaient lésés de n'avoir pu admirer ce que maintenant nous pouvons affirmer être, sans exagération et sans fausse modestie, l'une des plus grandes découvertes d'art de l'histoire moderne.

Grâce au nombre impressionnant de preuves scientifiques et historiques mises au jour entre 2008 et 2011, tous les doutes et les questions sur l'authenticité de *La Bella Principessa* ont été levés. Seuls les sceptiques les plus partiaux peuvent contester l'écrasante conclusion apportée par le mariage astucieux de la technologie et de l'œil des experts : *La Bella Principessa*, ce portrait subtil, émouvant, d'une beauté obsédante, est l'œuvre d'un génie suprême nommé Léonard de Vinci.

Épilogue

LA GRÂCE ÉPHEMÈRE DE LA VIE

« L'art n'est jamais fini, juste abandonné. »
Léonard de Vinci

En 1519, Léonard de Vinci était un vieil homme de soixante-sept ans. Gravement malade, il ne quittait plus son lit du Clos Lucé, manoir où il vivait depuis trois ans et qui lui avait été gracieusement attribué par son cher ami François Ier. Peut-être que dans son imagination parfois fiévreuse, le travail de sa vie tournoyait autour de lui : le visage d'un ange regardant avec révérence l'enfant Jésus, la violente passion de la bataille d'Anghiari, la souffrance sur le visage des disciples du Christ quand ils apprirent sa trahison par l'un des leurs, la beauté séductrice du sourire de Mona Lisa, les adorables expressions des dames de la cour de Ludovic le More, les milliers d'esquisses réalisées dans l'espoir futile, comme il le déplorait à présent, de vouloir représenter l'âme de ses sujets.

Selon la version rapportée par Vasari, alors que l'hiver laissait place au printemps, le roi venait souvent s'asseoir au chevet de Léonard de Vinci. Il le soutenait dans sa conversion tardive à la religion. Après avoir peint les thèmes religieux les plus célèbres du monde, Léonard de Vinci, sentant sa vie s'en aller, avait trouvé Dieu. Bien qu'il fût extrêmement faible, il demandait au roi et aux autres de l'aider à quitter sa chambre pour recevoir le sacrement de la Sainte Eucharistie.

Le dernier jour de sa vie, respirant avec difficulté, Léonard de Vinci aperçut, sur le seuil de sa chambre, le roi, son ami bien-aimé, qui le regardait avec une grande tristesse. « Aidez-moi à m'asseoir », lui dit-il. Et le roi, gentiment, l'aida à se redresser.

« Je suis en train de mourir, dit Léonard d'une voix faible, teintée de regret. J'ai échoué dans cette vie à rendre complètement justice à mon art.

– Pas du tout, protesta le roi. Vous nous avez rendu un grand honneur, avec vos œuvres.

– J'ai offensé Dieu en ne travaillant pas aussi bien que j'aurais dû le faire. Je prie pour être pardonné. »

Soudain, Léonard de Vinci fut secoué d'un spasme et poussa un soupir. Le roi souleva la tête de son ami afin de soulager ses souffrances et le tint dans ses bras jusqu'à ce que Léonard passe dans l'autre vie, avec à l'esprit l'ultime pensée qu'il avait piètrement servi l'art. Ceux qui le pleurèrent n'auraient pas été d'accord.

Vasari rapporta à la suite de cette disparition : « La vue de son éclatante beauté rassérénait les plus tristes, son parler persuadait les esprits les plus rebelles. Sa force domptait les colères les plus violentes ; il ployait dans sa main droite comme une lame de plomb le fer d'un cheval ou le battant d'une cloche. Il était libéral à ce point qu'il accueillait et nourrissait tout homme, pauvre ou riche, pourvu qu'il eût du mérite et de la vertu… Vraiment sa naissance fut un grand bienfait pour Florence et sa mort une perte irréparable[1]. »

*

La découverte de *La Bella Principessa* a été pour moi l'ultime gratification de presque un demi-siècle d'amour et de passion pour l'art. C'est aussi peut-être le chant du cygne de tout collectionneur. Comme le dit si poétiquement Martin Kemp : « C'est le portrait "étoile" d'un modèle lumineux[2]. »

La joie et l'excitation sont naturellement tempérées par une touche de mélancolie nostalgique devant la fuite du temps, par la prise de conscience que rien n'est éternel et que la seule certitude que l'on puisse avoir dans la vie, c'est l'incertitude.

Qui, mieux que le destin de cette belle jeune fille si sensiblement représentée par le grand maître, Léonard de Vinci, peut illustrer cette réalité humaine ? Bianca Sforza, au seuil d'une vie de cour remplie de promesses, fut happée par la mort à l'âge de quatorze ans. Grâce à la main miraculeuse d'un génie, Bianca a échappé à la fatalité de l'oubli et nous pouvons apprécier sa beauté et entretenir sa mémoire.

Que Bianca ait bien failli être de nouveau perdue pour nous, et cette fois peut-être pour toujours, après cinq cents ans de vie cachée, donne matière à réflexion. Je me suis souvent demandé où le destin l'avait conduite pendant tous ces siècles, depuis que le portrait a été découpé de l'album familial, lequel n'avait alors plus de sens politique ni sentimental. Est-il d'abord passé entre les mains d'anciens amis ou de son mari, a-t-il été encadré ou accroché dans une chapelle familiale, ou encore caché dans une salle sombre, en guise de vague souvenir ? Mais avec les vicissitudes du temps et au cours d'années d'épidémies, de guerres, de bouleversements politiques et de troubles, que lui est-il arrivé ? Nous pouvons facilement laisser libre cours à notre imagination et essayer de deviner où elle est restée cachée pendant tous ces siècles jusqu'à ce que Giannino Marchig, restaurateur expert et peintre doué, la retrouve, nous ne savons où, y attache beaucoup de prix sans connaître ni ses origines ni son auteur, la restaure avec amour pour son propre plaisir et la simple joie de la ramener à la vie. Puis, après de mauvaises évaluations, des jugements erronés et les bizarreries du destin, elle est tombée entre mes mains presque indignes d'elle. Toute ma vie de collectionneur passionné s'est alors focalisée sur cet objet qui en est devenu le point culminant ; grâce à mon expérience et mes relations dans le domaine de l'art, j'ai pu avancer à une cadence étonnante pour une découverte d'une telle envergure. J'espère que ce livre rend suffisamment hommage à ceux qui ont permis cet incroyable succès. Et je suis reconnaissant à la vie de m'avoir fait prendre part à cette aventure enrichissante.

Cependant, dans un coin de mon cerveau, il y aura toujours un soupir et une pensée pour Bianca et Léonard, comme un écho à ce sonnet de Shakespeare :

> Alors je sens se noyer mes yeux inhabitués aux larmes,
> En songeant aux précieux amis perdus dans la nuit sans fin de la mort.
> Je donne de fraîches larmes à des chagrins de cœur dès longtemps effacés,
> Et je gémis sur l'absence de plus d'une image évanouie.

« *La Bella Principessa*, comme l'affirmeraient les poètes, témoigne de la victoire de Léonard de Vinci sur les beautés transitoires de la nature envieuse, et les ravages du temps destructeur. Ce portrait, je crois, est destiné à apporter un grand plaisir aux générations futures qui le contempleront[3]. »

Dans un siècle, quand tous ceux qui lisent aujourd'hui ces pages ne seront plus qu'un souvenir lointain, Léonard, lui, je l'espère, sera toujours présent dans ce monde : un paradigme de perfection, un exemple à imiter, un modèle pour les génies à venir.

ANNEXE

Rapport de Nicholas Turner sur le *Portrait d'une jeune femme de profil*

Après avoir étudié à ma demande La Bella Principessa *(connue alors sous le titre de* Portrait d'une jeune femme de profil*), Nicholas Turner a accepté de rédiger les résultats de son analyse, publiée sur le site de Lumiere Technology. Il m'a donné la permission de l'inclure intégralement dans ce livre. L'analyse minutieuse de Turner constitue un modèle en matière de critique d'art, et sa conclusion, dans laquelle il affirme que le portrait est un travail signé de la main de Léonard de Vinci, porte le poids impressionnant de son expérience, de son discernement et de son intelligence.*

Rapport de Nicholas Turner relatif au portrait sur Velin de Léonard de Vinci

Léonard de Vinci (1452-1519), *Portrait d'une jeune femme de profil* : crayon, encre marron et couleur du fond, sur craies rouge, noire et blanche, sur vélin (fixé sur panneau) ; 330 × 239 mm.

Technique et style

Ce dessin achevé en couleur sur vélin montre une jeune femme de profil gauche, les cheveux tombant en une seule natte sous une coiffe élaborée et vêtue d'un costume italien de la fin du XVe siècle. Si l'on se réfère au style et aux hachures faites de la main d'un gaucher, de deux choses l'une : soit c'est une œuvre originale de Léonard de Vinci, soit c'est une copie, un pastiche ou un faux réalisé pour ressembler à un portrait autographe de Léonard de Vinci.

La très haute qualité de ce portrait qui mélange plusieurs matériaux et les preuves apportées par les tests scientifiques entrepris jusque-là sont largement en faveur de la première hypothèse. Selon la datation au carbone 14, effectuée au Swiss Federal Institute of Technology de Zurich, l'âge du parchemin remonterait à une période comprise entre 1440 et 1650 (la datation au carbone est toujours donnée dans une fourchette de 200 ans). Afin de préserver l'intégrité de l'œuvre, des échantillons des matériaux utilisés pour ce dessin n'ont pas encore été prélevés ; une analyse précise de ceux-ci et l'ordre relatif dans lequel ils ont été appliqués doivent encore être établis.

Après un premier examen du *Portrait d'une jeune femme*, le point de départ important pour une évaluation sérieuse de sa qualité est la série de scannages numériques à haute résolution effectuée, début 2008, par Lumiere Technology, une société basée à Paris et spécialisée dans la technologie numérique multispectrale ; elle a conduit des recherches approfondies sur le travail de Léonard de Vinci, notamment des études détaillées de *La Joconde* et du *Portrait de Cecilia Gallerani* (*La Dame à l'hermine*). Les scannages du *Portrait d'une jeune femme*, l'une des plus enthousiasmantes découvertes liées aux recherches sur Léonard de Vinci ces dernières années, sont consultables sur le site Lumiere (www.lumiere-technology.com). Le « diaporama » numérique comprend aussi des réflectographies aux rayons ultraviolets, infrarouges, en fausses couleurs et en lumière rasante, ainsi qu'une radiographie.

En introduction à ce formidable déploiement de support technologique, on trouve un remarquable scannage en couleur du portrait entier, à un format extrêmement agrandi, ce qui fournit à l'observateur l'occasion de comprendre – mieux qu'à l'œil nu – la qualité exceptionnelle apportée à la réalisation du dessin. Parmi les éléments les plus notables que révèle la méthode, il faut signaler l'étendue des hachures à la main gauche – la « signature » et le témoignage le plus visible de la paternité de Léonard de Vinci – surtout sur le visage et le cou, mais aussi dans l'arrière-plan à gauche, le long du profil du modèle.

Les zones de hachures parallèles au crayon à l'arrière-plan, derrière le visage du modèle, servent à établir un contraste avec les rehauts de sa carnation. On trouve des hachures denses et similaires dans les dessins de l'artiste. De bons exemples au crayon figurent notamment dans les études anatomiques de Léonard de Vinci, comme la série des études sur le crâne humain conservées à la Royal Library, du château de Windsor (inv. n°s 19058r° & v°, 19057r° & v°, et 19059r° ; Zöllner, 2007, n°s 257–61).

Les hachures du nouveau portrait partent du bas à droite pour remonter vers le haut à gauche, tout comme les traits qui définissent l'arrière-plan gauche dans les études sur le crâne. Les observations de Carlo Pedretti (extraites de l'introduction à la monographie *Leonardo Infinito* d'Alessandro Vezzosi, publiée en juillet 2008 [disponible en pdf et en anglais sur le site Lumiere Technology]) selon lesquelles les traits de Léonard partaient normalement du haut côté droit pour aller vers le bas côté gauche s'appliquent aux hachures qui se trouvent sur la partie *droite* des crânes, pas aux hachures de la zone gauche de ces mêmes crânes. En d'autres termes, Léonard de Vinci déplaçait judicieusement le crayon du contour de l'objet vers l'extérieur, en direction du fond, évitant ainsi que toute trace déborde sur l'objet. Il n'est donc pas surprenant qu'il ait dirigé le crayon vers le haut à gauche dans ce nouveau portrait pour épargner le visage du modèle. S'il y avait eu des hachures en arrière-plan sur le côté droit du portrait, on aurait pu s'attendre à ce que les lignes se déplacent du haut gauche vers le bas droit. Quoi qu'il en soit, il n'était pas nécessaire de tracer des hachures du côté droit pour faire ressortir la chevelure sombre sur le fond clair et neutre.

De fait, les hachures de ce portrait fournissent, sous tous leurs aspects, un témoignage visuel des théories de Léonard de Vinci sur l'enluminure, telles qu'exposées dans son *Traité de la peinture*, qui regroupe une sélection posthume et parfois aléatoire de ses écrits. Les zones de demi-ton indiquées par les hachures sur l'arrière-plan gauche du *Portrait*, visibles dans le profil de la jeune femme et, à un moindre degré, dans son cou et sa gorge, ne sont pas des ombres projetées, mais de simples retouches localisées sur l'arrière-plan, afin d'en renforcer légèrement la teinte. Dans son traité (réimpression de Dover, précepte n° 200), Léonard de Vinci évoque plus spécifiquement la nécessité d'un fond pour faire ressortir le sujet ou pour lui permettre de se détacher suffisamment, de sorte que la lumière contraste avec l'ombre, et l'ombre avec la lumière. Sans ce faire-valoir visuel un demi-ton plus foncé que le reste de l'arrière-plan, la lumière qui éclaire le front, le nez, la bouche et le menton de la femme ne donnerait pas un tel relief. La chair du cou qui se trouve immédiatement sous le menton et la partie inférieure de la poitrine ont une tonalité plus foncée que le visage de sorte qu'elles perdent de cette nuance mystérieuse, et par conséquent de leur contraste, par rapport au fond. Comme le corsage est bien plus sombre que l'arrière-plan, la zone qui le jouxte (comme tout le côté droit, derrière les cheveux) n'est pas hachurée.

Une autre caractéristique du portrait mise au jour par le scannage de Lumiere Technology, c'est la présence de plusieurs *pentimenti*, surtout sur le profil du visage et à l'endroit où la raie des cheveux croise l'arrière-plan, au sommet du crâne de la jeune femme. Une grande attention a été accordée à la ligne précise du nez, autre point souligné dans les discussions théoriques de Léonard de Vinci sur la beauté idéale, dans son traité.

Le premier des scannages agrandis montre aussi l'extrême attention accordée aux détails par l'artiste – de la minutie des traits faciaux aux motifs de la robe, en passant par chaque nœud de la coiffe. Cette quête obsessionnelle pour saisir avec impartialité l'apparence de chaque chose présente dans le champ de vision de l'artiste, jusque dans la moindre parcelle, est caractéristique de la créativité de Léonard de Vinci.

Au nombre des zones dessinées au crayon et à l'encre les plus facilement repérables, même à l'œil nu, on compte les minces contours qui définissent le profil de la jeune femme, ses épaules et son costume. Un contour aussi délicat et si subtilement modelé se retrouve dans d'autres exemples d'études de tête de l'artiste, comme le professeur Alessandro Vezzosi l'a déjà observé pour *Tête et épaules de femme* dessiné à la pointe de métal (env. 1488-1492), et conservé à la Royal Library, au château de Windsor : le modèle est lui aussi de profil, mais cette fois le visage est tourné vers la droite (inv. n° 12505r ; Zöllner, 2007, n° 187, repr.). *Le Portrait d'Isabelle d'Este* (env. 1499-1500), dessiné à la craie noire et rouge et qui se trouve au Louvre (inv. n° 753 ; Zöllner, 2007, n° XXI, repr.), peut aussi être mis en parallèle sur le plan stylistique, bien qu'il soit plus tardif et qu'il s'agisse probablement d'un dessin destiné à un portrait peint. Tous ces exemples, mais surtout la présente œuvre, dans la mesure où elle est techniquement proche d'une peinture, correspondent au précepte n° 194 (« De la beauté des visages ») du *Traité de la peinture* de Léonard : « Il ne faut pas marquer les muscles d'une ligne trop dure, mais laisser une douce lumière glisser sur eux et se perdre imperceptiblement dans des ombres charmantes ; de là dépendent toute la grâce et la beauté d'un visage. »

Les zones de hachures parallèles denses qui modèlent le visage et le cou du modèle sont dessinées d'un trait encore plus fin. Ces zones de travail au crayon sont très visibles dans le scannage de Lumiere Technology, mais elles sont en partie recouvertes par le rose léger et crémeux, et par les zones blanches qui colorent le visage, ce qui crée un effet de gris fumé, le *sfumato*, typique de Léonard de Vinci.

Le dessin des cheveux de la femme est l'un des détails les plus beaux et les plus naturels du portrait, tout comme la complexité de leur couleur. Ici, Léonard de Vinci n'a pas hésité à mélanger les matériaux, les combinant de manière tout à fait inhabituelle pour lui : encre marron, lavis marron rouge sur de la craie noire, rouge et blanche. Ainsi grâce à la gamme des textures et des couleurs qu'autorisent les différents matériaux, il a pu traduire l'éclat velouté des cheveux et établir une distinction subtile entre les parties relativement lâches et exposées à la lumière, au sommet de la tête, et celles qui sont dans l'ombre, à l'arrière, avec certaines mèches maintenues par les mailles de la coiffe, et d'autres étroitement tressées.

Les traits au crayon coulent en petits ruisseaux, le long de la tête. Avec les traits au pinceau et au lavis, plus foncés, et même plus larges, ils représentent les mèches descendantes de la chevelure qui sont ensuite rassemblées en une seule natte épaisse qui tombe jusqu'au milieu du dos et est coupée en bas, en raison de la composition du dessin. Les traits à la craie tout comme ceux au crayon et au lavis sont espacés, au sommet de la tête du modèle, ce qui laisse voir le parchemin. Cela crée un rehaut dans les cheveux qui définit le sommet de la tête, dont la forme poursuit magnifiquement la courbe du front. Sur le côté, les mèches sont encore plus subtilement écartées pour souligner l'ombre de l'oreille.

Seuls quelques dessins de portraits présentent une technique comparable, mais il n'est pas aisé d'établir des parallèles entre les autres œuvres de Léonard de Vinci et ce dessin plus intuitif, intégrant une combinaison de matériaux pour les cheveux. Dans son *Étude d'une figure ailée : allégorie de la Fortune* (env. 1480-1481), qui se trouve au British Museum de Londres (inv. n° 1895–9–15–482 ; Zöllner, 2007, n° 387, repr.), la liberté du travail au crayon et au lavis marron qui l'accompagne, suggère le rythme du mouvement ; ce dessin témoigne de l'indifférence de l'artiste pour la netteté. En tout état de cause, l'utilisation d'un crayon et d'un lavis marron, combinée à la couleur du fond, n'apparaît que dans une seule catégorie de dessins de Léonard de Vinci, celle des cartes et des plans, dont beaucoup sont parvenus jusqu'à nous, même si tous sont sans exception exécutés sur papier.

Support

L'utilisation du vélin ou du parchemin comme support du portrait est elle aussi inédite. Léonard de Vinci était vraiment en avance sur son temps comme peintre, dessinateur et penseur, il n'y a donc rien de surprenant qu'il soit aussi un innovateur technique. Pour ses études de drapés, il inventa une technique de dessin au pinceau et à la gouache sur toile de lin, montrant en cela qu'il était prêt à toutes les expériences quand il s'agissait de trouver le bon support pour chaque type de représentation. Certes, il n'existe aucune autre œuvre de lui sur vélin, mais cela ne suffit pas à exclure qu'il soit l'auteur du portrait. Le professeur Alessandro Vezzosi a souligné que, dans son *Traité de la peinture*, Léonard de Vinci recommande l'utilisation du vélin comme support pour le dessin : « Prends une peau de chèvre, lisse et bien préparée, puis sèche-la ; quand elle est prête, sers-t'en pour dessiner, puis à l'aide d'une éponge, tu peux effacer ce que tu as dessiné et faire un nouvel essai » (cité par Vezzosi, mais apparemment pas dans l'édition Dover). L'artiste a exploité avec succès la texture piquetée du matériau dans le rendu des chairs du visage et des vêtements. Il serait intéressant de vérifier que le vélin utilisé comme support pour le *Portrait* provient bien d'une chèvre.

Datation

La date du portrait se situe autour de 1481-1482, c'est-à-dire peu de temps après que Léonard eut quitté Florence pour Milan. (Son départ a dû avoir lieu en début d'année 1482, quelque temps après le dernier paiement enregistré à Florence, en septembre 1481.) Deux éléments parlent en faveur de cette date : le style du dessin et la robe du modèle. En ce qui concerne le style, l'héritage de Florence apparaît clairement dans ce type de visage, qui rappelle ceux d'Andrea del Verrocchio, de Lorenzo di Credi (qui travailla avec Vinci dans l'atelier de Verrocchio), et d'autres encore. La pureté de la silhouette de la femme qui se détache sur fond clair, évoquant un découpage papier, rappelle le contour intransigeant mais plus complexe du *Guerrier portant cuirasse et casque* (env. 1472), au British Museum (inv. n° 1895–9–15–474 ; Zöllner, 2007, p. 11, repr., et p. 365, n° 191, repr.). Bien que le *Portrait* soit à tous les égards dissemblable du *Guerrier* dans ses détails, il est intéressant de noter que la structure des yeux et des paupières du *Guerrier* sont proches de ceux de la femme du *Portrait*. Le dessin du British Museum a été considéré par quelques critiques comme une copie, ou une adaptation, de *Darius*, de Verrocchio.

C'est selon toute vraisemblance pendant sa première période florentine (1472-env. 1482) que Léonard de Vinci dessina des visages de profil fort différents les uns des autres, expérimentant des types aussi contrastés que le grave guerrier ou l'aimable et belle jeune femme. Cette activité reflète apparemment les idées alors en vogue dans l'atelier de Verrocchio. La plupart de ces profils ont été dessinés rapidement sur papier, tandis que d'autres, comme le dessin du British Museum précédemment mentionné, sont plus réfléchis dans leur exécution. Quelle que soit la date de sa réalisation, le présent *Portrait* est lourdement empreint, par l'esprit et l'apparence, de ces préoccupations, et des premières expériences florentines de Léonard.

Costume et iconographie

La tradition qui veut que les jeunes femmes portaient leurs cheveux noués en une tresse unique et épaisse est une mode lombarde de la fin du XVe siècle, tout comme celle d'entourer la tête d'un étroit ruban passant sur le front ou juste au-dessus. Ces deux caractéristiques se retrouvent dans le *Portrait de Cecilia Gallerani* (*La Dame à l'hermine*) (1489-1490), conservé au musée Czartoryski de Cracovie (inv. n° 134 ; Zöllner, 2007, n° XIII, repr.). Elle était la maîtresse de Ludovic le More. On voit le même type de coiffure dans *Portrait d'une jeune femme de profil* d'Ambrogio de Predis (env. 1490 [?]), à l'Ambrosiana, Milan (inv. n° 100 ; Zöllner, 2007, p. 98, repr.), sur lequel d'ailleurs le rebord de la veste sans manche du modèle est décoré à l'épaule de la même façon que le bord de l'ouverture en haut de la manche du *Portrait.* Le lien que présente cette coiffure élaborée, mais néanmoins extrêmement élégante, avec la mode milanaise est si évident qu'il est plus probable que le travail ait été réalisé à Milan. Il est aussi dans le domaine du possible que le modèle soit originaire de Milan ou de Lombardie.

Dans un livre récent, Alessandro Vezzosi estime que ce type de portrait est un *ritratto nuziale* (« portrait de mariage »). Il émet l'hypothèse qu'il peut représenter la jeune Bianca Maria

Sforza* (1472-1510), la fille du duc de Milan [Galeazzo Maria Sforza], avant son mariage avec l'empereur Maximilien Ier (1459-1519). Plus tard, son mari loua davantage sa beauté que son caractère. Les traits du modèle sont conformes à ce que Léonard de Vinci décrit dans son *Traité de la peinture*, comme « le visage parfaitement éclairé », montrant de la grâce, dans la mesure où les ombres ne semblent ni « coupantes, dures ou sèches » (Réimpression Dover, Précepte n° 196). Une telle fonction – un portrait envoyé à un éventuel mari pour obtenir son approbation – expliquerait les matériaux et le support inhabituel, tout comme le grand degré de finition.

État

Selon moi, la plupart des caractéristiques du visage et de la décoration du costume de la femme ont été dessinées au crayon, par Léonard de Vinci. Elles sont exécutées avec une finesse tout simplement au-delà de la compétence d'un restaurateur ultérieur. Quelques ajouts ont bien eu lieu par la suite, mais ils se situent pour la plupart dans des zones pigmentées et ils étaient destinés à remédier à des pertes de couleur, surtout sur le visage et les cheveux (voir Lumiere Technology, réflectographie aux ultraviolets, en fausses couleurs, et étude des pigments et de la restauration).

Historique de l'attribution

Depuis sa réapparition en 1998, cette œuvre a reçu seulement deux attributions. Lors de sa vente par Christie's, à New York, le 30 janvier 1998 (lot 402, appartenant à une personne privée), elle fut cataloguée comme un travail de l'école allemande du XIXe siècle, et le modèle était décrit comme vêtu

* Aujourd'hui, l'identité de la jeune femme du *Portrait* ne fait plus aucun doute, il s'agit de Bianca Sforza, fille de Ludovic le More. (Note de l'auteur pour cette édition.)

d'une « robe Renaissance ». La seconde attribution, à Léonard de Vinci, cette fois, fut proposée par moi-même et d'autres personnes en 2008 ; elle a reçu des soutiens variés. Parmi ceux qui adhèrent complètement à cette thèse, on compte le professeur Alessandro Vezzosi, Mina Gregori, Carlo Pedretti et Cristina Geddo.

Comme l'a souligné cette dernière, qui a beaucoup travaillé sur les *leonardisti milanesi*, le rejet de l'attribution à Léonard de Vinci en faveur d'un de ses nombreux disciples – Giovanni Antonio Boltraffio, Ambrogio de Predis, Francesco Melzi ou Bernardino Luini – est infondé dans la mesure où aucun de ces artistes n'était gaucher ni assez doué pour produire un portrait aussi subtilement raffiné.

Provenance

La provenance de cette œuvre avant 1998 demeure un mystère complet. Le fait que les cachets des douanes françaises du XXe siècle figurent apparemment au dos de son panneau en bois implique qu'elle a, au moins, effectué un séjour en France. Était-ce pour sortir ou entrer dans le pays ? La question n'est pas encore résolue. Peut-être est-elle restée cachée pendant des générations dans quelque château français, même si ce n'est que pure conjecture. La seule trace découverte jusque-là sur son éventuelle existence antérieure apparaît dans deux références, sur lesquelles le professeur Alessandro Vezzosi a attiré notre attention. Il a en effet relevé que, dans un inventaire des affaires que possédait Léonard de Vinci au début des années 1480, figuraient deux travaux qui pouvaient correspondre au portrait nouvellement découvert : *Una testa in profilo con belle cappellatura* (« Une tête de profil avec une belle chevelure ») et *Una testa di putta con trezie rannodate* (« Une tête de jeune fille avec des boucles tressées »). En théorie, le portrait pourrait être l'un ou l'autre.

Conclusion

Non seulement ce remarquable dessin de Léonard de Vinci correspond stylistiquement à son œuvre en tant que peintre et dessinateur, mais il est aussi conforme à ses théories sur la représentation figurative, telle qu'il l'a exposée dans son *Traité.*

Ce rapport se fonde sur une recherche commandée par l'agent du propriétaire, à mon taux habituel de rémunération. Je n'ai aucun intérêt commercial sur ce travail.

Nicholas Turner, titulaire d'une maîtrise en arts,
ancien conservateur adjoint des Dessins et Estampes
au British Museum, à Londres (1974-1994),
et ancien conservateur des Dessins au J. Paul Getty
Museum, à Los Angeles (1994-1998).
Septembre 2008

LES ÉMOUVANTES RETROUVAILLES DE *LA BELLE PRINCESSE*

Après toutes ses tribulations, *La Belle Princesse* est à Genève où elle est présentée. Son délicat profil repose dans une vitrine sécurisée, ce qui permet d'en discerner tous les détails. Bienvenue au LTMI, l'institut que Pascal Cotte et Jean Penicaut, les fondateurs de Lumiere Technology, viennent d'installer au Port Franc. Grâce à leur méthode d'analyse multispectrale à très haute résolution, les œuvres picturales livrent ici leurs secrets.

Avec une intuition doublée d'une ténacité exemplaire – malgré l'accueil parfois réservé du « monde » de l'art – ils ont permis aux historiens d'authentifier cette 13e œuvre de Léonard en retrouvant les origines de *La Belle Princesse*. Son mystérieux passé a pu être révélé par leur étrange machine à remonter le temps, cette caméra multispectrale qui n'en était pas à sa première étude de Vinci, ayant numérisé *La Joconde*, *La Dame à l'hermine* et récemment *La Belle Ferronnière*. Les centaines d'images obtenues découpent la couche picturale comme dans un mille-feuille ; projetées sur de grands écrans, elles donnent plus à voir que la meilleure des loupes géantes.

Devant leurs invités, qui les questionnent pour avoir le fin mot de l'histoire de *La Belle Princesse*, Pascal Cotte et Jean Penicaut reprennent avec passion leur récit. Chacun veut comprendre pourquoi l'attribution du profil à Léonard de Vinci reste encore ignorée des musées, et comment on en est arrivé là. Les questions fusent. Les réponses se bousculent.

« Nous avons monté le dossier complet d'une enquête scientifique minutieuse, que nous avons menée pendant deux ans sous la direction du professeur Martin Kemp. Elle authentifie sans conteste cette œuvre et certifie que Léonard de Vinci en est l'auteur. Les conclusions, systématiquement étayées, ont été reprises dans de nombreux médias, reportages et documentaires de télévision, notamment un 52 minutes réalisé par National Geographic, ainsi que dans de nombreux livres, articles, dépêches et commentaires de blogs, tellement l'intérêt pour Léonard de Vinci est fort dans le monde. Étrangement, les conservateurs de musée et les milieux officiels de l'art ne nous aident pas. Nous n'avons pas été invités à présenter nos travaux, comme il aurait été logique que nous le soyons, en lisière des deux expositions *Léonard de Vinci* de Londres et de Paris, victimes d'un ostracisme sans nom. »

Soucieux du leadership français sur l'étude de Léonard de Vinci, Lumiere Technology avait aussitôt invité un conservateur en chef des musées de France pour lui montrer des premiers résultats d'étude de *La Belle Princesse.* Le propos était non seulement de l'informer, mais aussi d'obtenir l'autorisation de faire une analyse numérique identique du *Portrait d'Isabelle d'Este* qui se trouve au Louvre, pour pouvoir comparer sereinement les deux œuvres. Le conservateur, d'un haussement d'épaules, éluda la demande, malgré tout l'intérêt qu'il y aurait eu à vérifier cette hypothèse soulevée par des historiens de l'art mondialement reconnus, tels que Nicholas Turner ou Mina Gregori.

Car d'éminents spécialistes de Vinci ont suivi Lumiere Technology dans ses investigations. Il fallait voir l'émotion du professeur Carlo Pedretti, en découvrant l'œuvre. Tout juste arrivé d'un colloque à Amboise, devant ces mêmes écrans, l'œuvre dans les mains, sa femme refrénait son enthousiasme en l'interpellant d'un délicieux : « Carrlo, Carrlo » alors qu'il félicitait Pascal Cotte pour son travail sur *La Joconde* et *La Dame à l'hermine*, dont il avait pu enfin voir les couleurs d'origine. Rien n'a arrêté cette vague de curiosité enthousiaste. Ni le désir d'Alessandro Vezzosi d'être le premier à publier dans un superbe ouvrage *Leonardo Infinito*, le portrait alors nommé « Portrait nuptial d'une jeune femme ». Ni le raisonnement si pertinent de la *dotoressa* Cristina Geddo, spécialiste des ateliers de Léonard, qui dès le départ de l'enquête expliquait pourquoi cela ne pouvait pas être de la main d'un élève de Léonard. Ni la rencontre décisive avec le professeur Kemp. Un monument d'intégrité morale, de rigueur scientifique et d'indépendance d'esprit.

Pour la première fois, une recherche d'authenticité était entreprise de manière pluridisciplinaire sous la direction d'une autorité incontestée – Martin Kemp – et quasiment en temps réel via internet. La présentation en était particulièrement innovante, puisque l'on pouvait voir tous les détails de l'œuvre en ligne en « zoomant » dans ses différentes couches. La recherche était ouverte à tous, et soumise à l'appréciation des plus éminents spécialistes, qui ont pu travailler en étudiant la couche picturale de l'œuvre à très haute résolution, dans le visible et l'invisible. C'est ainsi que furent retracés les dessins de la main gauche et les entrelacs typiques de Léonard, démontrées les empreintes de la paume identiques à celles de *La Dame à l'hermine*, régénérées les couleurs d'origine de l'œuvre certifiant les couleurs héraldiques du modèle, expliqués le costume et la coiffure si spécifiques de la cour des Sforza, isolé l'état des restaurations – il y en a eu au moins deux – prouvant le caractère expérimental de l'œuvre, la craie ne tenant pas sur le vélin, qui devait être sans doute dans un livre.

Un livre ? À ce stade, intervient l'érudition de David Edward Wright, professeur émérite d'histoire de l'art à l'université de Floride du Sud, à Tampa, qui contacte Martin Kemp pour lui signaler l'existence des quatre *Sforziada* conservées en Pologne, en France, en Angleterre et en Italie, au format identique. L'enquête est relancée. Quelle dynamique pour identifier *La Belle Princesse*! Elle s'appuie sur un élément primordial pour étayer une recherche, l'aptitude à poser les bonnes questions et surtout celle-ci : « Pourquoi pas ? » Et à y répondre en toute humilité selon trois critères en histoire de l'art : le style, l'histoire et la science.

Quand Pascal Cotte et Martin Kemp sont allés en Pologne, ils ont eu toutes les raisons d'être satisfaits : devant les caméras de National Geographic, le fac-similé de *La Belle Princesse* est entré parfaitement dans le cahier où une page manquait, devant l'enluminure spécialement exécutée par Birago en 1496 pour embellir l'incunable, imprimé sur le même vélin. Trois sur cinq trous de reliure du vélin correspondaient au dixième de millimètre près en écartement, uniquement avec la reliure de l'exemplaire de Varsovie. Le cinquième n'étant pas repérable en raison de la coupe de la feuille, et le quatrième l'étant de manière parcellaire. La démonstration est parfaite. Alors entendre dire par un conservateur de manuscrits anciens que « des livres équivalents n'avaient pas de pareils portraits inclus à cette époque », c'est faire peu de cas d'ouvrages semblables présentés aux expositions sur les Médicis à Paris et sur Vinci à la National Gallery de Londres…

Les couleurs d'origine régénérées virtuellement avaient aiguillonné Martin Kemp sur Bianca Sforza, fille naturelle de Ludovic Sforza, légitimée et mariée à treize ans avec un parent, Galeazzo Sanseverino, le commandant des armées et des écuries du duc de Milan, chez qui Léonard a dessiné des chevaux pour son grand projet de statue équestre, et travaillé sur des costumes pour les noces du More avec Beatrice d'Este.

La *Sforziada* raconte l'histoire du père de Ludovic le More, Francesco Sforza : une fois imprimée, elle était enluminée différemment par Gian Pietro Birago pour s'adapter aux dédicataires du livre ou célébrer un événement familial. Simon Hewitt, dans une enquête à paraître sur le sujet, explique que le Birago de Varsovie* porte, sur la partie droite, les armes des Sanseverino et le chiffre de Galeazzo (GZ) l'indiquant comme le digne héritier de Muzio Attendolo (père de Francesco Sforza), premier ancêtre commun de Galeazzo et de Bianca, sa jeune épouse. Le bas de page nous montre Ludovic le More devant la fratrie Sanseverino, lui prêtant allégeance, le More tenant en main le chapeau de cardinal du frère de Galeazzo, Federico. À sa droite, Bianca s'accroche au bras écarté d'un Galeazzo bien peu galant. En haut de la page, à gauche, à la place du phœnix auquel Bianca fut comparée par un poète de la cour, et dont ne restent que des ailes, il y a un trou noir, comme une serrure funèbre, avec un petit dessin minuscule d'un fœtus esquissé. Ce trou noir est le casque de Galeazzo, rajouté après le décès tragique de Bianca, morte en fausse couche cinq mois après son mariage… sans avoir attendu l'âge légal (14 ans) pour remplir ses devoirs conjugaux. Rajoutée également, en dessous, une bannière comme une ceinture évidée, qui aurait pu porter sans doute une devise chère au More comme à tous les Sforza, « ICH VERGIEH NIE » (je n'oublie pas).

Ce portrait est donc le témoignage d'une tragédie. L'enfant aimée, légitimée, promise au plus fidèle et puissant commensal dont le More voulait s'attacher la loyauté, mariée à treize ans, portraiturée par le plus fameux artiste de son temps, Léonard de Vinci, qui l'avait vue grandir à la cour de Milan, est morte aussitôt mariée, sans que l'Histoire ait eu le temps de parler d'elle. Ce sont des faits, ce n'est pas un roman, juste la suite logique d'évidences en tout point démontrées.

Organiser à Londres et à Paris une exposition sur Léonard à la cour des Sforza sans accepter au moins l'hypothèse de *La Belle Princesse* alors qu'elle est défendue par le plus éminent historien de l'art anglais lors d'une lecture préalable au Courtauld Institute au cours de laquelle Pascal Cotte est intervenu,

* Voir la reproduction de cette enluminure dans le cahier photos.

est quand même une étrange réponse à ces recherches plus qu'abouties. Un tel négationnisme – osons dire ce mot : « ce qui dénie l'existence d'une réalité » – est inconcevable.

Cette *Sforziada*, du fait de son objet, fut tristement refermée pour conserver le souvenir de Bianca. Elle contenait le chagrin d'un père et l'espoir brisé d'une alliance féconde. Puis vint le sac du duché de Milan par les Français en 1499. On en perd la trace jusqu'à ce qu'elle refasse surface en Pologne... dont la reine, à partir de 1518, n'est autre que Bona Sforza, petite-nièce du More. Puis on la retrouve dans la fameuse bibliothèque du chancelier de la Couronne, Jan Zamoyski, au château dans la ville idéale de Zamosc, qu'il crée de toutes pièces – avec un architecte italien – à partir de 1580. Elle est restaurée, sa reliure remplacée, au XVIIe ou au XVIIIe siècle. Est-ce à cette époque que le portrait et la feuille qui le recouvrait furent découpés ? On le présume. De même, la planche de bois sur laquelle le vélin est aujourd'hui collé pourrait être l'âme de la reliure de cuir ou de velours réutilisée à cette fin, vu son épaisseur amincie sur un des bords. Ce dont on est sûr est que sur deux autres versions de la *Sforziada*, désormais conservées à Paris et à Londres, il existe bien deux feuilles vierges devant le Birago (différemment) enluminé... Puis ce profil découpé, dont plus personne ne connaît le nom, se retrouve aux mains du peintre et restaurateur Giannino Marchig (1897-1983) à Florence. Une comtesse Zamoyska ayant émigré à Florence en 1830, où elle fut enterrée en grande pompe en 1835, a-t-elle pu l'emporter avec elle en exil ? Ce ne sont là que des suppositions. Mais quelle importance ? La substance de l'œuvre parle d'elle-même, autant que sa provenance.

En 2019, le monde entier célébrera les cinq cents ans de la mort de Léonard de Vinci. On peut espérer qu'une des stars du moment sera alors *La Belle Princesse*.

La Belle Princesse aura alors trouvé de nombreux admirateurs sur tous les continents. N'est-ce pas les yeux du public qui font le succès d'une œuvre ? Comment expliquer autant de visiteurs au Louvre pour *La Joconde* dont on sait si peu de chose ? Et pour *La Dame à l'hermine* ?

Toutes proportions gardées, tels des encyclopédistes à la recherche de nouvelles façons d'expliquer la création, il est possible de faire évoluer le monde de l'art et l'avenir des musées grâce à l'apport innovant du procédé multispectral pour scruter avec un regard neuf, démultiplié, la vérité des œuvres. Cette révolution basée sur le partage des connaissances certifiées, quels que soient les efforts pour en retarder l'échéance, est inéluctable.

Les écrans s'éteignent, les centaines de détails qui ont illustré la démonstration s'estompent dans les pensées. Les lumières se rallument. Les regards s'éclairent. Dans le silence revenu, *La Belle Princesse* exposée garde son sourire. Sa pupille délicatement dessinée, tel un instrument d'optique imprenable, semble dire à chacun : « Moi, Bianca Sforza, je vous tiens à l'œil... »

NOTES

1. Trouvé !

1. Catalogue de Christie's, New York, 30 janvier 1998, lot 402.
2. Il y a peu de documents sur les Nazaréens. À noter toutefois un excellent essai de Lionel Gossmann, comprenant des reproductions de leurs œuvres : *Unwilling Moderns : The Nazarene Painters of the Nineteenth Century*, Nineteenth Century Art Wordwide, automne 2003.

2. Qui est-elle ?

1. Caroline Corrigan, rapport de restauration, 1er août 2007 :

    Rapport de situation concernant un dessin du début du XVIe siècle sur vélin, présenté sur panneau : *Profil d'une jeune femme*. Taille d'environ 30 × 40 cm. Observations : techniques utilisées – encre marron, probablement de l'encre métallo-gallique ; tempera, légère retouche d'un rose transparent sur le front et les joues ; la surface est vernie. Support – vélin, fixé sur un panneau en chêne (le panneau original a dû être changé au XIXe siècle, car on peut voir quelques trous d'insectes colmatés ; des petites aspérités sont visibles sur les bords). État : ce dessin est en très bon état, le vélin comme les techniques ; la restauration du XIXe siècle a été relativement bien faite. Conclusion de conservation : dans de bonnes conditions de conservation, ce dessin devrait garder son aspect exceptionnel. Il n'a pas besoin d'une nouvelle restauration, il ne devrait pas en subir. Il est trop rare et précieux pour que l'on prenne le moindre risque.
2. Mina Gregori, « A Note on Leonardo », *Paragone*, 2009, anno LXI, nº 723, nº 91, 3-4.

3. Le monde de Léonard de Vinci

1. Léonard de Vinci, *Traité de la peinture*, traduction et présentation d'André Chastel, Éditions Berger-Levrault, p. 299-329.

2. Vasari, *Vies des artistes*, Les Cahiers Rouges, Grasset, p. 182.
3. *Ibid.*, p. 178.
4. *L'Adoration des mages.* Ce tableau non achevé est à la Galerie des Offices à Florence depuis 1670.
5. Léonard de Vinci, « Lettre au duc », dans *Codex Atlanticus*, fol. 391, recto a.
6. Christopher Hare et Baldassare Castiglione, *Courts and Camps of the Italian Renaissance*, New York : Harper, 1908, p. 23.
7. *Les Manuscrits de Léonard de Vinci*, « Les 14 manuscrits de l'Institut de France », extraits et description par Péladan, Paris, Bibliothèque internationale d'édition, E. Sansot et Cie Éditeurs, 1910, p. 58, sur archive.org.
8. Comme le rapporte Vasari dans *Vies des artistes*, p. 186 : « [...] il proposa au duc de faire un cheval de bronze d'une grandeur extraordinaire, destiné à recevoir la statue du duc. Il le commença dans une telle dimension qu'il ne put jamais l'achever, et comme le génie est souvent en butte aux faux jugements et à la méchanceté, certains prétendirent que Léonard, comme pour ses autres œuvres, l'avait commencé et ne voulait pas le finir, attendu que le couler d'un seul jet aurait été d'une difficulté incroyable ! Et l'on peut croire que beaucoup ont porté ce jugement par expérience de ses œuvres car beaucoup d'entre elles sont restées inachevées. Mais, en vérité, on peut croire que la grandeur et l'excellence de son esprit firent qu'ils avaient visé trop haut, et qu'à vouloir toujours plus d'excellence et de perfection, l'œuvre fut retardée par le désir, comme l'a dit Pétrarque. Ceux qui ont vu le grand modèle qu'il exécuta en terre assurent n'avoir jamais vu œuvre plus belle ni plus superbe ; elle resta en place, à Milan, jusqu'à l'arrivée des Français avec Louis XII qui la mirent entièrement en pièces. On a perdu également un petit modèle, en cire, fort vanté, ainsi qu'un livre sur l'anatomie du cheval, qu'il avait écrit pour ses études. »

4. Authentique ou faux ?

1. Hoving, *False Impressions*, 17, p. 163.
2. *Ibid.*, p. 163.
3. Deux livres ont été publiés sur le vol de *La Joconde* et ses conséquences : Scotti, *Vanished Smile*, et Dorothy Hoobler et Thomas Hoobler, *The Crimes of Paris.*

4. Simon Kuper, « Who Stole the Mona Lisa ? », *FT Magazine*, 5 août 2011.
5. Peter Landesman, « A Crisis of Fakes : The Getty Forgeries », *New York Times Magazine*, 18 mars 2001. Cet article retrace également d'autres tentatives de Turner pour dévoiler des faux au J. Paul Getty Museum.
6. Hebborn, *The Art Forger's Handbook*.
7. Brewer, *The American Leonardo*, p. 296.
8. Hahn et Benton, *The Rape of La Belle*, p. 3.
9. *Ibid.*
10. *Ibid.*, p. 41.
11. *Ibid.*, p. 42.
12. *Ibid.*, p. 32.
13. « Duveen on da Vinci », *Time*, 25 février 1929.
14. Hahn et Benton, *The Rape of La Belle*, p. 5.
15. « Lapis Lazuli and Kermes Berry », *Time*, 26 juin 1933.
16. Hahn et Benton, *The Rape of La Belle*, p. XVIII.
17. *Ibid.*, p. 17.
18. *Ibid.*, p. 21.
19. Comme Sotheby's préféra mettre la « copie » aux enchères, certains se demandèrent si ce n'était pas le vrai. Peter Duveen (aucune relation avec Sir Joseph), « Did Leonardo da Vinci Paint La Belle Ferronnière ? If So, Which One ? », *OpEd News*, 25 janvier 2010.
20. Brewer, *The American Leonardo*, p. 296.

5. La boîte magique

1. Daniel Kunitz, « Inside Leonardo's Mind », *New York Sun*, 1er décembre 2004.
2. Thomas Regnier, « Leonardo's Mystery : An Interview with Umberto Eco », *Queen's Quarterly*, 22 juin 2006.
3. Il est intéressant de souligner la coïncidence de ce nom avec celui des frères Lumière, Auguste et Louis, qui ont été les précurseurs du cinéma au XIXe siècle.
4. *Mona Lisa Revealed : Secrets of the Painting*, produit par Caroline Cocciardi (Miami, FL : JC Productions, 2009), DVD.
5. On peut trouver des descriptions de l'histoire et de la technologie sur le site de la société, www.lumiere-technology.com. Parmi les exemples de numérisations réalisées par Lumiere Technology, figurent des œuvres

de Chagall, Fragonard, Audubon, La Tour et Renoir, tout comme *La Vie* de Picasso, *Les Cantonniers* de Van Gogh (numérisé au Cleveland Museum of Art), les deux chefs-d'œuvre de Goya *Les Vieilles* et *Les Jeunes* (du Palais des Beaux-arts de Lille), *La Fuite en Égypte* de Poussin, et les deux versions de *La Chambre à coucher* de Van Gogh (l'une est à l'Art Institute de Chicago, et l'autre au Van Gogh Museum d'Amsterdam). Sur le site, on peut aussi voir une démonstration fascinante de cette technologie de pointe sur le chef-d'œuvre le plus célèbre du monde, *La Joconde* de Léonard de Vinci, et sur *La Dame à l'hermine* qui se trouve au musée Czartoryski à Cracovie. Voir aussi P. Cotte et D. Dupraz, « Spectral Imaging of Leonardo da Vinci's *Mona Lisa* : An Authentic Smile at 1 523 dpi with Additional Infrared Data » (Imagerie spectrale de *La Joconde* de Léonard de Vinci : un sourire authentique à 1 523 dpi avec des données infrarouges supplémentaires), *Proceeding of IS&T Archiving'06 Conference : Ottawa*, 2006, p. 228-235.

6. *Mona Lisa Revealed*, DVD.
7. *Ibid.*
8. Vasari, *Vies des artistes*, p. 189.
9. *Ibid.*, p. 179.
10. *Mona Lisa Revealed*, DVD.
11. Site www.lumiere-technology.com.
12. *Ibid.*
13. Les articles de Raymond N. Rogers sont consultables sur www.shroud.com. On y trouve de Raymond N. Rogers et d'Anna Arnoldi, « The Shroud of Turin : An Amino-Carbonyl Reaction (Maillard Reaction) May Explain the Image Formation » (Le suaire de Turin : une réaction amino-carbonylée (réaction de Maillard) peut expliquer la formation de l'image), dans *Melanoidins*, éd. J.M. Ames (Luxembourg : Office des publications de l'Union européenne, 2003), 4 : 106–113. Cet article très bien documenté démontre qu'une réaction chimique complexe mais naturelle peut expliquer toute la chimie des images connues sur le suaire de Turin ; il nous fournit une clé importante pour comprendre le mécanisme actuel de formation d'images.
14. Kemp et Cotte, *La Bella Principessa*, p. 107. L'étude que Cotte a menée sur *La Bella Principessa* a été aussi reprise dans de nombreuses conversations avec l'auteur.
15. *Ibid.*, p. 115.
16. *Ibid.*, p. 117.

17. *Ibid.*, p. 129.
18. *Ibid.*, p. 132.
19. *Ibid.*
20. *Ibid.*, p. 135.
21. *Ibid.*

6. Le point de vue d'un érudit

1. Da Vinci, *Codex Atlanticus*, folio 1058 (traduit de l'italien).
2. En réalité, la plupart des inventions de Léonard de Vinci ne marchaient pas, ce qui selon Umberto Eco fait partie du processus créatif. Tenant Léonard de Vinci pour un génie et un bricoleur, il déclare : « L'histoire illustre constamment le pouvoir fructueux des erreurs. La production d'erreurs est ce qu'on appelle en anglais "Serendipity" qui signifie "hasard heureux". Un hasard heureux, c'est précisément la capacité de faire des découvertes heureuses et non prévues, de manière fortuite. Il se produit un hasard heureux quand on cherche quelque chose et que, s'étant trompé, on trouve autre chose. » Thomas Regnier, « Leonardo's Mystery : An Interview with Umberto Eco », *Queen's Quarterly*, 22 juin 2006.
3. « Obituaries : Adrian Nicholas », *Daily Telegraph*, 25 septembre 2011.
4. Kemp et Cotte, *La Bella Principessa*, p. 32.
5. Martin Kemp, « La Bella Principessa : A Leonardo Discovered », podcast de l'université d'Oxford, 16 août 2010.
6. *Ibid.*
7. Da Vinci, *Ligny Memorandum*, 1499, folio 669 r°.
8. Da Vinci, « Proportions of the Head and Face » (Proportions de la tête et du visage), in *Leonardo's Notebooks* (Les carnets de Léonard de Vinci), p. 310.

7. Les principes de Léonard

1. *Les Manuscrits de Léonard de Vinci*, « Les 14 manuscrits de l'Institut de France », extraits et description par Péladan, Paris, Bibliothèque internationale d'édition, E. Sansot et Cie Éditeurs, 1910, p. 72, sur archive.org.
2. Léonard de Vinci, précepte 200, dans *Leonardo's Notebooks*, p. 593 (traduit de l'anglais).

3. Dr Sherwin Nuland, entretien avec Neal Conan, « Talk of the Nation », *NPR*, 14 avril 2009.
4. Cristina Geddo, « Il "pastello" ritrovato : un nuovo ritratto di Leonardo ? » (Le « pastel » retrouvé : un nouveau portrait de Léonard ?), *Artes*, 2008-2009, p. 63-87. Après le premier paragraphe que j'ai cité en entier, le reste de l'article continue comme suit :

 Ce portrait est loin d'être simple à expliquer, notamment en raison de l'ambiguïté de l'œuvre elle-même, une création hybride qui hésite entre le dessin et la peinture. Il faut avoir à l'esprit l'apparence originale, avec ses contours peints « *a secco* », et la distinguer des retouches postérieures au pinceau, effectuées avec des couleurs liquides. Pour cette raison, il n'est pas surprenant qu'il ait été pris pour un travail du XIXe siècle s'inspirant de la Renaissance, associé aux Nazaréens et vendu à ce titre par Christie's, dix ans auparavant, comme une attribution à l'école allemande du début XIXe.

 C'est seulement maintenant que le *Portrait de la jeune femme de profil* a été reconnu – d'abord par Nicholas Turner, puis par un groupe d'experts de Léonard de Vinci, encore que restreints en nombre et parmi lesquels figure le présent auteur – comme un travail stupéfiant et inconnu de Léonard de Vinci, perdu de vue pendant cinq siècles, et qui représente un ajout significatif au petit corpus des portraits que nous avons aujourd'hui de l'artiste. L'étude historique et critique de l'œuvre vient juste de commencer, conjointement à son examen physique confié à Lumière [*sic*] Technology, laboratoire de diagnostic établi à Paris et spécialisé dans les nouvelles techniques de photographies numériques multispectrales non invasives.

 Cette contribution préliminaire, qui laisse encore des questions sans réponses, n'a pas pour ambition l'exhaustivité, mais entend faire progresser, comme le titre l'indique, la forte hypothèse qui se fonde sur une convergence entre la technique employée pour la réalisation du portrait et ce que Léonard de Vinci pensait de l'utilisation d'un tel matériau. C'est une thèse qui mérite d'être considérée à la lumière des analyses techniques et scientifiques encore en cours, en vue de compléter les « données cliniques » de l'œuvre.

 Ce portrait est quasiment d'un format grandeur nature ; il a été réalisé sur une pièce de vélin rectangulaire mesurant

328 × 238 mm et fixé avec des quantités de colle sur un vieux panneau en chêne. Le vélin a probablement été collé à son support au cours de la seconde moitié du XIXe siècle, peut-être au moment de sa restauration. Les deux cachets de la douane centrale de Paris, imprimés au dos du panneau (*DOUANE CENTRALE / EXPORTATION / PARIS*), nous indiquent que l'œuvre a été conservée en France pendant un certain temps avant la Seconde Guerre mondiale, avant de partir pour les États-Unis.
En dépit de l'insertion d'« écrous papillons » pour éviter que le panneau ne se courbe, la mauvaise adhérence de la peau à son support en bois a fait largement remonter le vélin vers le centre supérieur, ce qui a aggravé les pertes de pigments au niveau du visage et du cou. Ce problème a été majoré par la façon rudimentaire dont le parchemin a été préparé et par son état médiocre de conservation : il présente des sillons horizontaux, ainsi que trois accrocs mal réparés le long des bordures et un quatrième sous le menton, comme on le voit sur la photographie prise en lumière rasante.
Les bords semblent peu soignés, à l'exception du gauche, qui a été sommairement coupé : un indice important qui permet de penser que la feuille se trouvait à l'origine dans un recueil cousu à la main, et qu'elle a donc été détachée d'un codex.
Outre la présence de follicules, la surface brute et non travaillée du cuir et sa couleur jaune foncé nous indiquent que le portrait a été exécuté sur le côté extérieur de la peau (celui qui était recouvert de fourrure), et non sur la face intérieure, qui était esthétiquement supérieure, et en général utilisée comme support pour les documents écrits. À partir de cette observation, on peut formuler l'hypothèse que l'on a écrit au verso du parchemin, ce qui pourra être vérifié lorsque le dessin sera détaché de son panneau actuel lors d'une restauration future (et qu'il faut souhaiter).
Le choix du côté extérieur de la peau a été dicté selon toute probabilité par des raisons techniques et stylistiques : de fait, la porosité et la perméabilité qui la caractérisent pouvaient garantir une meilleure adhérence en surface des couleurs « sèches », tandis que la teinte jaune du fond procurait une base plus accueillante pour les couleurs du dessin, en renforçant la luminosité, à l'instar d'un papier teint. En tous les cas, on a affaire ici à un parchemin ou à la

partie d'un codex recyclé : on peut le déduire des nombres en surimpression, visibles au-dessus de l'ornement central du costume, qui devraient être déchiffrables, comme d'autres écrits au crayon, telle la très pâle inscription visible le long de la marge supérieure de la feuille ou encore le petit dragon ailé – du moins c'est ce qu'on a l'impression de voir – dans l'angle inférieur gauche. Ces détails parlent aussi en faveur d'une attribution à Léonard de Vinci car, même si à notre connaissance celui-ci n'a jamais utilisé de parchemin, il avait l'habitude de réutiliser du papier sur lequel il avait écrit ou dessiné.

En ce qui concerne le matériau utilisé et les restaurations ultérieures, il faut que toutes les investigations techniques nécessaires aient été menées pour que l'on puisse identifier les pigments et leurs liants, de sorte que la question soit clarifiée une bonne fois pour toutes ; un rapport scientifique irréfutable en vue d'établir la paternité de l'œuvre, ainsi que sur son restaurateur, est également indispensable. Mais déjà, l'examen direct sur ordinateur des détails macro-photographiques de l'œuvre, avec ses possibles agrandissements successifs grâce à la méthode extraordinaire de scannage multispectral à une résolution d'un degré exceptionnel, mise au point par Lumière [*sic*] Technology, ainsi que la comparaison effectuée par Pascal Cotte, qui a déjà mené des recherches sur ces matériaux et perfectionne son mappage initial des différents pigments et restaurations, fournissent des informations suffisantes pour étayer notre hypothèse. De fait, cette analyse multispectrale confirme que, comme initialement indiqué, le *Portrait de la jeune femme de profil* a été dessiné à la craie noire, rouge et blanche (pierre noire, sanguine et craie blanche) et finalement rehaussé par le matériau graphique le plus visiblement approprié, en l'occurrence le crayon et l'encre marron.

Beaucoup de traits expérimentaux, de *pentimenti* et de corrections témoignent du processus complexe lié à l'élaboration du dessin, tout comme ils attestent du *modus operandi* de l'artiste. Cela indique fortement que nous avons affaire à un travail original, créé *ex nihilo*, et non à la copie d'un modèle dont on ne peut retrouver la trace.

Les légers traits que l'on distingue sur le parchemin sont destinés à donner une forme définitive à la tête ; ils occupent la même position relative sur la feuille et ont en gros les mêmes proportions, comme le suggère le contour, recouvert partiellement de hachures, qui se trouve juste à l'extérieur de la ligne correspondant au front du modèle, de son nez et de son cou et qui leur est parallèle. C'est aussi valable pour le contour de préparation dans le cou lui-même, qui est manifestement plus lisse et plus spontané que le trait final, tout comme les lignes préliminaires autour de la nuque, qui ont au bout du compte été effacées. L'artiste a ensuite redessiné le contour du visage à la craie noire, le renforçant ensuite avec un trait délicat d'encre marron, qui ne suit pas toujours ce contour à la craie. Le long du trait mince mais modulé du profil, on peut repérer de nombreux *pentimenti,* plus visibles aux réflectographies infrarouges. Ils correspondent à la position du front, à la pointe arrondie du nez, à la lèvre inférieure, à la gorge, au cou et à la courbe de la poitrine.

L'artiste a effectué tout ce travail préliminaire au crayon et à l'encre marron. Les traits sont d'une délicatesse incomparable, leur souplesse évoquant la flexibilité d'une ligne pour une gravure. La qualité suprême de son talent de dessinateur peut s'observer dans le détail de l'œil ombré de longs cils, dans l'utilisation habile du crayon pour montrer les entrecroisements de son vêtement (et en partie mal retouchés avec la pointe d'un pinceau à l'encre noire, intervention contemporaine de celles retrouvées dans d'autres zones du dessin) tout comme dans sa coiffure, superbement modelée grâce à l'utilisation de la couleur en demi-ton du parchemin (une technique appelé « *a risparmio* » en italien), et finalement dans les effets graphiques complexes et mélangés de la chevelure elle-même, dont la lecture est toutefois perturbée par les innombrables retouches effectuées à la pointe d'un pinceau.

Le profil de la tête se découpe sur un fond neutre semblable à un bas-relief taillé dans une plaque de travertin, grâce aux fines hachures externes au crayon et à l'encre qui renforcent celles réalisés à la craie noire en dessous : ces hachures sont univoquement penchées vers la gauche – elles partent du bas côté droit pour remonter vers le haut côté gauche, ou vice versa, au lieu de partir du bas côté gauche pour remonter vers le haut côté droit, comme c'est le cas à d'autres endroits du dessin. Par conséquent, l'artiste qui a réalisé le portrait était un gaucher, et cette donnée apporte à elle seule la preuve irréfutable que son auteur est Léonard de Vinci dans la mesure où il ne partageait cette particularité avec aucun autre de ses principaux élèves.

En ce qui concerne les couleurs du portrait, les variations dans la polychromie naturelle sont essentiellement dues à la conjugaison des trois « craies » de couleur différente sur la surface jaune et légèrement transparente du parchemin. Malgré les restaurations successives qui l'ont modifiée – ce que Cotte est en train de démontrer – sa transparence demeure fondamentalement intacte. Le jaune du sous-vêtement de la jeune femme, la couleur rouge marron de sa manche en cuir, que l'on voit au niveau de l'épaule par la découpe dans le vêtement de dessus, ainsi que le gris vert de son corsage, et qui étaient à l'origine recouverts de légères hachures exécutées à la craie rouge et noire, sont le résultat d'un vernis pour lavis. Les nuances de la couleur cuivrée de la chevelure sont renforcées par les craies rouge et noire sous-jacentes et par l'interaction de ces matériaux avec le fond jaune, les zones intouchées faisant fonction de rehaut au sommet de la tête, et lui conférant sa convexité ; le côté vivant des couleurs de la chair, obtenu grâce à des craies rouge et blanche, est renforcé dans la mesure où ces matériaux gagnent aussi en intensité pour le rendu de la carnation quand ils sont utilisés sur fond jaune. Dans les deux cas, le dessin original de la chevelure et du visage de la jeune femme avec ses couleurs opaques et délicates appliquées « *a secco* » est légèrement modifié et intensifié en raison des lavis utilisés à plusieurs endroits lors des restaurations ; ils apportent une couche très généreuse de cosmétiques *fin de siècle* à la pureté de ce visage Renaissance. Ces rajouts peuvent même être perçus à l'œil nu dans la couleur chair, où la tonalité initiale diaphane se distingue de la teinte rose mièvre qui souligne le lourd travail du pinceau sur la joue, le front, et dans de petites zones du cou, sans parler de la touche « rouge à lèvres » sur les lèvres (où les coups de pinceau incohérents sont clairement visibles...).

Un examen minutieux de la surface du portrait révèle qu'il est en grande partie composé de fines hachures exécutées de la main gauche (partant du haut, côté gauche pour aller vers le bas, côté droit) que l'on peut voir à la fois à l'œil nu et encore plus nettement grâce à un scannage numérique sous lumière infrarouge. À l'aide de

traits parallèles à la craie rouge et noire, l'artiste a modelé des harmonies chromatiques pour la chair sur la base d'une gamme où prédominait la douceur, et qui allait du rose pâle au violet, aux endroits les plus foncés ; il a intensifié certaines zones au crayon ou à l'encre marron. Par l'utilisation généreuse de la craie blanche, l'artiste a éclairci la chair et rehaussé les parties qui captent la lumière. Avec des traits précis et maîtrisés, il a également souligné les rehauts les plus structurés, comme sur la surface extérieure de l'œil, la cornée et les paupières, des détails que l'on voit aussi parfaitement sur des réflectographies aux ultraviolets.
Des zones de la chair de la jeune femme ont été endommagées en raison du support original. L'abrasion et des pertes – auxquelles le restaurateur a confusément et partiellement remédié, apportant des ajouts qui, comme nous l'avons déjà souligné, ont débordé dans des zones non endommagées – sont visibles dans les parties de la paupière supérieure et dans la cavité orbitale, sur la joue, la mâchoire, le menton, la lèvre supérieure, et de nouveau dans le cou, l'épaule, le décolleté, comme cela est fort bien démontré dans la réflectographie infrarouge en fausses couleurs (ainsi les zones jaunes sur fond bleu) et dans celle pour fausses couleurs inversées (comme les zones bleues sur fond rouge). La dégradation du matériau et les interventions du restaurateur, que même un faussaire pas forcément très doué aurait su mieux mener, doivent être considérées, à mon sens, comme des arguments décisifs en faveur de l'authenticité du travail.
En conclusion, le *Portrait de la jeune femme de profil* est le produit d'une expérience fondée sur un mélange de techniques où se côtoient la nouvelle méthode « *a secco* » aux trois craies et un moyen traditionnel et liquide comme l'encre ; en raison de la conjugaison des deux, l'artiste utilise un support inhabituel de parchemin qui, pour le dessin et d'autres moyens d'expression, a déjà été remplacé par du papier à la fin du XVe siècle, à la notable exception de la production destinée au créneau spécifique des manuscrits enluminés *de luxe*. Grâce à ce singulier mélange de matériaux et de techniques, l'artiste allie des valeurs picturales de douceur et de couleur à des lignes plus marquées et à un sens du volume pour ce qui est des formes figuratives.
Avec ce nouveau travail, nous sommes à l'extrême opposé de ce

qui est généralement considéré comme le talent de Léonard de Vinci, notamment une pratique liée soit à la création d'un travail spécifique à l'aide d'une nouvelle technique, soit à une entreprise ou recherche cognitive. Le portrait que nous avons aujourd'hui sous les yeux, colorié et terminé avec une précision aiguë du détail, appartient à une autre catégorie de dessin : il est autonome, ayant été conçu comme un travail à part entière. Mieux, c'est un hybride exceptionnellement raffiné entre le dessin, la miniature et la peinture, conçu comme une œuvre d'art achevée afin de décorer un manuscrit précieux qui sera placé parmi les pièces rares d'une bibliothèque privée.

Grâce à l'analyse physique minutieuse du travail, les principaux doutes initialement attachés au *Portrait de la jeune femme de profil* se sont estompés, voire ont complètement disparu, y compris l'allégation selon laquelle il s'agissait d'une copie d'époque, ou d'un faux datant de la fin du XIXe ou du début du XXe. Ayant surmonté ces erreurs, nous pouvons maintenant nous engager sur la voie d'une reconnaissance en faveur d'une paternité à Léonard de Vinci, que l'on peut étayer par les quatre arguments fondamentaux suivants : le style et la typologie féminine du modèle, la qualité d'ensemble du travail, l'exécution par un gaucher, et la technique expérimentale avec laquelle le portrait a été réalisé.

5. Martin Kemp, entretien avec Ana Finel Honigman, « Universal Leonardo », *ArtNet*, 19 janvier 2005.
6. Carlo Pedretti, introduction à Vezzosi, « Portrait nuptial d'une jeune femme ». Voici l'essentiel de l'introduction de Pedretti à la monographie :

    Après avoir surmonté le premier moment de grande surprise en ouvrant ce livre imposant et spectaculaire, le lecteur qui n'est pas totalement ignorant du présent état des œuvres de Léonard de Vinci ne pourra pas manquer de ressentir une impression familière – pas uniquement en raison des splendides reproductions des œuvres d'art qu'il présente (et qui ne sont pas seulement de Léonard), mais aussi par la façon très originale et attrayante, et cependant scientifique et rigoureuse, dont elles sont présentées. Cette approche est, en outre, la même que celle utilisée pour les expositions du Museo Ideale au centre de Vinci, fondé en 1993 par son actuel directeur, Alessandro Vezzosi…

    Ajoutées à cela, de nouvelles avancées permettront au lecteur de faire lui-même des découvertes, sans l'aide d'index ou de listes systématiques, et je pense vraiment qu'il vaut mieux ne pas trop en dévoiler, afin de ne pas priver le lecteur de l'enthousiasme qu'elles déclencheront chez lui.

Je dois avouer qu'il faut toutefois faire une exception pour l'une des nouvelles pièces non encore publiées et qui est trop importante pour qu'on ne s'arrête pas dessus. Je veux parler d'un grand dessin sur parchemin d'une *Jeune femme vue de profil gauche*, vêtue d'un magnifique costume Renaissance mais dépourvue de bijou, et présenté comme le portrait présumé d'une « future mariée fiancée », le genre de portrait que l'on peut imaginer avoir été envoyé à un éventuel mari éloigné – comme c'était le cas de l'empereur Maximilien, qui habitait loin de Bianca Maria Sforza, la nièce de Ludovic le More.

L'histoire fascinante, qui se conclut par les somptueuses festivités nuptiales en 1494, ainsi que d'autres histoires sur les manœuvres politiques de son oncle rusé, sans mentionner les divers aspects liés aux problèmes complexes d'attribution du portrait, sont retracées par Vezzosi avec cette éloquence contenue que nous lui connaissons chaque fois qu'il aborde un thème ou un problème. C'est grâce à lui que j'ai découvert cette œuvre d'art extraordinaire, dans un premier temps à partir d'une image numérique ; j'ai pu ensuite voir l'original. D'autres critiques et historiens de l'art notoires l'ont vu et examiné avant moi, mais aucun ne souhaite qu'on les nomme, à l'exception de Nicholas Turner. Celui-ci a fait une déclaration dans laquelle il se limite lui-même à décrire et commenter ce qu'il a vu de l'original, avec une attention particulière pour l'exécution à la main gauche. Selon lui, les hachures en arrière-plan derrière le profil du modèle partent du bas à droite pour remonter vers le haut à gauche : comme il a eu accès à un examen technique, ce procédé doit être vérifié dans la mesure où il peut être démontré que la direction des hachures dans les dessins célèbres de crâne de Léonard, en 1489, actuellement à la Royal Library à Windsor, va dans le sens opposé. Ma première impression, peut-être influencée par le panneau en bois auquel le parchemin est fixé, et sur lequel on peut voir deux anciens tampons de douane, fut que c'était le genre de support que l'on utilisait pour les boîtes de chocolats, au milieu du XIXe siècle. Il est également

> curieux que la seule fois où cette œuvre ait été décrite par écrit, lors de sa vente chez Christie's, à New York, en janvier 1998, elle ait été attribuée à un artiste allemand du XIXe siècle, et estimée entre 12 000 et 16 000 dollars. Elle fut en réalité vendue à 22 850 dollars, un montant surprenant pour une œuvre d'un artiste anonyme allemand du XIXe siècle.
>
> Autre source de perplexité, le costume : là où l'on s'attendrait à voir une manche détachable retenue par des lacets, il y a une ouverture triangulaire (mais pas assez grande pour que l'on voie le bras) bordée d'élégants nœuds brodés dans le style de Léonard de Vinci. Impeccable, en revanche, est la coiffure de type lombard, avec les cheveux rassemblés en une *coazzone* qui retombe le long du dos du modèle et qui est maintenue en place à certains endroits par des rubans – tous dessinés sans une seule erreur de perspective. [...]

Il y a aussi des aspects curieux dans l'histoire de l'attribution de cette peinture, que j'ai exposés dans mon essai à ce sujet sous forme d'une allégorie politique, publiée en 1990 dans des volumes d'études diverses en hommage à Luigi Firpo. Dans son rapport sobre et substantiel sur cette nouvelle étude sur vélin, Vezzosi voit dans ses éléments réalistes, y compris le format du portrait tête-épaules, une caractéristique de la représentation du mouvement ou une bienséance opportune, qui lui confère une puissance extraordinaire et inattendue : « En regardant la composition du dessin, on découvre un système curviligne d'une pureté si extrême qu'il me fait penser à une innovation du même ordre que celle de *Mademoiselle Pogany* du sculpteur du XXe siècle, Brancusi. »

7. Alessandro Vezzosi, « Portrait nuptial d'une jeune femme », dans *Leonardo Infinito* (Bologne, Italie : Scripta Maneant Edizioni, 2010). Après le premier paragraphe que j'ai cité intégralement, voici le reste de la monographie :

> Par-dessus tout, l'exécution de la main d'un gaucher est univoque et impressionnante par sa fluidité, son assurance et sa précision. Les lignes donnent forme au profil et prêtent de la texture aux vêtements dessinés ; elles suggèrent le classicisme d'une sculpture polychrome, interprétée dans une interaction dynamique de lumière et d'ombre. Cela accentue la pureté des lignes en contraste avec la douceur diffuse de la carnation claire teintée

de rose. Nous retrouvons ce même trait, en réalité, dans la plus précise des études du *Codex* de Madrid, et dans des esquisses anatomiques conservées à Windsor, du début de la période milanaise. Nicholas Turner qui fut le premier à suggérer le nom de Léonard pour ce portrait de profil, a souligné que la façon incisive et concise dont sont exécutés les traits parallèles au crayon prouve qu'il s'agit d'un artiste gaucher et non d'un imitateur. La technique est maîtrisée, dans le style toscan, mais le travail fut indubitablement terminé dans un contexte milanais. Mina Gregori l'attribua à Léonard lui-même, notant non seulement sa très haute qualité et son exécution à la main gauche, mais aussi le caractère florentin qui s'en dégage, tout comme le style de Léonard, dans ses premières années d'activité en Lombardie.

L'utilisation d'un parchemin était jusque-là inconnue dans le travail de Léonard, et en ce sens, cette nouvelle œuvre comble un vide précédemment incompréhensible – étant donné la fréquence de son utilisation parmi ses amis et collègues miniaturistes florentins, et les activités de ses collaborateurs milanais (en particulier de Predis). En outre, dans son *Traité de la peinture*, Léonard de Vinci écrit dans le précepte de « bien apprendre par cœur » pour « ne pas refaire les mêmes erreurs » : « Si tu veux préparer quelque chose, prends une peau de chèvre, lisse et bien préparée, puis sèche-la ; quand elle est prête, sers-t'en pour dessiner, puis à l'aide d'une éponge, tu peux effacer ce que tu as dessiné et faire un nouvel essai » (§ 72).

En outre, l'utilisation d'un parchemin se prête mieux à la création d'un portrait grandeur nature et représentatif, à l'occasion d'une proposition de mariage. Ce genre de commande expliquerait aussi le caractère achevé du portrait, que l'on pourrait en fait baptiser *Portrait nuptial*, un travail destiné à attirer l'intérêt et à représenter la beauté, sans être licencieux ni particulièrement décoratif.

Les origines de ce genre de portrait féminin (parallèlement à la tradition des portraits masculins, connue sous le nom de « di Salai » et que Léonard a utilisée pendant des décennies) semblent se retrouver, à petite échelle, sur un feuillet du British Museum, précédant le présent travail de quelques années : ici, la *Madonna del Fiore* domine, mais il y a aussi un instrument qui ressemble à un objet de perspective utilisé pour traduire la réalité ; pour cet objet, un support transparent est requis, de sorte que le parchemin convient parfaitement.

Dans l'inventaire des affaires de Léonard, effectué au début des années 1480, on trouve *Una testa in profile con bella cappellatura* (« une tête de profil avec de beaux cheveux »), et *Una testa di putta con trezie rannodate* (« une tête de fille avec des boucles tressées »). La ligne du visage est d'une pureté absolue, et bien que décrivant la physionomie d'une jeune femme, le portrait atteint un niveau d'idéalisation. Avec un effet complètement différent et un profil dans l'autre sens, il rappelle un dessin conservé à Windsor (inv. n° 12505). En dépit des différences entre une noble effigie d'un côté et un type populaire de l'autre, entre un travail fini et une étude en cours, les proportions coïncident exactement.

Le présent profil est la culmination d'une série extraordinaire de tableaux qui, dans l'histoire de l'art de la Renaissance, commence avec Piero della Francesca (*Portrait de Battista Sforza*, la femme de Federico da Montefeltro, env. 1465, conservé aux Offices) et le portrait présumé de la femme de Giovanni de' Bardi, attribué à Piero del Pollaiolo (env. 1470, Museo Poldi Pezzoli, Milan), tout comme *Cléopâtre* de Piero di Cosimo (ou *Simonetta Vespucci*, env. 1483, Musée Condé, Chantilly), et *Portrait de Giovanna Tornabuoni* de Domenico Ghirlandaio (1488, Thyssen-Bornemisza Collection, Madrid).

La composition est animée par un équilibre d'éléments vigoureusement interprétés, dans une harmonie composée d'une intensité et d'une noblesse raffinées. Dans les cheveux, les traits courent en vagues pleines de vie, faisant dialoguer leur flot naturel avec la clarté naturelle du parchemin.

Le « nœud léonardesque » sur l'épaule est de toute évidence un paradigme de l'artiste, et pas simplement un élément de décoration. Il constitue ici un assemblage original, dans une arabesque unique, sous la forme de matrices géométriques à deux boucles, allusion aux symboles de l'infini, comme ces dessins réalisés à la fin de 1473, et qui ont ensuite été repris de façon plus élaborée dans les vêtements de *La Dame à l'hermine* et de *La Joconde*. La bordure aussi le souligne, avec ses nœuds simples, qui courent le long de la fente de la manche dans un motif réticulé qui, à son tour, est créé par le plus raffiné des entrecroisements. La coiffure,

appelée à Milan une *coazzone*, est aussi caractéristique de la période, et était à la mode à la cour Sforza.
Le détail de l'œil, limpide, représente le concept de Léonard sur la fenêtre de l'âme. Il exprime dans ce regard non conventionnel la grâce intérieure et la force de caractère du modèle. Les rythmes des contours et des rebords, les lignes et les profils qui se croisent et se modifient au cours de leur trajectoire animent le sujet. L'harmonie est également présente dans les différentes proportions des éléments faciaux qui correspondent à un idéal anthropométrique.
On est tenté de penser que ce présent portrait peut avoir inspiré d'autres portraits lombards, y compris la *Dama con la reticella di perle* à l'Ambrosiana, et peut-être le tableau perdu et encore mystérieux attribué à Léonard par Adolfo Venturi, en 1941 : « Léonard a réalisé le portrait de Beatrice d'Este, la bien-aimée de Ludovic le More, qu'il appelait sa *puttina.* On peut voir la jeune petite mariée au musée Czartoryski de Cracovie, mais il est malheureusement très endommagé, presque détruit. »
Même Cristina Geddo exclut la possibilité que l'on ait affaire ici au travail d'un disciple, et de fait, les comparaisons avec des tableaux attribués à Ambrogio de Predis ou à Bernardino de' Conti confirment la paternité de Léonard. Signalons aussi en passant une hypothèse concernant l'identification du modèle : ce pourrait être un membre de la famille Sforza ou une famille noble similaire, par exemple Bianca Maria Sforza jeune fille. En 1494, Bianca Maria, la seconde fille de Galeazzo Maria, duc de Milan, et de Bona di Savoy, parente du roi de France, épousa l'empereur Maximilien Ier, qui louait sa beauté plutôt que son caractère. La cérémonie et le cortège de mariage, auquel il est parfois rapporté que Léonard de Vinci lui-même participa, furent mémorables. La comparaison avec les présumés portraits de Bianca Maria, attribués à Ambrogio (National Gallery of Art, Washington) ou à Bernardino (Louvre), est éloquente : ils révèlent des différences pas du tout insurmontables.
Ce *Portrait de profil*, si diaphane et sculptural, élégant dans sa pure simplicité (sans bijou), est maîtrisé dans chaque détail, comme cela a été démontré dans les examens scientifiques et les analyses approfondies de Lumiere Technology.

8. Nicholas Turner, « Rapport de Nicholas Turner relatif au portrait sur vélin réalisé par Léonard de Vinci », sur le site www.lumiere-technology.com, septembre 2008. Pour le rapport complet, se rapporter à l'annexe.
9. Timothy Clifford, « How I Know the New Portrait Is by Leonardo », *Times* (Londres), 14 octobre 2009.
10. *Ibid.*

8. *La fille bien-aimée*

1. Passage qui s'inspire de *Vies des artistes* de Vasari et du *Leonardo* de Kemp. Toujours selon Vasari, dans *La Cène*, Léonard avait fini la tête de Judas, qui était un « type achevé de la trahison et de l'inhumanité », mais il n'avait pas terminé la tête du Christ. L'érudit en art D.R. Edward Wright a déclaré à propos du support utilisé par Léonard : « Étant donné que le support est un vélin, j'imagine (mais c'est juste une supposition) qu'il a travaillé sur une table en bois, ou une planche de bois qu'il tenait à la main. » Wright mentionne la copie d'un tableau réalisé par Baccio Bandinelli, conservé au Gardner Museum de Boston, où l'on voit l'artiste tenir une planche de 10 × 10 cm avec un dessin fixé dessus (bords retournés pour laisser voir la planche), comme on le faisait à cette époque.
2. Vasari, *Vies des artistes*, p. 185.
3. *Ibid.*, p. 185.
4. *Ibid.*
5. Kemp et Cotte, *La Bella Principessa*, p. 24.
6. Martin Kemp, « Leonardo and the Ladies », *Art Quarterly and Review*, printemps 2010.
7. Vasari, *Vies des artistes*, p. 189.
8. Kemp et Cotte, *La Bella Principessa*, p. 80.
9. Martin Kemp, « Leonardo da Vinci : Science and Poetic Impulse », *Journal of the Royal Society of Arts*, 133 (1985), p. 196-214 ; voir aussi A. Guilini, « Bianca Sanseverino Sforzafigliadi Lodovico il Moro », *Archivio storico lombardo*, 39 (1912), p. 233-252.
10. Kemp et Cotte, *La Bella Principessa*, p. 81.
11. *Ibid.*, p. 82.
12. E-mail envoyé par Elisabetta Gnignera à Martin Kemp, le 11 avril 2010. On trouve des détails concernant les cheveux et les vêtements dans *I Soperchi Ornamenti*, d'Elisabetta Gnignera. Des

coiffes sont mentionnées dans le trousseau de mariage de Bianca Maria Sforza (1472-1510) qui a épousé le Saint Empereur Romain Maximilien Ier en 1494, et Elisabetta Gnignera souligne aussi des « quasi-similitudes » entre les coiffes de *La Bella Principessa* et de la *Dama con la reticella* (attribué à Ambrogio de Predis), censée représenter Anna Sforza, la nièce de Ludovic, qui épousa Alfonso d'Este en 1491, et est morte en couches en 1497, à l'âge de 21 ans.
Mais alors que la somptueuse coiffe de la *Dama con la reticella* est faite de rubans de soie et ourlée de perles, celle de *La Bella Principessa* semble être en lin. Cela suggère, selon Elisabetta Gnignera, qu'elle était portée au quotidien, mais on peut aussi évoquer ici la suggestion de Martin Kemp, selon lequel le costume rudimentaire de *La Bella Principessa* et l'absence de bijou suggèrent qu'il s'agit d'un portrait commémoratif. Elisabetta Gnignera conclut que la coiffure de *La Bella Principessa* fut à la mode à la cour des Sforza à Milan pendant moins d'une décennie (entre 1491 et 1499), le style espagnol tressé ayant laissé place à un style français plus libre, sans tresse. Selon elle, le sujet a sans doute été « une dame très proche de [la duchesse] Beatrice d'Este ».
Voir aussi E. Welch, « Art of the Edge : Hair, Hats, and Hands in Renaissance Italy », *Renaissance Studies* 195, n° 22 (2008), p. 1-29.

13. Kemp et Cotte, *La Bella Principessa*, p. 71.
14. Vezzosi, « Portrait nuptial d'une jeune femme ».
15. Geddo, « Il "pastello" ritrovato… »
16. Kemp et Cotte, *La Bella Principessa*, p. 84.

9. L'art des empreintes digitales

1. Les détails biographiques sur Biro proviennent de son propre récit disponible sur www.peterpaulbiro.com et des conversations avec l'auteur.
2. Kemp et Cotte, *La Bella Principessa*, p. 161.
3. *Ibid.*
4. *Ibid.*, p. 44.

10. Le monde réagit

1. « Art : Every Line Will Be Alive », *Time*, 1er septembre 1960.
2. Elisabetta Povoledo, « Dealer Who Sold Portrait Joins Leonardo Debate », *New York Times*, 29 août 2008.

3. Richard Day, *Artful Tales : The Unlikely and Implausible Journal of an Art Dealer* (Londres, publication privée, 2009).
4. Gene Weingarten, « Pearls before Breakfast », *Washington Post*, 8 avril 2007.
5. Selon diverses sources, les dix peintures les plus chères jamais vendues sont : (1) Jackson Pollock, *No. 5*, 1948, pour 140 millions de dollars (présumés, car il y a encore débat sur le prix), (2006) ; (2) Gustav Klimt, *Portrait d'Adele Bloch-Bauer*, pour 135 millions de dollars (2006) ; (3) Pablo Picasso, *Nu, feuilles vertes et buste*, pour 106,5 millions de dollars (2010) ; (4) Pablo Picasso, *Garçon à la pipe*, pour 104 millions de dollars (2004) ; (5) Pablo Picasso, *Dora Maar au chat*, pour 95,2 millions de dollars (2006) ; (6) Vincent Van Gogh, *Portrait du Dr Gachet*, pour 82,5 millions de dollars (1990, une des deux versions) ; (7) Claude Monet, *Le Bassin aux nymphéas*, pour 80 451 178 dollars (2008) ; (8) Pierre-Auguste Renoir, *Bal au Moulin de la Galette*, pour 78 millions de dollars (1990) ; (9) Peter Paul Rubens, *Le Massacre des innocents*, pour 76,7 millions de dollars (2002) ; et (10) Vincent Van Gogh, *Portrait de l'artiste sans barbe*, pour 71,5 millions de dollars (1998).
6. Vasari, dans *Vies des artistes*, p. 189-191, fournit des détails sur l'œuvre de Léonard de Vinci, *La Bataille d'Anghiari* :

   > La perfection des ouvrages de cet artiste surhumain avait tellement accru sa renommée que tous ceux qui aimaient l'art, autrement dit la ville entière, désiraient qu'il laissât quelque souvenir à son pays et demandaient qu'il fut chargé d'une travail grand et notable, qui ornât et honorât la ville [...] La grande salle du Conseil venait d'être rapidement terminée d'après ses propres plans et ceux de Giuliano San Gallo, Simone Pollaiuoli dit le Cronaca, Michel-Ange Buonarroti et Bacio d'Agnolo. Il fut convenu entre les gonfaloniers et les principaux citoyens, et ordonné par un décret public, qu'on donnerait à Léonard une belle œuvre à peindre, et ce fut Piero Soderini, alors gonfalonier de la justice, qui lui fit allouer la salle en question. Léonard, voulant s'exécuter, commença son carton dans la salle du Pape, à côté de Santa Maria Novella et prit pour sujet la défaite de Niccolo Piccinino, capitaine du duc Filippo de Milan ; c'est un groupe de cavaliers se disputant un drapeau, composition digne d'un grand maître à cause de ses admirables considérations dont il

> remplit cette défaite. On y remarque la rage, la colère et la vengeance qui animent les hommes et les chevaux, parmi lesquels deux, dont les jambes sont entrelacées, se font autant de mal l'un à l'autre avec leurs dents que les cavaliers qui se disputent le drapeau. [...] On ne saurait exprimer la variété que Léonard mit dans les vêtements des soldats, les cimiers et les ornements, et l'étonnante maîtrise qu'il montra dans les formes et les lignes des chevaux, dont il rendit la musculature et la beauté mieux qu'aucun autre maître. On dit que pour dessiner ce carton, il inventa une machine fort ingénieuse, s'élevant lorsqu'on la rétrécissait et s'abaissant lorsqu'on l'élargissait. Voulant ensuite reproduire à l'huile son carton sur le mur, il composa une mixture si épaisse qu'elle vint à couler pendant qu'il peignait, en sorte qu'au bout de peu de temps, il abandonna le travail, voyant se gâter ce qu'il avait commencé. [...]

On raconte qu'étant allé à la banque pour recevoir la provision que le gonfalonier Piero Soderini lui faisait chaque mois, le caissier voulut lui donner des sacs pleins de *quatrini*, comme qui dirait des liards. Il ne voulut pas les prendre et dit au caissier : « Je ne suis pas un peintre à *quatrini.* » Puis ayant appris que Piero Soderini murmurait contre lui, il rassembla, avec l'aide de ses amis, toute la somme qu'il avait reçue, et la renvoya à Soderini qui, à la vérité, ne voulut pas l'accepter. (Ce récit est typique de Léonard de Vinci : sa carrière est encombrée de problèmes d'argent !)

7. Mark Irving, « On the Trail of a Lost Leonardo », *Times* (Londres), 16 mai 2006.

11. Une bévue de 100 millions de dollars ?

1. Les détails de cette histoire me furent confiés en partie par Jeanne Marchig lors d'un entretien privé en février 2010, et proviennent également d'un entretien avec son avocat, Richard Altman, en janvier 2011.
2. Selon Ernest Samuels (*Bernard Berenson : The Making of a Legend*), un certain nombre de portraits dont Berenson était propriétaire furent mis en dépôt avec l'aide de Giannino Marchig en 1944. Berenson, séquestré en Toscane pendant la guerre, a aussi écrit un journal sur la période, *Rumour and Reflection, 1941-1944*, publié en 1952 par Simon and Schuster.

3. Meryle Secrest, *Being Bernard Berenson : A Biography* (Littlehampton, R.U. : Littlehampton Book Services, 1980).
4. Marchig *et al.* v. Christie's Inc., n° 10 Civ. 3624 (S.D.N.Y. 13 août 2010).
5. Judith Bresler, « *Bella Principessa* and the Hazard of Expert Opinion », *Art Law*, septembre 2010. Judith Bresler est aussi coauteur, avec Ralph Lerner, de *Art Law : The Guide for Collectors, Investors, Dealers and Artists* (New York : Practising Law Institute, 2009).
6. Marchig *et al.* v. Christie's Inc., n° 10 Civ. 3624 (S.D.N.Y. 31 janvier 2011).
7. Simon Hewitt, « Marchig Vows to Fight On in "Leonardo Case" », *Antiques Trade Gazette*, 7 mars 2011.

12. Le monde de l'art se venge

1. Richard Dorment, « *La Bella Principessa* : A £100 m Leonardo or a Copy ? », *Daily Telegraph* (Londres), 12 avril 2010.
2. David Grann, « The Making of a Masterpiece », *New Yorker*, 12 juillet 2010.
3. Communiqué de presse, www.peterpaulbiro.com.
4. Peter Paul Biro v. Condé Nast, a division of Advance Magazine Publishers Inc., David Grann, *et al.* Déposé le 29 juin 2011, Cour fédérale de grande instance des États-Unis, District sud de New York.

13. Qu'est-ce qui constitue une preuve ?

1. Kemp et Cotte, *La Bella Principessa*, p. 187.
2. John Daab, « Forensic Science and Fine Art Authentication, "La Bella Principessa" », Fine Art Registry, 30 décembre 2009.

Le *Fine Art Registry* (www.fineartregistry.com) est un site qui permet d'enregistrer et d'identifier chaque œuvre d'art afin d'en assurer l'authenticité et la provenance.

3. Kemp et Cotte, *La Bella Principessa*, p. 9.
4. Turner, « Statement by Nicholas Turner Concerning the Portrait on Vellum by Leonardo ».
5. Kemp et Cotte, *La Bella Principessa*, p. 8.
6. Theresa Franks, « Getting to the Truth of Authentication », *Fine Art Registry*, 17 décembre 2006.
7. « Man, Myth and Sensual Pleasures », exposition au Metropolitan

Museum of Art, NewYork, du 5 octobre 2010 au 17 janvier 2011, et à la National Gallery de Londres, du 23 février au 30 mai 2011.

8. Giovanni Morelli, *Italian Painters : Critical Studies of Their Works* (Londres, John Murray, 1900).
9. Walter Pater, *Studies in the History of the Renaissance* (Charleston : Bibliolife, 2011 ; orig. 1873), VIII.
10. Bernard Berenson, *The Italian Painters of the Renaissance* (Londres, Phaidon, 1953), IX.
11. Thomas Hoving, « Becoming an Art Connoisseur », Art Appreciation, Dummies.com, www.dummies.com/how-to/content/becoming-an-art-connoisseur.html.
12. John Gapper, « The Forger's Story », *Financial Times*, 21 janvier 2011.

14. Miracle à Varsovie

1. Pascal Cotte et Martin Kemp, « *La Bella Principessa* et l'incunable *Sforziada* de la Bibliothèque nationale de Varsovie », 28 septembre 2011. Le rapport complet est disponible sur : www.lumiere-technology.com.
2. Simon Hewitt, « New Evidence Strengthens Leonardo Claim for Portrait », *ATG*, 3 octobre 2010.
3. Dalya Alberge, « Is This Portrait a Lost Leonardo ? », *Guardian*, 27 septembre 2011.
4. « Le mystère du treizième portrait de Léonard élucidé », *Le Figaro*, 30 septembre 2011.
5. « Martin Kemp on Lost Leonardo », Artinfo.com, 14 octobre 2011.

Épilogue. La grâce éphémère de la vie

1. Vasari, *Vies des artistes*, p. 192-193.
2. Kemp et Cotte, *La Bella Principessa*, p. 190.
3. *Ibid.*

BIBLIOGRAPHIE

Ouvrages

Arasse, Daniel, *Léonard de Vinci*, Paris, Éd. Hazan, rééd. 2003.

Bayer, Andrea et Mina Gregori, *Painters of Reality : The Legacy of Leonardo and Caravaggio in Lombardy*, New York, Metropolitan Museum of Art, 2004.

Berenson, Bernard, *Rumour and Reflection*, 1941-1944, New York, Simon and Schuster, 1952.

Bresler, Judith et Ralph Lerner, *Art Law : The Guide for Collectors, Investors, Dealers and Artists*, New York, Practising Law Institute, 2009.

Brewer, John, *The American Leonardo : A Tale of Obsession, Art and Money*, Cambridge, Oxford University Press, 2009.

Brown, David Alan, *Leonardo da Vinci : Origins of a Genius*, Hartford, Connecticut, Yale University Press, 1998.

Buss, Chiara, *Silk, Gold and Crimson : Secrets and Technology at the Visconti and Sforza Courts*, Milan, Silvana Editoriale, 2009.

Cadogan, Jean K., *Domenico Ghirlandaio : Artiste et artisan*, Paris, Éd. Flammarion, 2002.

Charney, Noah, *Stealing the Mystic Lamb : The True Story of the World's Most Coveted Masterpiece*, New York, Public Affairs, 2010.

Clark, Kenneth, *Léonard de Vinci*, Paris, Éd. Grasset, 1967

— et Martin Kemp, *Leonardo da Vinci*, éd. revue et corrigée, New York, Penguin, 1989.

Folin, Marco, *Courts and Courtly Arts in Renaissance Italy : Arts and Politics in the Early Modern Age*, Londres, ACC Editions, 2010.

Gnignera, Elisabetta, *I Soperchi Ornamenti : Copricapi e Acconciature Femminili nell'Italia del Quattrocento* [Coiffures du XVe siècle en Italie], Sienne, Italie, Protagon Editori, 2010.

Hahn, Harry et Thomas Hart Benton, *The Rape of La Belle*, Kansas City, Missouri, Frank Glenn, 1946.

Hebborn, Eric, *The Art Forger's Handbook*, New York, Overlook, 2004.

Hoobler, Dorothy et Thomas Hoobler, *The Crimes of Paris : A True Story of Murder, Theft, and Detection*, New York, Little, Brown, 2009.

Hoving, Thomas, *False Impressions : The Hunt for Big-Time Art Fakes*, New York, Simon and Schuster, 1996.

Kemp, Martin, *Leonardo*, Cambridge, Oxford University Press, 2004.

—, *Leonardo da Vinci : The Marvelous Works of Nature and Man*, Cambridge, Oxford University Press, 2006.

Kemp, Martin J. et Pascal Cotte, *La Bella Principessa : The Story of the New Masterpiece by Leonardo*, Londres, Hodder and Stoughton, 2010.

Marani, Pietro C. et Edoardo Villata, *Leonardo da Vinci : The Complete Paintings*, New York, Harry N. Abrams, 2000.

Mohen, Jean-Pierre, Michael Menu et Bruno Mottin, *Au cœur de la Joconde : Léonard de Vinci décodé*, Paris, Éd. Gallimard, 2006.

Mould, Philip, *The Art Detective : Fakes, Frauds, and Finds and the Search for Lost Treasures*, New York, Viking Press, 2010.

Richter, Irma A., Martin Kemp et Thereza Wells, *Leonardo da Vinci Notebooks*, Londres, Oxford World Classics, 2008.

Salisbury, Laney et Aly Sujo, *Provenance : How a Con Man and a Forger Rewrote the History of Modern Art*, New York, Penguin Press, 2009.

Samuels, Ernest, *Bernard Berenson : The Making of a Legend*, Cambridge, Massachusetts, Harvard University Press, 1987.

Scotti, R.A., *Vanished Smile : The Mysterious Theft of Mona Lisa*, New York, Alfred A. Knopf, 2009.

Secrest, Meryle, *Being Bernard Berenson : A Biography*, Littlehampton, R.U., Littlehampton Book Services, 1980.

—, *Duveen : A Life in Art*, New York, Alfred A. Knopf, 2004.

Thornton, Sarah, *Sept jours dans le monde de l'art*, Paris, Éd. Autrement, 2011.

Tinagli, Paola, *Women in Italian Renaissance Art : Gender, Representation, Identity*, Manchester, R.U., Manchester University Press, 1997.

Unger, Miles, *Magnifico : The Brilliant Life and Violent Times of Lorenzo de' Medici*, New York, Simon and Schuster, 2008.

Vasari, Giorgio, *Vies des artistes*, Paris, Éd. Grasset, 2007.

Vezzosi, Alessandro, *Léonard de Vinci : Art et science de l'univers*, Éd. Gallimard, 2010.

Vinci, Léonard de, *Les Manuscrits de Léonard de Vinci*, « Les 14 manuscrits de l'Institut de France », extraits et description par Péladan,

Paris, Bibliothèque internationale d'édition, E. Sansot et Cie Éditeurs, 1910.

Wittman, Robert K., avec John Shiffman, *Priceless : How I Went Undercover to Rescue the World's Stolen Treasures*, New York, Crown, 2010.

Zollner, Frank et Nathan Johannes, *Léonard de Vinci : Tout l'œuvre peint et graphique*, 25e éd., Taschen, 2007.

Sites Web

Blog sur les lois en art : www.theartlawblogspot.com
Peter Paul Biro : www.paulbiro.net
Christie's : www.christies.com
Martin Kemp : www.martinjkemp.com
La Bella Principessa : www.labellaprincipessa.com
Musée de Leonardo da Vinci : www.museoleonardo.com
Lumiere Technology : www.lumiere-technology.com
Sotheby's : www.sotheby's.com

INDEX

REMERCIEMENTS

Je suis reconnaissant aux nombreuses personnes qui ont rendu possibles ce livre et la fantastique découverte qui l'a motivé, et en premier et avant tout, à ma femme, Kathy, qui partage ma passion pour l'art ; elle a été ma partenaire à la fois dans la vie et dans le travail, et m'a rejoint dans cette quête de la vérité autour du portrait. Je le suis également envers ma sœur Tina, consultante sur le projet, qui a été aussi d'une grande aide, surtout dans les relations avec la presse.

Nicholas Turner, ancien conservateur des Dessins et Estampes au British Museum, et ancien conservateur au J. Paul Getty Museum, a été le premier à suggérer que je pouvais être en possession d'un Léonard de Vinci. Fidèle à son intuition initiale, il m'a apporté son soutien total pour l'authentification du portrait.

Ma chère amie Mina Gregori, doyenne reconnue de l'histoire de l'art, a elle aussi vu la main de Léonard dans ma découverte et m'a fourni d'excellents conseils. Elle a insisté pour être la première à consigner officiellement l'attribution à Léonard. Giammarco Cappuzzo, consultant en art à Paris, m'a fourni les bons contacts aux moments opportuns, y compris la recommandation de Lumiere Technology et du Swiss Federal Institute of Technology pour la datation au carbone 14. Son intervention m'a épargné de longs mois de travail inutile.

Pascal Cotte, de Lumiere Technology, l'inventeur visionnaire de la technologie qui permet de voir les œuvres d'art avec l'œil de « Superman », a pris la responsabilité de démontrer que le portrait était du maître. Son travail, ainsi que celui de son associé, Jean Penicaut, est inestimable. Martin Kemp, extraordinaire détective, l'un des plus éminents spécialistes au monde de Léonard de Vinci, et professeur émérite en histoire de l'art à Oxford, a dès le début émis l'hypothèse que le portrait pouvait représenter Bianca Sforza, ce qui nous a conduits aux révélations de Varsovie. Son analyse fut exemplaire, maîtrisée tant dans son étendue que dans ses détails. Peter Paul Biro a pris part lui aussi à l'analyse et, s'appuyant sur son expertise dans le domaine de la police scientifique et de la science des empreintes digitales, a conclu que les empreintes de doigt et de paume présentes sur le portrait avaient selon toute probabilité appartenu à Léonard de Vinci.

Je suis aussi reconnaissant à d'autres experts qui ont soutenu l'attribution à Léonard. Sir Timothy Clifford, l'ancien directeur général des National Galleries d'Écosse, fut enthousiaste dès le début. Considéré par beaucoup comme l'un des directeurs de musées les plus dynamiques et brillants, c'est un spécialiste de l'art de la Renaissance ; il a très tôt affirmé que le dessin était de la main de Léonard. Alessandro Vezzosi, directeur du Museo Ideale Leonardo da Vinci fondé sur le lieu de naissance de Léonard, à Vinci, pense que c'est une œuvre du maître ; il a publié ses découvertes dans une superbe monographie sur de Vinci. Carlo Pedretti, directeur de la Armand Hammer Foundation, a indiqué dans l'introduction à cet ouvrage qu'il croyait en une attribution à Léonard. Bien qu'il fût alors fort malade et souffrant, il a fait le voyage jusqu'à Paris pour voir sur place les découvertes de Lumiere Technology. Cristina Geddo, spécialiste des ateliers de Léonard à Milan, a publié un long article sur ses découvertes pour la revue *Artes*. Simon Dickinson, ancien directeur de Christie's et désormais l'un des plus importants marchands de maîtres anciens au monde, a montré tout son courage en soutenant très tôt l'attribution.

Je suis également très reconnaissant envers les autres spécialistes qui ont pris le temps d'étudier le portrait et ont soutenu l'attribution à de Vinci. Au nombre de ceux-ci figurent Claudio

Strinati, ancien directeur des musées de Rome et actuel directeur général du ministère italien de la Culture, qui fut dès le tout début un fervent supporteur, Catherine Goguel, ancienne spécialiste des dessins au Louvre que je connais depuis très longtemps, et qui a fait d'innombrables observations intéressantes. Pour la comparaison des coiffures et l'analyse dans son contexte historique, je remercie tout spécialement Elisabetta Gnignera. Remerciements aussi à D.R. Edward Wright, professeur émérite d'histoire de l'art à l'université de Floride du Sud, à Tampa, qui a découvert des indices susceptibles de résoudre le mystère de sa provenance (rapport sur l'historique des œuvres d'art). Son discernement nous a conduits au manuscrit *Sforziada*, à Varsovie.

J'apprécie aussi le travail effectué par Simon Hewitt, diplômé d'Oxford et journaliste à *Antiques Trade Gazette* – il m'a aidé à présenter mon histoire au public. Simon est un fin limier et un grand expert. D'autres journalistes ont également pris le temps de se pencher véritablement sur l'affaire : Milton Esterow de *ARTnews*, Julien Pfyffer de *Paris Match*, Éric Biétry-Rivierre du *Figaro*, Claude Pommereau et Thomas Schlesser de *Beaux Arts Magazine*, Jean Folain du *Times* (Londres), Stefan Simon du *Spiegel*, et le Canadien Randy Boswell. Je suis reconnaissant à Simon d'avoir pris le temps de relire ce livre. Ses idées sont toujours très utiles.

Merci aussi à Mats Ronngard et à son équipe d'Excellent Exhibitions, ainsi qu'aux responsables et à la ville de Göteborg pour avoir eu la gentillesse de m'aider à exposer *La Bella Principessa* pour la première fois.

Un merci tout spécial à Peter Haas et son équipe de Moebel Transport pour leur aide inestimable et leur grand professionnalisme lors du stockage et du transport de *La Bella Principessa.*

Je suis également reconnaissant à mon équipe juridique, Eric Kaufman à New York et Peter Mosimann à Bâle, qui grâce à leur perspicacité dans le domaine de l'art, m'ont prodigué leurs conseils sur le projet, tout comme Brinsley Dresden, à Londres.

Mme Jeanne Marchig, l'ancienne propriétaire de *La Bella Principessa*, a pris sur son temps pour expliquer son engagement et celui de son mari, et a comblé les vides quant à sa provenance pour le demi-siècle qui vient de s'écouler. Lorsqu'elle a confié le portrait à Christie's pour une mise en vente, elle espérait être mieux servie par une maison avec laquelle elle avait entretenu une relation fructueuse et de confiance pendant des décennies. Elle espère ardemment qu'elle finira par obtenir justice.

L'écriture d'un livre résulte toujours d'une collaboration et beaucoup de personnes ont rendu celle-ci possible. Je suis reconnaissant à ma collaboratrice Catherine Whitney pour son travail remarquable : elle a fidèlement consigné mon histoire et mes points de vue. Mon agent littéraire, Jane Dystel, m'a apporté sa considérable expérience. Mon éditeur américain, Stephen Power, a fait preuve de passion et de discernement dans sa quête d'une grande histoire.

Je demande pardon à tous ceux que j'ai omis de citer, et je remercie tous ceux qui m'ont aidé à réaliser ce projet.

Bien naturellement, j'ai aussi une pensée pour le beau et tragique modèle du portrait, *La Bella Principessa*, Bianca Sforza ; enfin, je voudrais exprimer ma profonde admiration et mon grand respect au maître lui-même, Léonard de Vinci, qui m'a permis d'entrer dans son monde de cette modeste façon.

Un dernier mot : ce livre est l'histoire d'un homme sur la découverte d'un homme. Il n'est pas et ne prétend pas être une histoire de l'art, même si de grands soins ont été apportés pour qu'il reflète une grande précision en la matière. Il a été soumis à la relecture de plusieurs spécialistes importants. J'ai eu beaucoup de plaisir à relater cette improbable histoire que beaucoup considèrent comme la plus importante découverte dans le monde de l'art depuis des générations. S'il est une leçon à tirer, c'est que dans l'art, comme dans la vie, les choses ne sont pas toujours ce qu'elles semblent être.

Cet ouvrage a été composé
par IGS-CP à L'Isle-d'Espagnac
et achevé d'imprimer sur Roto-Page
par l'Imprimerie Floch à Mayenne
Dépôt légal : mai 2012
N° d'édition : 1205/01
N° d'imprimeur : 82206
Imprimé en France